O psicodrama

Dados Internacionais de Catalogação na Publicação (CIP)
(Câmara Brasileira do Livro, SP, Brasil)

Bustos, Dalmiro M.
  O psicodrama: aplicações da técnica psicodramática / Dalmiro
M. Bustos [tradução de Lúcia Neves e Ruth Rejtman]. – 3. ed. rev. e
ampl. – São Paulo: Ágora, 2005.

  Título original: El psicodrama: aplicaciones de la técnica psicodramática.
  Vários colaboradores.
  ISBN 85-7183-895-X

  1. Educação 2. Psicodrama 3. Psicoterapia de grupo I. Título.

05-1417
CDD-616.891523
NLM-WM 430

Índices para catálogo sistemático:

1. Psicodrama: Técnicas: Medicina   616.891523
2. Técnicas: Psicodrama: Medicina   616.891523

Compre em lugar de fotocopiar.
Cada real que você dá por um livro recompensa seus autores
e os convida a produzir mais sobre o tema;
incentiva seus editores a encomendar, traduzir e publicar
outras obras sobre o assunto;
e paga aos livreiros por estocar e levar até você livros
para a sua informação e o seu entretenimento.
Cada real que você dá pela fotocópia não autorizada de um livro
financia o crime
e ajuda a matar a produção intelectual de seu país.

O psicodrama

Aplicações da técnica psicodramática

**Dalmiro M. Bustos
e colaboradores**

Editora ÁGORA

O PSICODRAMA
Aplicações da técnica psicodramática
Copyright© 2005 by Dalmiro M. Bustos
Direitos desta tradução adquiridos por Summus Editorial

Capa: **Laura Teixeira**
Projeto gráfico, diagramação e fotolitos: **All Print**

Nota do organizador: Devido ao fato de algumas fontes consultadas serem muito antigas, não foi possível completar algumas referências bibliográficas.

Editora Ágora

Departamento editorial:
Rua Itapicuru, 613 – 7º andar
05006-000 – São Paulo – SP
Fone: (11) 3872-3322
Fax: (11) 3872-7476
http://www.editoraagora.com.br
e-mail: agora@editoraagora.com.br

Atendimento ao consumidor:
Summus Editorial
Fone: (11) 3865-9890

Vendas por atacado:
Fone: (11) 3873-8638
Fax: (11) 3873-7085
e-mail: vendas@summus.com.br

Impresso no Brasil

O momento é a abertura pela qual o homem passará em seu caminho.

J. L. MORENO

Sumário

Apresentação à edição brasileira – Re(vi)vendo Dalmiro Bustos 9

Prefácio à primeira edição brasileira 11

Introdução da segunda edição: 25 anos depois 15

Introdução 19

Primeira parte

1. Conceitos gerais 27
   Dalmiro M. Bustos

2. Nosso enfoque 49
   Dalmiro M. Bustos

3. O método psicodramático 79
   Dalmiro M. Bustos

4. A terceira etapa da sessão de psicodrama 101
   Dalmiro M. Bustos

Segunda parte

5. Psicodrama pedagógico 117
   Elena Noseda de Bustos, Graciela Bustos de Espinosa,
   Dinah Rimoli e Raquel Brocchi de Sangiácomo

6. Integração corporal 177
   Beatriz Bustos de Chuburu

7. Psicodrama no ensino do psicodrama 201
   Marco Antonio Amato

8. Psicodrama com crianças: algumas reflexões sobre a prática . . . 237
   Rosalba Filipini

9. Clínica psicoterápica na adolescência 271
   Herval G. Flores e Irany B. Ferreira

10. Psicodrama com adolescentes: reflexão sobre a
    prática clínica 341
    Mariana Bertussi

11. Psicodrama com casais: a formação do par amoroso
    e a terapia de casal 351
    Maria Regina Castanho França e Vanda Di Iorio Benedito

12. Aprender vivendo, criar sendo 389
    Suzana Modesto Duclós

Apresentação à edição brasileira
Re(vi)vendo Dalmiro Bustos

Lembro-me da primeira vez que vi Dalmiro Bustos trabalhando com o método psicodramático, lá pelos idos da década de 1970. Era uma simples demonstração, um primeiro contato, mas suficientemente importante para me deixar fascinado pela maneira segura e coerente como utilizava o *teste sociométrico* com fins terapêuticos – visto que, na época (absurdo!), quase nada sabíamos a esse respeito –, e pela forma como trabalhava com a *transferência* em contexto dramático – procurando revelar os personagens e as situações historicamente envolvidos na origem do processo transferencial –, enfim, a habilidade com que dirigia uma dramatização, pesquisando a trama de cada cena, seguindo suas pistas e desembocando num encadeamento de outras cenas, menos visíveis e mais arcaicas, até chegar a um dos núcleos originários do *drama* em questão. A sensação era a de ter descoberto, finalmente, o âmago do método psicodramático.

As más línguas, entretanto, logo disseram que aquilo não era psicodrama moreniano e que a psicanálise vinha, por meio de Dalmiro Bustos, distorcer e deturpar a pureza do método psicodramático: "E a noção de *momento*?"; "Não se deve trabalhar sempre no *aqui e agora*?"; "Que história é essa de fazer uma *dramatização regressiva,* privilegiando o passado em detrimento do presente?".

Quanta ingenuidade! Era verdade, sim, que Bustos tivera uma dupla formação terapêutica: psicanalítica e psicodramática; também era verdade que o psicodrama que ele nos mostrava parecia ter digerido – sem qualquer indigestão – alguns conceitos originalmente descobertos por Freud, como a *transferência*. Mas poucos se lembravam de que o próprio Moreno havia reconsiderado o fenômeno da *transferência* e tinha, inclusive, redefinido o conceito como *transferência de papéis*. E quase ninguém conhecia os últimos desenvolvimentos do psicodrama moreniano quando Moreno, já visto pela psicanálise como menos polêmico, havia reconsiderado a importância do passado nas reconstruções psicodramáticas. A esse respeito, é Pierre Weil quem nos conta:

> Em janeiro de 1968, assisti a um psicodrama dirigido por Moreno e por sua mulher, Zerka Toeman Moreno... Tratava-se de uma assistente social que tinha grandes dificuldades de relação com seu noivo. Após vinte minutos de aquecimento e por meio de associações de idéias a partir de um quadro que se encontrava na parede da sala de jantar onde estava o noivo, a protagonista "regressa" à sua primeira infância, reencontrando seu pai, um marinheiro alcoólatra, completamente embriagado. Assim, além de experimentar uma catarse de agressão reprimida com relação a seu pai, teve chance de analisar as associações entre seu pai e seu noivo.[1]

Moreno trabalhando com a *transferência*?! Pois é; foi esse o psicodrama moreniano que Bustos nos ensinou.

O que posso dizer, além do mais, é que com os seminários, os grupos terapêuticos e de supervisão e os psicodramas públicos de Dalmiro Bustos todos nós pudemos redescobrir o psicodrama. Como pudemos, também, redescobrir o velho mestre Moreno. E aqueles que, como eu, tiveram o privilégio de estar com Bustos, em terapia ou em supervisão, encontraram, além disso, um homem extremamente criativo e afetuoso que sabia ser um companheiro total nas longas caminhadas pelas trilhas do *drama inconsciente*.

A esse homem quero aqui, mais uma vez, mandar o meu abraço caloroso de reconhecimento, carinho e amizade.

ALFREDO NAFFAH NETO

---

1. Weil, Pierre. "Psychodrame et psychanalise". *In: Le psychodrame*, Bulletin de Psychologie de L'Université de Paris, 285, XXXIII 13-16, 1969-1970, p. 732.

Prefácio à primeira edição brasileira

Ponho-me a reeditar este livro e tropeço em fortes resistências. Escrevi-o em 1972/73, já faz oito anos. São tantas as mudanças que surgiram que me parecia uma tarefa enorme. Quando me propuseram fazer a tradução, minha primeira reação foi dizer não. Mas, felizmente, às vezes há um "depois" e repensei minha decisão. Fazia tempo que não relia o livro. As obras posteriores, mais atualizadas, haviam me consumido a atenção. Tomei-o em minhas mãos e o reli, e fui compreendendo o porquê de minha atitude. Este livro encerra um momento muito particular da vida social e política argentina, cheio de força, entusiasmo, veemência. Por um lado, pagamos por tudo isso um preço muito alto, demasiado alto. Por outro, há uma visão fragmentária do psicodrama; em alguns momentos, o que transmitimos no livro tem algo esquemático, a que falta dinâmica. Mas foi um momento de minha evolução e da nossa equipe de trabalho. Curiosamente captei, ao relê-lo, muitos aspectos didáticos do livro e disse a mim mesmo que valia a pena revisar o conteúdo, fazer algumas modificações e reeditá-lo em português.

Creio que se pode aprender aspectos técnicos de grande utilidade para o psicodramatista, além de uma visão global de diferentes aplicações das técnicas dramáticas.

Tomei muito cuidado para não desvirtuar o conteúdo original. Somente suprimi os capítulos que considero desatualizados, modificando conceitos de concepção equivocada e acrescentando um capítulo de introdução que coloque o leitor em contato com os principais aspectos da articulação dos elementos da teoria em si e entre teoria e técnicas psicodramáticas. Creio que essa articulação estava ausente naquele momento, pois não havíamos conseguido uma visão integradora: a teoria se desarticulava da técnica e a psicologia psicanalítica se contrapunha a elementos teóricos psicodramáticos.

Nossa equipe de trabalho também sofreu alterações, embora mantenhamos o núcleo central. Porém, já não é o mesmo grupo. Todos nós crescemos, passamos por diversas crises pessoais, profissionais e grupais. Conservamos uma característica: a inquietação de buscar, aprofundar nossa busca e nos questionar. Nosso desenvolvimento nos levou a nos expandir, criando centros de formação em Montevidéu e São Paulo. Escrevi dois livros posteriores a este: *Psicoterapia psicodramática* (Paidós, 1977, e Brasiliense, 1979) e *El test sociométrico* (Brasiliense, 1979, e Vanan, 1980), e estou trabalhando em outro chamado *Teoria de las relaciones interpersonales*.

Outro aspecto temido ao empreender uma tarefa de revisão como esta é que se ampliam o tempo transcorrido, os anos que se passaram, os sonhos realizados e tantos outros que se desvaneceram. O meio psiquiátrico argentino tem pouco que ver com o que foi há alguns anos. Muitos amigos optaram por mudar de residência. Optaram? Claro que isso é um eufemismo, pois em muitos casos não houve tal opção. Essa crise de identidade afetou nossa equipe e também a cada um individualmente, deixando marcas permanentes, profundas. Nesses momentos de depressão nasce minha dívida para com o Brasil, especialmente para com meus amigos de São Paulo. Cuidaram com grande carinho de meu papel profissional, animaram-me com seu respeito, com um otimismo que eu acreditava haver perdido. Viajei uma vez por mês e essas viagens foram meu apoio e minha terapia. Passado esse período, o país continua sendo um lugar importante para mim porque me redefiniu elementos teóricos, técnicos e humanos, nutrindo-me e estimulando-me. Realizei também freqüentes *workshops* em Campinas, no Rio de Janeiro, em São José do Rio Preto, em Brasília e em Porto Alegre, sempre com encontros profundos e gratificantes.

De tudo isso surge este período de oito anos como um conjunto de êxitos, fracassos, perdas irreparáveis, encontros, erros. E posso ver então minha vaidade e onipotência ao negar-me a revisá-los, já que todo esse conjunto de vivências é nem mais nem menos o que pode ter vivido qualquer um dos futuros leitores em igual período de vida.

Meu convite para este encontro tem então características especiais, uma vez que será um diálogo do qual participarão autores do ano de 1972, esses mesmos autores no ano de 1980 e vocês. A avaliação final sobre a utilidade deste diálogo está nas suas mãos.

DALMIRO M. BUSTOS
Abril de 1980

Introdução da segunda edição:
25 anos depois

DALMIRO M. BUSTOS

Enfrentar a reedição de um livro sempre me coloca diante do dilema de deixá-lo como está, esperando que o leitor compreenda que aquela versão teve seu mérito muitos anos atrás, ou atualizá-lo, o que quase significaria escrever um novo livro. Depois das conhecidas resistências, acabo me decidindo pela segunda e mais trabalhosa opção.

A versão original argentina (ed. Plus Ultra) foi escrita em 1974. A Summus Editorial encarregou-se de traduzir o livro em 1982. Foram trinta anos, muitas experiências novas, muitas descobertas, muito sofrimento. De ambas as experiências consegui aprender algo novo no árduo caminho de integrar a teoria e a prática. Fazer o que se diz é uma tarefa complexa.

A vantagem da releitura do original é acostumar-me com muitas das experiências daquela época, como se estabelecesse um diálogo comigo mesmo em duas etapas diferentes de minha vida. Aqueles capítulos que considero adequados deixo intactos, apenas com algum comentário à guisa de esclarecimentos no final. Outros já foram amplamente superados e acredito nada acrescentarem ao leitor. Desses me despeço com o carinho com que nos despedimos de um velho amigo. Muitos dos co-autores do primeiro livro já não fazem parte hoje do meu trabalho profissional. A vida nos conduziu a rumos diferentes, mas essas pessoas sempre farão parte de um íntimo capítulo da minha vida. O lugar delas será preenchido pelas experiências de novos diretores de psicodrama formados no Instituto J.L. Moreno.

A Associação Platense de Psicoterapia, dedicada à formação de psicoterapeutas, deu lugar ao Instituto Jacob Levi Moreno. Estávamos em Mendoza, onde nos refugiamos da ditadura em 1977, e decidimos que a melhor maneira de resistir era criando um espaço de liberdade e crescimento. Em um encontro, ao qual compareceram centenas de pessoas, o novo instituto foi concretizado. Naquela época, eu já me havia formado e era diretor de psicodrama do Moreno Institute de Beacon, em Nova York. Seguindo o pensamento moreniano, decidimos lutar contra a opressão da ditadura com idéias e criatividade. Mais tarde, outra sede foi fundada em São Paulo. Muitos profissionais formaram-se em seu âmago. O propósito sempre foi o de ajudar os profissionais a encontrar seu verdadeiro estilo por intermédio do psicodrama.

Compartilhar o trajeto percorrido desde o ano de 1974 até o presente é como refazer meu caminho. Viajei muito, obtive um generoso reconhecimento em países como Inglaterra, Suécia, Espanha, Uruguai, Chile, Equador, México e Itália. Fui sempre aprendendo e modificando muitos pontos de vista à luz de outras culturas. Este livro foi escrito em castelhano em 1974 (*El psicodrama*, ed. Plus Ultra). Depois desse primeiro objetivo de transmitir minhas experiências e meus pensamentos publiquei, entre livros completos e colaborações com outros autores, mais catorze obras. A última é um estudo sobre a identidade masculina que denominei *Manual para um homem perdido* (Record, 2003). Atualmente estou trabalhando em um novo livro, provisoriamente chamado de *Las huellas de la vida*. Uma síntese desse trabalho faz parte da segunda edição de *Peligro: amor a la vista*, publicado pela editora Aleph, de São Paulo. Trata-se de uma tentativa de compreensão da alma humana tomando por base a teoria dos papéis. O ponto de partida refere-se ao conceito de *clusters*, evitando a psicopatologia como foco inicial.

O psicodrama converteu-se no centro da minha identidade profissional. Identifico-me com sua prática. Às vezes ele se manifesta como uma pressão. "Tenho de realizar uma ação dramática". Muitas vezes desejo expor minhas idéias verbalmente, o que não é fácil, embora me considere um bom orador. Quando avanço em certas direções, por exemplo, em relação à compreensão da psicodinâmica, o que Moreno chamava de "intra" como oposição ao "inter", sou tachado de não ser um moreniano "puro". Aí tropeço na empobrecida necessidade do ser humano de encerrar o conhecimento em compartimentos estanques, em dogmas. Moreno jamais se propôs a esse tipo de coisa. Ao contrário, sempre fugiu das ortodoxias limitadoras. "Encarem a realidade", dizia ele, "não a restrinjam àquilo que querem ver." Mas, naturalmente, isso é expor-se a conviver com a angústia da mudança. O que foi válido em um momento da minha vida pode não sê-lo no momento seguinte. É complexo aceitarmos isso para nós mesmos, mas se torna angustiante quando se trata do outro. Gostaríamos que ninguém mudasse, que todos permanecessem sempre iguais, imutáveis. Isso facilitaria nossa vida, uma vez que nós seríamos as possíveis variáveis enquanto o outro permaneceria a constante. Porém, não é assim! Um vínculo é constituído por duas variáveis: "Estarei sempre a teu lado", "Sempre te amarei", "Nunca deixarei de te amar". Não existe outra certeza senão a de aceitar a inexorabilidade da mudança, mesmo quando implementamos sistemas obsessivos ou de controle. Então, temos de incorporar a mudança como única maneira de responder à vida, e não colocar-nos à margem das angustiantes variações sociais, vinculares e internas.

Ao revisar o texto e compará-lo com minhas convicções atuais, todas essas reflexões surgem dentro de mim. É por isso que quero registrar minhas mudanças e compartilhá-las com o leitor, comprovando a validade de muitos pensamentos escritos trinta anos atrás. É reconfortante pensar que em um sistema de mudanças constantes, que representam nossa vida, existem essências que se conservam sólidas.

DALMIRO M. BUSTOS
São Paulo, março de 2005.

Introdução

DALMIRO M. BUSTOS

O trabalho de nossa equipe teve início em 1963 com sete médicos, quatro psicólogos, três professores de psicologia e três egos-auxiliares de psicodrama. Em nossa forma de trabalho confluem elementos freudianos, kleinianos e morenianos, porém aplicados à nossa realidade. Partimos do princípio de que a maior parte das teorias e técnicas que se usam atualmente, vigentes na Viena do fim do século, está muito longe de nos ajudar a compreender o homem do nosso meio. De acordo com aqueles pontos de vista, o meio não era profundamente questionado nem quanto aos valores vitais consagrados nem quanto ao sistema socioeconômico que imperava. Daí os métodos terapêuticos tenderem a conseguir a adaptação do homem ao seu meio. "Enfermo" era aquele que por seu padecimento não podia contribuir positivamente para a sustentação daquele meio.

Mas essa não é nossa situação e, ao mudar nossos objetivos, devem mudar também nossos métodos. Consideramos nosso meio patológico e patogênico por consagrar os valores básicos do capitalismo, com uma economia dependente, na qual o trabalhador tem pouco ou nada que ver com o produto real de seu trabalho, na qual os habitantes do país devem viver subordinados às decisões daqueles que têm o direito de pensar por todos nós, sem sequer ter-nos sido permitido decidir quem seria nosso representante no Estado.

Tal meio está básica e gravemente enfermo e, se pretendêssemos que nossos pacientes se adaptassem a ele, estaríamos tornando-os muito mais enfermos. Sem dúvida, há pessoas que estão perfeitamente "adaptadas" a esse meio e o aceitam sem questioná-lo; essas pessoas raramente têm consciência da enfermidade e não recorrem ao tratamento psicoterapêutico.

Nosso objetivo na terapia é conseguir que uma pessoa que, por sua enfermidade, tem uma atitude passiva diante de seu meio converta-se em agente ativo de mudança. Uma pessoa que é atacada por fantasmas internos tem de colocar toda sua energia a serviço dessa luta estéril consigo mesma. Por meio do processo psicoterapêutico a pessoa consegue liberar a energia e pô-la a serviço da busca de mudança de um meio social em que já não se sinta alheia. Alguém que consegue sair com êxito de uma luta difícil como é defrontar-se com seus problemas mais profundos sabe que pode lutar pelo que acredita ser justo. A missão do psicoterapeuta é ajudar seu paciente a descobrir a própria ideologia; o contrário seria doutrinar dogmaticamente, pretendendo, como terapeuta, ser o dono da verdade ideológica.

Os métodos que utilizamos para conseguir tais objetivos são: iniciar uma terapia individual com um tempo variável, conforme o caso, na qual o paciente comece a se defrontar com seus conflitos em um contexto adequado; não há mais problemas do que os que ele mesmo propõe com seu terapeuta. Depois, associar a psicoterapia de grupo, situação mais parecida com a vida cotidiana, com seus conflitos, confrontos etc. A terapia termina somente com um tempo de psicoterapia grupal, isto é, sem estar combinada com a individual.

Na psicoterapia de grupo combinamos as técnicas verbais com as psicodramáticas. Quando consideramos oportuno, também empregamos terapia de grupo familiar e terapia de casal, sempre com técnicas dramáticas. Como técnica, o psicodrama é um instrumento e, como tal, tem certo grau de determinismo em suas funções, já que não podemos ter limites condicionados pelos objetivos para os quais foi criado. Basicamente, o destino final desse instrumento é dado pela pessoa que o maneja; ele tanto poderá favorecer a mudança como converter-se em um produto de consumo, assim como até as obras de Karl Marx são, neste momento, *best sellers* que oferecem grandes lucros aos editores, o mesmo ocorrendo com os cartazes de Che Guevara.

Esse manejo do sistema para reforçar suas estruturas com a própria força dos propósitos revolucionários nada mais é do que o princípio econômico que Freud nos ensina quando fala do aproveitamento da força do impulso instintivo para reforçar a repressão.

Desejo apenas acrescentar algumas reflexões que dizem respeito aos limites do psiquiatra no processo de mudança. Para isso deve-se situá-lo em seu âmbito de trabalho, que, em termos gerais, é composto pelo hospital psiquiátrico e pelos consultórios particulares. Em nosso país, o psiquiatra dificilmente pode viver sem trabalhar como autônomo. No hospital psiquiátrico, o médico vê geralmente os casos mais graves – quase sempre quadros psicóticos –, de pessoas de origem muito humilde e cujo nível socioeconômico não lhes permitiu fazer uma consulta quando se poderia ajudá-las de modo mais eficaz. Isto é, vemos uma seqüência hospital–psicose–proletariado. Dos consultórios particulares – ainda que o psiquiatra decida cobrar pouco ou em alguns casos não cobrar – só se aproxima a classe média. O nível de informação tem relação com esse fenômeno, assim como o acesso a recursos econômicos, mas também ocorre algo, como me disse uma pessoa que desempenhava tarefas de serviço doméstico: ela não podia aceitar que a atendessem sem lhe cobrar porque se sentiria humilhada, independentemente da atitude do psicoterapeuta. Explicou-me que um rico podia fazer-se atender sem pagar porque sabia que tinha direitos, enquanto ela necessitava comprar seu direito. Infelizmente, o sistema havia criado nela a superposição de dinheiro igual a direitos. Então nosso trabalho em consultório dirige-se à classe média; ali tratamos de contribuir modestamente para o processo de mudança, fazendo com que alguém que usa mal suas energias em estéreis lutas internas possa utilizá-las para questionar o sistema e lutar, convertendo-se em agente de mudança. Mas não nos enganemos: a grande força da classe média argentina não está em fazer a revolução social. Partimos do princípio de que seu núcleo central é a família. Marx e Engels dizem claramente:

> Mas, vejamos, em que se estabelece a família atual, a família burguesa? No capital, no lucro privado. Somente a burguesia tem uma família no sentido pleno da palavra, e essa família encontra seu complemento na carência forçosa de relações familiares dos proletários e na prostituição pública.

Todas as nossas observações clínicas têm como base a enfermidade tal como se dá na classe média em relação à neurose – englobo nesses termos os processos não-psicóticos – e, em geral, no proletariado quanto à psicose. Se esperarmos que nos consultem, nunca nos encontraremos com eles. Para descobrir esse outro tipo de enfermidade que não é dada por sintomas neuróticos enquadráveis nos padrões clássicos, mas basicamente pela falta de consciência dos direitos humanos, temos de ir nós mesmos às vilas miseráveis ou ao lugar onde os proletários se encontram. O proletariado não pode "consultar" porque não sabe sequer que tem o direito de fazê-lo, e acaba por se dedicar à difícil tarefa de sobreviver. De fato, isso está se fazendo, mas não em grau suficiente, já que primeiro nós, os psiquiatras, teremos de nos conscientizar. Mas é aqui que me pergunto: é como psiquiatras que vamos fazer esse trabalho? Por isso eu falava do limite do nosso papel, um papel que tende a hipertrofiar-se por completo até pensar messianicamente que a revolução pode partir do trabalho psicoterapêutico. Creio enfaticamente que só podemos nos inscrever positivamente no processo de mudança se compreendermos que o trabalho de conscientizar deve ser feito com base em nosso papel de cidadãos que podem manejar certos instrumentos – o psicodrama entre eles – com esse fim. Paulo Freire afirma que "educar é conscientizar"; porém, criar consciência não é patrimônio apenas do educador profissional, mas de toda pessoa que, tendo adquirido elementos que lhe permitam compreender mais profundamente a realidade, por meio do sistema, sirva-se destes para promover a mudança.

O psicodrama é um instrumento útil que, em mãos de uma pessoa que o maneje habilmente, pode contribuir para conscientizar, e um forte mobilizador afetivo que vai criando um clima de compromisso raramente obtido pelo contato verbal. Mesmo quem aparenta uma atitude distante sente profundamente o que ocorre no cenário psicodramático. Com um bom treinamento, a pessoa que atua como diretor de psicodrama não tem por que ser um psiquiatra ou psicólogo. Basta ter uma clara ideologia e conhecimentos de dinâmica de grupo. Para esse fim é muito mais simples aprender as técnicas sistematizadas por Moreno do que outras que requerem mais conhecimentos prévios. O sociodrama responde de maneira muito adequada a esse propósito. Creio que uma pessoa de ideologia clara sem formação médica ou psicológica pode ser mais efetiva para tal fim do que os próprios psiquiatras ou psicólogos, já que está mais livre de preconceitos. Então o trabalho daqueles que conhecem o manejo dessas técnicas seria o de ensiná-las. Este seria um caminho efetivo: o de ampliar nosso raio de ação.

Mas enquanto tratamos de atingir essas metas o sistema também trabalha. Se neste trabalho proponho a extensão do uso das técnicas dramáticas a pessoas que não sejam nem médicos nem psicólogos, também é certo que há algum tempo, na cidade de Buenos Aires, tentou-se pôr em prática uma lei que pretendia reduzir o psicólogo ao nível de um mero auxiliar do psiquiatra. Manter inquestionável a pseudo-hierarquia monopolizadora dos médicos sobre a saúde mental convém aos interesses do sistema.

Por tudo isso é que nossa obrigação é somar ao nosso trabalho científico a denúncia constante da violência ideológica e física que presenciamos diariamente. Quem não cumprir esse aspecto de seu trabalho, ter-se-á convertido no mais efetivo colaborador da opressão, no papel de cúmplice silencioso.

Primeira parte

1

Conceitos gerais

DALMIRO M. BUSTOS

Como já disse anteriormente, este livro foi escrito, em sua maior parte, no ano de 1973. Transcorridos sete anos, muitas são as modificações que efetuamos. No trabalho que apresentei como relatório oficial ao Congresso de Psicodrama de Buenos Aires em novembro de 1979, apresento os principais elementos de teoria psicodramática atualizada, e creio que tal trabalho orientaria o leitor sobre a evolução do nosso pensamento. É por isso que passo a reproduzi-lo textualmente.

Psicodrama: ato e processo terapêutico

Um dos problemas básicos que nós, psicodramatistas, enfrentamos é o de denominar pelo mesmo nome fatos muito diferentes. É minha intenção neste trabalho propor um esboço de revisão dos pontos que considero principais na teoria psicodramática para depois particularizar as diferentes aplicações do psicodrama em psicoterapia e as redefinições teórico-técnicas a que estas dão origem.

Acredito que seja útil compreender que psicodrama não é um vocábulo unívoco. Ocorreu um fenômeno muito parecido com a psicanálise: com esse nome se denominam teorias e práticas que, em alguns casos, pouco têm em comum entre si, chegando-se ao ponto em que, quando alguém nos diz que é psicanalista, não nos esclarece suficientemente sobre sua prática específica e sobre o marco teórico a que se refere. O mesmo ocorre com os psicodramatistas. Em um recente simpósio do qual eu participava, uma pessoa do público perguntou ao coordenador da mesa, dr. Maurício Abadie, o que tínhamos em comum com os distintos expositores. Sua resposta foi acertada no que me diz respeito: nós, psicodramatistas, hierarquizamos os significantes em busca do significado, enquanto os psicanalistas privilegiam constantemente o significado.

Outras respostas surgiram: nós, psicodramatistas, trabalhamos com o corpo. Isso não corresponde à realidade. O psicodrama trabalha com a ação (ação – drama), estando o corpo mais exposto que nas técnicas verbais, mas as técnicas corporais são outras. Moreno cria uma metodologia da ação e não do corpo. É certo que há psicodramatistas que estão elaborando nessa área e podem chegar a enriquecer o trabalho dramático. Mas o trabalho corporal não define a linguagem dramática como define a bioenergética ou a biodança.

A ação define o campo de trabalho dramático. Não obstante, há técnicas de ação que, como a gestalt, não são psicodrama. Creio que não pode haver dúvida alguma sobre o fato de que todas essas técnicas e teorias são influenciadas direta ou indiretamente pelo trabalho de Moreno.

Dentro do próprio psicodrama, dizer "sou psicodramatista" não define um estilo de trabalho. Há os que utilizam a ação dramática como auxiliar de técnicas de interpretação verbal, há quem utilize somente imagens estáticas e ainda quem use cenário e se atenha aos cinco elementos básicos, que prescinda deles.

Uma vez criada uma obra, ela já não pertence ao seu criador; ainda que Moreno estivesse vivo, não poderia pôr fim a esse processo. Talvez da leitura do que se segue possamos tomar alguns indicadores que nos ajudem a redefinir o vocábulo em questão.

A obra escrita de Moreno é caótica. Não há ordem nem rigor, mas freqüentes contradições. São moléculas riquíssimas

O PSICODRAMA - APLICAÇÕES DA TÉCNICA PSICODRAMÁTICA **29**

que requerem uma reordenação. Quem lê Moreno pode entrever uma grande riqueza, mas só uma releitura cuidadosa permite um princípio de compreensão.

Os múltiplos erros de interpretação têm sua origem então no próprio Moreno. E isso ocorre, para começar, com o fato absurdo de que, em "psicodrama", a parte denomina o todo. Realmente, a denominação psicodrama corresponde a uma das técnicas, baseada na ação, que se encontra incluída em uma obra muito mais ampla, que se denomina sociometria.

Sociometria é a ciência das relações interpessoais. A confusão parte do fato de uma denominação pouco feliz e da nova significação que sofreu no decorrer do tempo. Moreno escreveu em princípios dos anos de 1950[1]: "Uma das dificuldades que no curso do seu desenvolvimento a sociometria teve de enfrentar consistiu na rápida assimilação de suas técnicas (psicodrama, sociodrama, *role-playing*, teste sociométrico, psicoterapia de grupo), de suas operações, de seus métodos e, paralelamente, no desconhecimento de suas teorias, inclusive a resistência com que tropeçaram".

"Seria divertido", continua Moreno, "mostrar com que precipitação foi arrebatado o sociodrama, o psicodrama etc., imediatamente admitidos como técnicas, nas suas bases teóricas, os conceitos de ator, ego-auxiliar, de espontaneidade, de tele, de liberação da espontaneidade (aquecimento), de átomo social etc. eram tomados sem reflexão, ignorados ou sub-repticiamente introduzidos na literatura sem referência às suas fontes."

Creio que falta em Moreno uma autocrítica que o faça dividir essa responsabilidade, já que até seus seguidores de anos, como Ann Ancelin Schutzenberger, definem a sociometria com base em uma das tantas versões de Moreno, como uma "tentativa de enfoque experimental, mensurável e métrico das relações humanas".

Tantos erros e contradições levaram muitos psicodramatistas ao desânimo. Eles ficam na obscuridade e procuram teo-

---

1. Moreno, J. L. *Fundamentos de la sociometria*. Buenos Aires: Paidós, 1972, p. 22.

30 DALMIRO M. BUSTOS E COLABORADORES

rias para a compreensão de seu trabalho. Se observarmos, por exemplo, uma parte do seu livro *Psicoterapia de grupo y psicodrama*[2], veremos que põe o titulo "El sistema sociométrico" em uma nota ao pé da página que esclarece: "Embora a socionomia seja o conceito supremo que contém em si, como idéia subordinada à sociometria, conservamos no título desta seção o adjetivo *sociométrico* como determinante do sistema porque, historicamente, a palavra sociometria se refere a esse ramo do saber". Depois, tenta falar de socionomia, sociodinâmica etc., mas em sua nota adverte sobre o fenômeno que ele mesmo consagra. Apesar disso, em *Psicodrama*, vol. III, torna a confundir a sociometria com o teste sociométrico ao defini-la como "um estudo matemático das propriedades psicológicas de uma população, a técnica experimental e os resultados pela aplicação de métodos quantitativos"[3].

Deixando então de lado as contradições e os erros, definimos a sociometria como *a ciência das relações interpessoais*, que constituem o marco referencial teórico do psicodrama, do sociodrama, da psicoterapia de grupo e do teste sociométrico. Essa teoria tem vários pontos claros e outros que devem ser esclarecidos, elaborados.

Para empreender essa tarefa é necessário reconhecer outras dificuldades com as quais Moreno tropeça quando nos propõe uma falsa opção: psicodrama ou psicanálise. Moreno elaborou sua obra em oposição; creio que, em seu momento histórico e por suas características pessoais, não lhe teria sido possível fazê-lo de outra maneira. Isso o leva a contornar com saídas veementes problemas teóricos que existem em suas formulações somente porque, do contrário, coincidiria com propostas psicanalíticas. Isso é evidente quando ele, na teoria de papéis, nos diz que "os pontos de cristalização concreta do que chamamos

---

2. Moreno, J. L. *Psicoterapia de grupo y psicodrama*. Cidade do México: Fondo de Cultura, 1966, p. 37.

3. Moreno, J. L. *Psychodrama*, vol. III. Nova York: Beacon House, 1946.

ego são os papéis nos quais se manifesta"[4]. São esses pontos de cristalização (papéis) que estruturam o ego em suas trocas com o meio ambiente. Não há trocas que não sejam produzidas por meio de papéis. Em vez de um pensamento de oposição aceitando a falsa opção que propõe Moreno, creio que podemos ampliar a teoria psicanalítica aceitando que Freud considera "o ego como um aparato adaptativo diferenciado a partir do *id* em virtude do contato com a realidade"[5].

Essa zona de interações entre o ego e o mundo exterior está estruturada na forma de papéis. O contato entre papéis ocupa o centro da teoria das relações interpessoais. Cada papel se relaciona com outros papéis complementares de outras pessoas por intermédio de *vínculos*. A existência do *reconhecimento do vínculo* é fundamental para a saída da matriz de identidade total e indiferenciada.

Ali se produz a diferenciação entre o eu e os outros, entre o mundo externo e o mundo interno. Onde antes houve caos, confusão entre o eu e os outros, começam-se a diferenciar um eu e um não-eu, essencial no processo maturativo. Sem esse passo o mundo de relações fica povoado de confusão, não há limites entre o eu e o não-eu, não há consciência de vínculos.

Se não existisse esse reconhecimento, o eu e o outro significativo ficariam unidos em suplementaridade, um é parte do outro. Não há, portanto, vínculo, há funcionamento unitário. Essa é a base das relações simbióticas.

Todo conflito é incorporado através de um papel, geralmente o papel de filho através de seu complementar: mãe ou pai. Esta situação de conflito faz com que este papel fique fixado em seu *modos operandi* ao papel complementar primário, que denomino *complementar interno patológico*. Quanto mais forte este conflito, mais incapacitante será o resultado e mais papéis terá afetado.

---

4. Moreno, J. L. *Psicoterapia de grupo y psicodrama*. Cidade do México: Fondo de Cultura, 1966, p. 55.

5. Freud, S. "El yo y ello". In: *Obras completas*. Madri: Biblioteca Nueva, 1948.

32 DALMIRO M. BUSTOS E COLABORADORES

Todo estímulo externo que desencadeie esta dinâmica originará condutas que correspondem à relação com este complementar interno patológico. Assim a dinâmica: um filho hipersensível diante de um pai hipercrítico despertará condutas afins com outras figuras de autoridades que a partir do *cluster* (conjunto) de papéis se associam a este.[6]

Como veremos, essa complementaridade interna patológica é a base dinâmica da transferência.

A sociometria nos dá um elemento útil para a compreensão das estruturas grupais e das relações interpessoais: o teste sociométrico. Moreno desenvolve dois tipos de teste, ambos muito mal compreendidos em geral: o objetivo e o perceptual. Do primeiro surgem os gráficos das redes de vínculos e as estruturas grupais, mutualidades e incongruências cuja relação chamo de *índice relacional direto*, já que mede as relações interpessoais em seu nível mais óbvio de atrações e repulsões. Não obstante, os desenvolvimentos importantes que estamos realizando referem-se ao teste perceptual, já que este nos conecta a partir do interpessoal até o intrapsíquico. Da comparação entre ambos os testes, surgem claramente as distorções transferenciais, o que nos permite elaborar os índices de emissão de mensagens, o índice de percepção e o índice télico-transferencial.

Passemos agora a examinar os dois conceitos fundamentais que acabo de mencionar: *tele* e *transferência*. Moreno torna a produzir algumas contradições que convém esclarecer. Ele chama *tele* o substrato das relações interpessoais. Aqui aparece *tele* como termo genérico. O fator *tele* pode conter duas variáveis: uma fisiológica, normal ou desejável, que assegura a correta percepção em ambas as direções, a que também denomina *tele*, o que favorece as confusões. O outro aspecto é o responsável pelas distorções de uma ou ambas as partes, e a isso chama *transferência*. Se pensarmos no conceito de complementar inter-

---

6. Bustos, Dalmiro. *El test sociométrico*. Buenos Aires: Vancu, 1980.

no patológico, veremos que é este o responsável pelas relações transferenciais, nas quais o outro é uma figura de seu mundo interno. Fica claro que em seu aspecto mais profundo a relação tele-transferência é de limites muito amplos, não há relação totalmente télica nem totalmente transferencial. Do ponto de vista da relação teletransferencial é interessante definir a partir de que posição se efetuam as intervenções terapêuticas tanto verbais como psicodramáticas.

O papel complementar interno patológico estimula respostas no terapeuta que podem ser: patológica direta, patológica reativa ou télica corretiva. No primeiro caso, o terapeuta passa a exercer condutas confirmatórias do personagem interno patológico do paciente.

Pode assim falar com excessiva ênfase da agressão ou tendência a manifestar sentimentos autoritários, subestima etc. O terapeuta pode chegar a "encarnar" esse personagem. Se não tiver consciência disso, ele tenderá a estruturar um vínculo *em transferência*, o que seria uma conduta não-terapêutica – a menos que o terapeuta tenha efetuado uma utilização estratégica desse personagem. Entrará para reconhecê-lo e para pô-lo em contato com o paciente. No segundo caso (patológico-reativo), o terapeuta pode ser levado a representar o personagem reativo, isto é, condutas opostas às do complementar interno patológico. Será então um pai "bom" e condescendente diante de um pai "real" agressivo. Também isso pode ser possível como utilização estratégica ou como atuação. No segundo caso se terá caído em uma difícil armadilha. A terceira opção consiste na proposta de relação télico-transferencial em que ambos possam ser e falar *dos* e não *a partir dos* personagens patológicos. Um terapeuta experiente pode reconhecer facilmente um vínculo *em transferência* com base em indicadores que podem ser seu próprio tom de voz, inflexões que não reconhece como habituais (indicador semântico) e construções desusadas (indicador sintático). Certa ansiedade e sensação de estranheza acompanham esses dados (indicador afetivo).

Afastamo-nos então do postulado moreniano que diz que "a relação tele pode ser considerada o processo interpessoal do qual a transferência é uma excrescência psicopatológica especial"[7].

Situando o psicodrama como processo, essa excrescência passa a ser um guia importante para situações conflitivas não resolvidas.

O que é exatamente que se transfere?

Responder a essa pergunta de maneira profunda exigiria mais tempo do que disponho neste momento. Não obstante, vou expor alguns pontos para serem discutidos. Moreno nos fala de transferência de emoções ou de distorção de percepção, assim como a contrapõe à tele, a qual define como empatia de dupla direção ou percepção recíproca correta. Então, torna-se difícil estabelecer um limite entre tele e transferência.

Talvez seja mais correto falar de captação e não de percepção, termo que poderia dar lugar a equívocos ao parecer referir-se somente ao substrato anatomofisiológico do fator tele. Ao falar da matriz de formação de símbolos, veremos como cada símbolo contém toda a história e experiência de uma pessoa, seus valores e sua cosmovisão.

Ao captar o outro, sempre o fazemos utilizando essa subjetividade. O outro que vemos sempre é ele mais quem o está vendo. Por isso, até certo ponto, a captação do outro de forma absoluta é mera ilusão.

Assim, quando Moreno nos diz que a transferência é um processo estritamente subjetivo, enquanto o processo tele é um sistema objetivo das relações interpessoais[8], devemos redefini-lo de acordo com sua necessidade de enfatizar a importância do predomínio télico na relação terapêutica. Se sempre há certo grau de distorção, ainda na relação de encontro profundo, o contrário também é certo: sempre há certo grau de tele na relação de transferência. A correta captação de determinados sinais do outro subjaz a todo vínculo transferencial.

---

7. Moreno, J. L. *Psicodrama*. Buenos Aires: Paidós, 1978, p. 315.
8. Moreno, J. L. *Psicodrama*. Buenos Aires: Hormé, 1972, p. 314.

O gesto de rejeição do terapeuta pode ser captado corretamente pelo paciente, e é fundamental compreender até que ponto a captação é certa e nos achamos diante de uma relação télica, e quando esta diverge para dar lugar à transferência. Ali importa investigar a distorção da interpretação do sinal percebido, cuja proporcionalidade e estrutura temática podem ter relação com um conflito interno.

Voltamos aqui ao conceito de complementar interno patológico. Se uma dinâmica relacional permanecer fixada a um *modos operandi* primário, oferecerá comportamentos e emoções ligados não ao complementar real e atual, mas a seu interno patológico.

Aqui talvez esteja a tentativa de resposta à pergunta sobre o que é que se transfere: não é um papel, como personagem interno (embora em momentos de grande necessidade possa sê-lo), mas um complexo de características combinadas de papéis complementares e, além disso, dos vínculos entre esses personagens, assim como pode referir-se a emoções ligadas a aspectos parciais deles.

Júlia, caso que relatarei mais adiante, "captou" corretamente um gesto meu de preocupação quando, em uma sessão anterior às férias, me falou de reformulações de sua vida matrimonial. Minha preocupação estava ligada aos indicadores de iminência de um *acting*. A interpretação dela ligava-se ao aspecto repressor e moralista de sua mãe.

Todos os conceitos formulados por Moreno baseiam-se em sua filosofia do momento, na qual tudo está sendo, nada é, foi ou será; portanto, tudo é válido somente no momento. Dessa forma, fica mais fácil compreender suas formulações. Conhecer sua estrutura de pensamento também nos introduz às três coordenadas que sustentam todo ato ou conceito psicodramático. Essas coordenadas são as que nos dizem que tudo no universo tem uma *matriz*, definida como aquilo que lhe deu origem, o ovo fecundado no caso do homem. Por sua vez, toda matriz tem um *locus*, lugar ou conjunto de condicionamentos que cercam a matriz, a placenta no exemplo dado, que nutre o ovo fecundado. A terceira coordenada é o *status nascendi* ou processo de crescimento, momento de evolução – no caso do homem, o período de gestação. Nesse momento que Moreno denominava "estar sendo", o ato no momento de sua criação, quando está sendo criado e não quando já se criou.

Essas três coordenadas marcam a dinâmica que estrutura toda a tarefa dramática. Assim, em um sistema importará buscar sua matriz, fatos particulares que o geraram, seu *locus* ou conjunto de circunstâncias mais amplas do qual este se nutre e o *status nascendi*, processo de estruturação do sintoma.

Nessa linha de pensamento, creio que um momento fundamental no processo terapêutico é conseguir desvendar as condicionantes para a estrutura de pensamento. Se tudo no universo tem *locus*, matriz e *status nascendi*, também os símbolos são afetados por esses fatores. Ao falar do processo de simbolização, refiro-me à transformação de experiências, como define Arieti[9], e não à ordem simbólica conceituada por Lacan.

O símbolo de uma matriz definida transmitirá determinada estrutura que projetará sua maneira especial de ver o mundo. Quando nos perguntamos a serviço de quais condicionantes está uma forma de pensamento, estamos interrogando qual foi a matriz de formação de símbolos. Chegar a desvendar tais incógnitas representa um momento-chave em uma terapia.

Um exemplo do que foi dito anteriormente ocorre quando Luís começa uma sessão de grupo com um desentendimento com outro integrante. Luís é acusado de falsidade, o que o desconcerta, pois ele acredita dizer o que sente. Sempre vê o melhor do mundo, sempre procura ajudar o próximo com satisfação. Depois de um prolongado silêncio, peço-lhe que seja esse silêncio e se deixe levar por ele. Primeiro ele nos leva a um episódio da adolescência no qual caminha sozinho por um parque

---

9. Arieti, Silvano. *Interpretación de la esquizofrenia.* Nova York: Robert Brunner, 1958.

escuro. Não tem amigos, está deprimido, somente reconhece a vida eterna como solução, a vida terrena não oferece apoio algum, tudo é insubstancial. Seus pais se separaram e ele diz sentir-se sem esperanças, até que a ansiedade o domina e ele começa a repetir: "Não consigo entender, tenho uma venda diante dos olhos". Concretizando a venda nos olhos com um ego-auxiliar, começa um duelo no qual seu próprio papel (o de percepção) é fraco, e o da venda, forte e autoritário. Dessa luta surge outra cena: ele é um menino muito pequeno, não sabe dizer a idade, sabe apenas algumas palavras. Chora. Algo desagradável ocorreu: um tio que vivia com eles morreu, as pessoas vão e vêm. Em trocas de papéis, ele em todos os personagens nega que haja ocorrido tal coisa e, ao mesmo tempo, queimava roupas e fotografias. Tudo isso constitui o *locus*. Em certo momento o bebê diz "tio". Todos olham assombrados para ele. Nunca houve nem haverá tio algum. A mãe o toma em seus braços e, rindo, diz a seu pai: "Tino, está chamando-se a si mesmo Tino, daqui por diante se chamará assim, já que assim o quer" (matriz). De volta a seu papel, reaparece a venda (que surge pela primeira vez) e lhe diz para aceitar tudo isso, pois há coisas que não existem nem existiam por mais que acredite vê-las. Só o que for aceito pelos outros terá nome, o resto fica condensado em seu nome que não escolheu, mas será seu para sempre. Logo, pôde compreender que seu tio realmente existiu e havia morrido em circunstâncias obscuras, possivelmente em um fato delituoso.

Isso não só marca sua identidade como afeta também a estrutura simbólica, as quais estarão a serviço da ocultação mais do que da versão correta da realidade.

Em seu tratado sobre esquizofrenia, Arieti (*op. cit.*, p. 242) diz:

> O esquizofrênico deixa de pertencer à sociedade porque uma sociedade é uma integração simbólica de indivíduos, um grupo de indivíduos que compreendem e organizam e dão funções a um e

a outro, de acordo com os símbolos comuns. [...] A formação de símbolos é um processo interpessoal. O processo de socialização facilita ao homem traduzir suas imagens internas privadas em símbolos que pode transmitir a outros.

Nesse processo de passagem à ordem simbólica, a matriz pode estar em um nível tão primário que tal passagem torna-se impossível, será o reino da paleologia e dos paleossímbolos como rejeição aos símbolos universais. Mas ainda que essa passagem se produza, as características da matriz estarão presentes em cada um dos símbolos adquiridos. Se essas características são universais a ponto de permitir-lhe sua integração com o mundo, a matriz primária permitirá a plasticidade suficiente que o mundo requer. Do contrário, a pessoa ficará aprisionada no pequeno mundo em que tais variáveis são inteligíveis, diminuindo consideravelmente seu átomo social.

O *locus* do psicodrama foi o teatro e deste saem todos os seus elementos, inclusive o fato de estar projetado para começar e terminar em uma só sessão. Dirigindo um psicodrama, Moreno não pensava em séries de sessões, especialmente no princípio. É essa proposta inicial que chamo de ato terapêutico, intervenção destinada a investigar e buscar o conflito proposto em uma só sessão.

O valor desse tipo de intervenção foi superestimado no princípio e subestimado mais tarde. As *open sessions* ou psicodramas públicos se mantiveram como tais até 1972, quando deixou de funcionar o teatro de psicodrama que existia em Nova York. Ali, diretores de psicodrama se reuniam com grupos de pessoas que, pagando apenas cinco dólares, podiam participar da sessão. Atualmente, há sessões em Beacon e em alguns outros lugares. Pessoalmente utilizei o enfoque de psicodrama público em *workshops* didáticos, cujo objetivo é a aprendizagem por meio da vivência.

Mas há outras indicações fundamentais e de grande interesse. O ato terapêutico tem dois propósitos: a urgência psicológica e a intercalação de uma ou várias sessões de psicodrama dentro de uma terapia de outro tipo.

No primeiro caso, entram indicações como conflitos situacionais de pessoas que se encontram em uma crise vital e não necessitam, não podem ou não mais desejam entrar em um processo terapêutico prolongado. É freqüente a consulta de pessoas que precisam elaborar situações específicas, como viagens, mudanças de rumo na vida, falta de clareza referente a determinados conflitos. Basta muitas vezes uma ou duas sessões para o panorama se tornar claro. É, nesse sentido, a mais completa e perfeita das terapias com tempo e objetivos limitados.

O outro caso é o de pessoas que se encontram em um processo psicoterapêutico, geralmente psicanalítico, e requerem uma ou duas sessões psicodramáticas. A realimentação que essas sessões produzem para o processo terapêutico é muito grande. A capacidade de síntese da técnica dramática permite enfocar claramente fatos ou sintomas, investigar sua seqüência causal e abrir as portas para elaborações posteriores. A presença de um terapeuta-diretor que só estará presente naquela vez permite-lhe inclusive observar a relação terapêutica, localizar um vínculo "em transferência" e ajudar na sua resolução. É claro que o aparecimento dessa nova figura na relação terapêutica não está à margem de projeções, mas isso é, em geral, muito óbvio e facilmente localizável.

O terapeuta "regular" pode ou não estar presente no momento do ato terapêutico. No caso de estar presente, pode escolher entre ficar como observador ou participar como auxiliar, o que lhe permitirá conhecer que papéis é chamado a representar, em que momento, onde se filtram mensagens dirigidas ao terapeuta por questões não resolvidas e não ao personagem que representa etc.

A outra opção é a sessão desenvolvida na ausência do terapeuta. É óbvio assinalar que se exige como precondição que o contrato da sessão de psicodrama seja posterior à elaboração na terapia e resulte de um acordo. O contrário pode levar a manejos psicopáticos negativos tanto para o processo como para o ato terapêutico.

Nos dois casos (emergência psicológica e como contingente dentro de outro processo terapêutico) a proposta técnica psicodramática coincide substancialmente com o psicodrama moreniano. Esse enfoque também é útil para pessoas que terminaram a terapia e desejam reformular algum problema específico sem ter de retomar um novo processo terapêutico.

Outras variáveis começam a aparecer quando consideramos o psicodrama dentro de um processo psicoterapêutico, isto é, quando nos propomos uma *psicoterapia psicodramática*. As variedades são: psicoterapia psicodramática bipessoal, psicoterapia psicodramática individual com egos-auxiliares ou psicoterapia psicodramática de grupo, familiar ou de casal.

É um erro comum pensar no psicodrama unicamente como uma técnica grupal. Há circunstâncias em que é importante manter o vínculo bipessoal ainda que o arsenal técnico dramático tenha, obviamente, sua riqueza diminuída. A introdução de uma terceira pessoa pode criar campos de tensão intoleráveis para alguns pacientes – e ainda que o tolerem não chegará a cumprir-se o objetivo terapêutico desejado por bloquear material que só aparece na relação bipessoal. O eixo télico-transferencial aparece aqui de forma muito clara, o que não ocorre no caso do psicodrama-ato. Cria-se um circuito contínuo de realimentação entre o trabalho em ação e o verbal. O exemplo que darei mais adiante ilustra essa dinâmica.

O aparecimento de terapeutas egos-auxiliares cria outro campo terapêutico. Aqui a transferência se dá não só dirigida ao terapeuta-diretor, mas também aos egos-auxiliares, com uma dinâmica similar à da transferência lateral que se dá nos grupos terapêuticos.

Nos três casos de processo terapêutico, o psicodrama adquire maiores diferenças com relação ao psicodrama moreniano. Não são tão freqüentes as catarses de integração, mas os *insights* dramáticos e as resistências aparecem diante da ação da mesma forma que diante da palavra. O enfoque básico moreniano não pode nem deve manter sua estrutura original; não obstante, não deixa de ser psicodrama, já que as sessões puramente verbais mantêm os traços básicos de todo o pensamento moreniano (*locus*, matriz e *status nascendi*), tomam as bases da sociometria como eixo da compreensão da relação interpessoal e colocam o psicoterapeuta na posição existencial de encontro.

Outra falsa opção que enfrentamos com freqüência é a de crer que o psicodrama é só ação. Isso é falso: a ação aparece onde a palavra perdeu seu significado ou onde o nível de tensão é suficientemente forte para bloquear a comunicação verbal. Além disso, o objetivo da ação é reabrir a significação do nível simbólico de comunicação, nunca prescindir dele.

Deixei para o final o esclarecimento sobre o encontro, tal como Moreno propõe em seu célebre lema:

Um encontro entre dois: olho a olho, cara a cara
E quando estiveres perto arrancarei teus olhos
E os colocarei no lugar dos meus
E tu arrancarás meus olhos
E os colocarás no lugar dos teus.
Então te olharei com teus olhos
e tu me olharás com os meus.

O sentido de entrega se conserva tanto no processo como no ato, da mesma forma que o compromisso emocional de participação, interação e mútuo reconhecimento. Mas a liberdade para uma participação horizontal no vínculo é muito mais fácil de ser atingida com o ato que com o processo terapêutico. Um único encontro cria uma atmosfera em que a relação télica está privilegiada e favorece a entrega recíproca. O mesmo ocorre com os grupos de encontro únicos. Não é que se crie uma ilusão do encontro, como dizem os críticos. Essa crítica (que em outra ocasião também compartilhei) provém da exaltação da continuidade, do duradouro diante do efêmero e passageiro. Só tem sentido se sei prolongar? O momento intenso dói porque não se pode agarrá-lo, e a freqüente censura dos amantes é que algo não foi válido porque não perdurou. É claro que tal crítica é válida para os eternos vendedores de ilusões, que só desejam lucrar com a solidão, pretendendo efeitos de psicoterapia profunda por meio desses grupos.

Os encontros únicos possibilitam ao diretor de psicodrama compartilhar aspectos de sua vida. Não obstante, o que quer que ele faça é secundário, o que conta é sua abertura emocional, sua entrega ao processo dramático que o leva a aproximar-se ou afastar-se, a tomar a mão ou a dizer a palavra adequada no momento adequado, a compreender o outro a partir de dentro de si. A má interpretação dessa posição pode levar a falsas "confissões" que não acrescentam nada ao ato terapêutico e o entorpecem como processo.

A dinâmica télico-transferencial, em contínuo jogo em um processo terapêutico, nos obriga a tomar uma posição mais cautelosa, segundo a qual não impomos um encontro em termos de "realidade" a alguém cujas percepções estão dificultadas por figuras ligadas a seu passado. É tão violador não respeitar essa "realidade" com uma imposição de encontro como evitá-la quando chega o momento em que esta nos é solicitada. Isso nos faz seguir por um estreito caminho, onde devemos desde observar um fato de uma distância adequada até submergir em plena subjetividade. Assim como o mito do duradouro como único vínculo válido, também se mitifica a proximidade. Muitas vezes se separa por não estar próximo e outras por não estar suficientemente distante. Sem dúvida, o processo terapêutico nos exige mais observação e reflexão, sem que isso afete nossa atitude básica como psicodramatistas, a relação de pessoa a pessoa, os seres humanos, sem importações nem falsos mitos projetados na figura do terapeuta.

Isso é admitido pelo próprio Moreno: "O terapeuta é, em algumas ocasiões, um protagonista participante, nunca um pu-

O PSICODRAMA - APLICAÇÕES DA TÉCNICA PSICODRAMÁTICA   43

ro observador. É uma combinação de três funções, a de médico (terapeuta), a de investigador e a de co-paciente"[10].

No mesmo livro, Moreno nos diz:

> Todo grupo patológico é predominantemente transferencial, o excesso de transferências diminui a coesão do grupo e modifica sua estabilidade. As tele-estruturas estão em minoria. Um grupo não pode viver *só* em transferência. Devem-se formar na tele estruturas para garantir sua integração construtiva e sua unidade. Isto é, não há *encontro* quando predomina a transferência, mas há, sim, ampla possibilidade de trabalho terapêutico para restabelecer a capacidade télica, máximo objetivo de qualquer terapia.

Vou relatar brevemente o caso de Júlia, uma paciente que nos consulta por sintomas fóbicos marcados, grande angústia desencadeada por temores à infidelidade do marido. Tem 32 anos, dois filhos, sendo um de dez e o outro de oito anos. O quadro é claro quanto à indicação de terapia psicodramática bipessoal. Nas primeiras sessões pudemos abordar os conflitos dramaticamente e começar a encontrar conexões com figuras de seu passado. Aparecem figuras de uma mãe moralista que acusa continuamente o pai de traição. Culpa-o pela pobreza em que vivem e impede seus filhos de toda aproximação com ele. Exalta o desprendimento, a castidade e a privação como formas de amor. Tem uma religiosidade compulsiva. Do temor reverencial, Júlia passa a perceber a tensão e o ódio contidos em relação a ela.

Há três catarses de integração referidas à figura da mãe. O pai aparece como o privador, mas sua vida privada é fortemente idealizada. Para Júlia, o pai é, fundamentalmente, um homem de muitas mulheres, às quais "satisfaz".

---

10. Moreno, J. L. *Psicoterapia de grupo y psicodrama*. Cidade do México: Fondo de Cultura, 1966, p. 100.

O eixo télico-transferencial nesse momento é o pai que satisfaz mulheres-terapeutas. Sua relação com o marido melhora e pode pensar calmamente em uma proposta teórica que haviam feito entre ambos referente a uma suposta liberdade sexual do casal. Debate-se entre grandes "atos" de liberdade e submissão. A identificação com o terapeuta-pai-idealizado, capaz de satisfazer, é expressa com freqüência e, inclusive, fala dos períodos de "saciedade" depois das sessões. Ocorrem nesse momento as férias e Júlia não volta na data combinada, mas na sessão seguinte. Chega contrita e preocupada. Diz que faltou de propósito porque necessitava ter uma aventura amorosa e acreditava que, se viesse à sessão, eu a convenceria a não fazê-lo.

Dramatizamos isso e vemos como Júlia projeta em mim os aspectos repressores da mãe. Essa alteração de sentimentos, que a leva a estruturar uma relação nesses termos, relaciona-se com o período de ausência. A carência volta a estar no centro de suas relações e dali por diante passo a ser a mãe culposa, até que, depois de um choque que ela provoca, consegue dramatizar e compreender como procura castigo por querer mais do que tinha. Aparece a figura da Virgem Maria que, na dramatização, a culpa e castiga, ameaçando a si e a seus filhos com a morte.

Depois dessa sessão, em que o eixo télico-transferencial foi deslocado para a mãe repressora, virgem, terapeuta, ocorre uma dramatização muito importante que passo a relatar.

Júlia entra bastante tranqüila, diz estar muito melhor, mas se preocupa com seu marido que não está bem. Além disso, não a satisfaz sexualmente. Reconhece, não obstante, sua própria ambivalência com respeito a pedir-lhe que entre em tratamento. Quando lhe peço que dramatizemos isso, ela me leva estranhamente a uma cena no almoço (novamente o paralelo comida–sexo). Nessa cena ela faz o papel do marido, que critica sua forma voraz de comer. Deveria comer mais devagar. De volta a seu papel, chama a atenção sobre o fato de que come com uma das mãos enquanto, com a outra, tampa o prato, como que protegendo-o. Desdobro-a entre ela e sua mão. No papel da mão que cuida do prato, diz que deve fazê-lo; do contrário, lhe tirarão a comida. Olha ao redor e diz: "Estes (os filhos e o marido) não, mas..." Já há conexão com outro nível. Na cena seguinte está no fundo de sua casa, a mãe joga um prato de comida e seus irmãos se atiram sobre ele, deixando Júlia sem nada.

Sua mão trata sem resultado de cuidar da pouca comida, e até uma galinha bica em seu exíguo prato.

Júlia chora amargamente e jura que nunca terá fome. Peço-lhe que faça o papel de sua fome e esta fica furiosa, pois odeia a pobreza, tem de devorar-se a si mesma, destrói os objetos que representavam o pai que sacia outras mulheres, a mãe que idealiza a privação, os irmãos que lhe tiram a comida. Imediatamente interrompe e diz ao que representava Júlia: "Melhor ainda, não queiras mais nada, não terás nunca fome (toma sua cabeça e continua), veja que lindo, aprendi a dizer *não,* obrigada; *não* necessito, *não* quero, não... (começa a chorar). E quando fores grande te casarás com alguém que aprenda a controlar-te porque, do contrário, eu me solto e te destruo". Já passou a tensão, o pranto assinala *o insight.* De volta a seu papel, toma a fome e lhe diz para que aprenda a gostar do que tem, já não está em perigo, não necessitará que a controlem, ela perdeu o medo que tinha. Vira-se para seu marido, consegue um diálogo depressivo em que fala de como, por dificuldades complementares, até sexualmente ele faz o papel de quem deve satisfazê-la primeiro para depois poder tornar-se livre para sentir. Júlia chegou a compreender sua luta de anos, que pressentia mas não podia entender. A elaboração posterior nos permite falar do ocorrido tomando por base um eixo télico-transferencial-terapeuta.

Para Júlia voltarão, seguramente, diferentes aspectos de seu passado, mas já o nível de *insight* alcançado permite um caminho mais claro. E novamente, como tudo em psicodrama, quando falo de *insight,* não me refiro ao fato de que compreendeu, mas de que é interpessoal, ambos estão compreendendo.

Reflexões finais

Todos os conceitos anteriores são de ordem teórica e técnica, mas não quero terminar esta exposição sem compartilhar com vocês algumas vivências sobre o que significa o exercício de nossa profissão neste momento histórico. Para isso vou tomar a liberdade de reproduzir uma sessão que dirigi em um grupo de vivência em um congresso recente.

Na sessão, um jovem psicoterapeuta se queixava do enorme desnível produzido entre sua posição de intelectual e suas origens como neto de imigrantes pobres. Em uma cena visualiza sua avó quando pequena, sozinha na gelada campina européia, colhendo batatas. E nos diz que deve fazer isso para comer, para algum dia poder sair dali. A cena nos comoveu profundamente. Quem de nós não tem uma cena similar? Isso me fez refletir muito. Pensei em nossa posição como intelectuais. Como podemos nos isolar em lucubrações abstratas que nos afastam do homem em si, da terra, da dor? E isso não tem relação com a teoria ou técnica com base na qual desenvolvemos nosso trabalho. Qualquer técnica pode chegar a ser uma defesa para teorizar sobre o homem. Quanto mais complexa a teoria, mais sofisticada a linguagem que empregamos, mais envolvidos podemos ficar em um emaranhado de idéias. Preocupamo-nos, então, com a harmonização das articulações psicodinâmicas e imediatamente olhamos com surpresa a imagem da avó inclinada na terra. Somente por meio dessa vivência o nosso trabalho ganha sentido, na terra gelada na qual mergulhamos nossas mãos, tirando raízes ocultas de seu seio, as quais, por sua vez, servirão de alimento, raízes que nutrem, terra que penetra nossas unhas e deixa rastros, dói e alimenta.

Com base nessa posição, quero refletir sobre outro fenômeno que ocorre em nosso mundo psicoterapêutico: a distorção dos limites do que chamamos enfermidade. Freud introduz, como pioneiro, indicações de tratamento para um núcleo de pessoas que antes eram catalogadas como "neuróticas", como sinônimo de pessoas a quem não ocorre nada claramente diagnosticável. Antes disso, apenas os psicóticos recebiam tratamento. Para "os outros" não havia nada até o advento da psicanálise. A proliferação de técnicas terapêuticas cria um "mercado" de trabalho.

Mas quantas das pessoas que estão em tratamento em nosso consultório podem ser classificadas em moldes mais ou menos tradicionais?

Muitas pessoas que nos consultam vêm diretamente se tratar, inclusive sem causa bastante clara e com razões como "insegurança", "dificuldades de relacionamento" e ambigüidades desse tipo. Relativizado de tal maneira o começo do tratamento, também se relativizam sua continuidade e sua duração. Anos e anos de terapia justificam-se pelo aparecimento de "núcleos" depressivos ou "sintomas", cuja intensidade se hipertrofiou dentro do vínculo terapêutico. Existem várias razões para a cumplicidade do terapeuta nesse fenômeno: a insegurança econômica que pode fazer que alguém prolongue o momento da alta, já que esse paciente representa uma entrada segura. Os psicoterapeutas que já têm um número grande de pacientes podem ver diminuído esse perigo, mas, para aqueles que estão vivendo na angústia de um difícil começo, tal perigo é muito forte.

Inverte-se a relação de dependência, de tal maneira que pode invalidar o processo terapêutico. Isso ocorre devido à grande proliferação de psicoterapeutas que sonham com um consultório particular de êxito. Mas quantos psicólogos capazes estão ainda trabalhando em empregos sem conexão alguma com sua profissão?

Existe algo mais que o campo privado para o exercício da profissão atualmente? E, além disso, aplicando o pouco que ganham em sua terapia em cursos caros que abrem a esperança de indicações? Não podemos pensar que seja muito difícil que, quando começam a receber pacientes, se aferrem a eles. Produziu-se uma enfermidade do vínculo terapêutico que leva a dimensionar exageradamente as dificuldades de uma pessoa, podendo-se chegar até à indução inconsciente da dependência.

48 DALMIRO M. BUSTOS E COLABORADORES

Não obstante, a definição relativa da enfermidade dentro de consultórios não se deve somente a esse problema. Vi chamarem de psicopata uma pessoa que, em um impulso, bateu em outra, e ela mesma levar – com grande preocupação – sua "psicose" ao grupo terapêutico. Vi quando, diante de uma dor de cabeça, surgiu o fantasma da somatização.

Em um livro anterior[11], eu disse que trabalhar em grupos era uma garantia de que isso não se produziria. Retifico-me totalmente pois, ao contrário, aumenta o problema.

Ocorre que a atmosfera de sugestão que predomina em todo lugar em que se efetua um processo terapêutico é muito grande. Ao entrar o inconsciente, o desconhecido, entra a magia. Onde existem transferências e distorções há um clima em que a realidade se relativiza. Não deixo de incluir nisso nenhuma técnica – seja a psicanálise com seu divã, o psicodrama com seu cenário, ou qualquer outra técnica, pois todas podem cair no mesmo perigo: o mito da terapia. Podemos justificar anos e anos de terapia? Que modelo fantasiado de normalidade pretendemos? Não será em muitos casos um mito inatingível?

Então, volto a convidá-los para que pensem na avó do protagonista que citei anteriormente e busquem as raízes com as mãos, mas sem perder a consciência de realidade, de terra, de fome, de dor, de frio. E a partir daí pensemos também que tão importante como foi a açoitada "consciência de enfermidade" é a consciência de saúde, e que faça de nós pessoas adultas e responsáveis diante de um mundo que assim nos exige.

---

11. Bustos, Dalmiro M. *Psicoterapia psicodramática*. Buenos Aires: Paidós, 1973.

2

Nosso enfoque

DALMIRO M. BUSTOS

A psicoterapia individual assinala um marco bipessoal favorável para a primeira parte de um tratamento psicoterapêutico. Em linhas gerais, ao iniciar um tratamento, um paciente necessita, tal como afirma Fontana (*Psicoanálisis y cambio*), de um tempo de psicoterapia individual que lhe permitirá começar o processo psicoterapêutico com a conseqüente indagação de suas primeiras relações, interpretando primordialmente no aqui e agora e de modo transferencial. Não obstante, nem todos os pacientes necessitam dessa passagem pela psicoterapia individual, já que em alguns casos o paciente, ao realizar a consulta, tem um nível maior de integração que possibilita diretamente seu tratamento em grupo.

Em geral, considero que existem duas indicações de psicoterapia de grupo sem a passagem prévia pelo tratamento individual.

1. Para aqueles que, como acabo de mencionar, chegam ao tratamento com um maior nível de integração, e cujos conflitos se referem fundamentalmente à esfera de relações interpessoais, possuindo um *insight* suficiente sobre as motivações de seus conflitos.

2. Para pacientes com caracteropatias crônicas, que geralmente aproveitam a relação bipessoal, trazendo pouco material às sessões individuais, tornando-as difíceis e penosas.

Essas pessoas têm conflitos claros para o observador, mas não podem objetivar-se suficientemente para falar sobre seus conflitos, muito menos aceitar as interpretações do terapeuta. Assim é que, em geral, o processo psicoterapêutico individual se transforma em uma experiência frustrante tanto para o paciente como para o terapeuta.

O grupo terapêutico pode ser para esses pacientes um lugar onde podem participar de um processo de forma mais passiva, até que lentamente os conflitos expostos por seus companheiros de grupo comecem a mobilizá-los; até certo momento os pacientes participam de fora, como observadores aparentemente alheios ao processo, e o grupo os tolera atribuindo-lhes papéis de juízes ou de críticos. Quando a mobilização se inicia, costumam começar a pedir sessões individuais a fim de prosseguir o tratamento em ambas as formas de terapia, ou prosseguem só com terapia individual. Também pode ocorrer que o grupo, ao assumir os aspectos de passividade projetados nos pacientes, exija deles uma mudança ou solicite sua exclusão.

Excluindo então as duas situações antes mencionadas, nos casos restantes começamos o tratamento individual com duas sessões semanais durante um período que varia de seis meses a dois anos, espaço de tempo em que se considera possível começar a fazer parte de um grupo terapêutico. A terapia individual acontece com técnicas psicanalíticas ou psicodramáticas. Fazemos a escolha baseados no tipo de conflito. Em geral, indicamos psicoterapia individual com técnicas psicodramáticas em obsessivos, esquizóides ou psicopatas, além de crianças e adolescentes. A freqüência é bissemanal em sessões de 45 minutos quando usamos técnicas verbais e de 60 a 90 minutos cada uma no caso das psicodramáticas. Quando optamos pelas últimas, recomendamos alternar com sessões verbais em que toda a equipe terapêutica não esteja presente, já que descobrimos que assim intensificamos e aprofundamos a análise do vínculo terapêutico. Nas sessões em que utilizamos técnicas verbais, o uso do divã fica sujeito ao momento que o paciente atravessa. Em algumas ocasiões a comunicação se verá favorecida pela posição cara a cara; em outras (como no caso de estar elaborando fantasias regressivas), pela posição horizontal, que favorece a submersão em suas próprias vivências.

O número de pacientes que compõe um grupo terapêutico varia de seis a nove pessoas. É importante destacar que esse número se modifica segundo o critério dos diferentes terapeutas. Pessoalmente, acredito que o número médio de sete pacientes permite uma estrutura grupal em que se dão as experiências de interação que enriquecem terapeuticamente o conjunto, sem perder de vista o indivíduo. Com grupos de mais de dez, o indivíduo se "dilui" dentro do grupo; corro perigo de perder contato com ele, não registrar seus progressos ou retrocessos e as variações de seus estados anímicos. Basicamente, e ainda quando considero importante o grupo todo, meu objetivo é tratar o paciente dentro do grupo e, para isso, necessito que a estrutura grupal não termine por cobrir o indivíduo. Reúnem-se uma vez por semana durante duas horas, salvo alguns que trabalham uma hora e meia.

Trabalhando com técnicas dramáticas, o tempo deve ser maior do que com técnicas verbais, já que o relato verbal, por mais detalhado que seja, pode ser referido brevemente; a ação dramática requer um tempo muito maior. Em algumas ocasiões, efetuaram-se sessões prolongadas de maior duração (quatro a seis horas), com ou sem alucinógenos.

Nos últimos tempos desistimos de realizar sessões com alucinógenos (mescalina). Isso se deve à proibição que pesa sobre o uso dessas drogas. A legislação é compreensivelmente drástica em seu conteúdo já que, ao permitir o uso médico da mescalina, estaria dando oportunidade para que pessoas irresponsáveis se aproveitassem disso para seu uso indiscriminado. O uso sob controle adequado de mescalina não produz efeitos nocivos, nem dá lugar a alterações genéticas, como o demonstram os estudos publicados por Fontana em *Psicoanálisis y cambio*. A lei, não obstante, podia permitir seu uso nas mesmas condições que se aplicam para o uso de narcóticos.

Para substituir a substância realizamos atualmente sessões de grupos prolongadas, no estilo "maratona", e começamos a utilizar um medicamento comum para anestesia, totalmente inócuo e que produz regressões marcadas. Tal medicamento foi introduzido por Fontana e seus colaboradores e encontra sua máxima utilidade em depressões crônicas, psicoses, dependências, estados esquizóides e, em geral, todo quadro com características de oralidade marcada. Mas mesmo sem a aplicação de psicodélicos ou outros coadjuvantes da psicoterapia, achamos de grande utilidade a realização periódica de sessões prolongadas, as quais, ao alterar o período de tempo habitual, dão margem a um vasto material.

Esse enfoque com reuniões semanais de duas horas condiciona diferenças técnicas com o psicodrama moreniano. Por não ter periodicidade nas reuniões, Moreno procura resolver de alguma maneira o conflito em uma sessão, o que implica deixar de lado muitos aspectos desse conflito, enfocando somente os problemas mais evidentes.

Moreno procura a solução dramática durante a sessão, a qual geralmente termina com a busca de "reconciliação", que muitas vezes pode parecer um ingênuo *happy end*. Isso pode ter sentido em grupos que não voltarão a se reunir ou em pacientes que não apresentam uma problemática séria. Em nossa experiência, só buscamos a resolução dramática mais global em grupos de pacientes que residem fora ou são viajantes, os quais, por se reunirem uma vez por mês, se identificam mais com os grupos de Moreno. Em grupos de reunião semanal muitas sessões podem levar à solução de um conflito grupal; aspectos parciais são analisados, outros aspectos são propostos e não resolvidos, até que o grupo esteja em condições de encarar o problema de forma mais ampla, seja com um protagonista ou em uma sessão na qual o conteúdo emocional da convivência verbal torne a dramatização desnecessária.

Os grupos tendem a ser compostos por igual número de homens e mulheres. Isso se deve ao fato de se tomar o par heterossexual como modelo, equilibrando os componentes masculinos e femininos. Nos casos em que esse equilíbrio não foi possível – grupos de sete pessoas com um único homem ou um grupo só de mulheres, no qual os únicos homens eram os terapeutas –, não tivemos nenhum inconveniente em seu funcionamento, apesar de os participantes reclamarem da ausência de integrantes masculinos. Interpretados os temores homossexuais, assim como a desvalorização que faziam de seu próprio sexo, os grupos continuaram funcionando bem.

Em outra época, pretendíamos também que as idades fossem mais ou menos as mesmas, pois se puséssemos uma pessoa de 20 anos com uma de 50 esta acabaria por assumir apenas funções paternais. Esse preconceito nos levou a formar grupos em que a diferença de idade não fosse maior que dez anos. No entanto, em algumas ocasiões, obrigados pelas circunstâncias, misturamos pessoas mais velhas às mais jovens, e pudemos comprovar que o grupo se enriquecia com contribuições sem que se criassem dificuldades insolúveis. Assim, atualmente, não vemos problema em incluir uma pessoa de 50 anos em um grupo no qual o integrante mais jovem tenha 25.

O grupo paga os honorários em conjunto e não individualmente; dessa maneira, o pagamento se converte em mais uma tarefa do grupo[1]. Cada grupo tem leis próprias nesse sentido, desde os que revezam o papel de cobrador até os que atribuem tal papel a um de seus membros mais ou menos permanentemente. Quando alguém tem dificuldades, o grupo se encarrega de discutir o conflito durante a sessão. Em muitas ocasiões, os conflitos se manifestam tratando de pôr obstáculos à tarefa do coletor de dinheiro.

Os grupos são semifechados e um novo membro só se incorpora com apresentação prévia; as objeções que possam existir são analisadas e a admissão ou rejeição depende de todo o grupo.

---

1. Esse critério mudou: hoje o pagamento voltou a ser individual, já que as constantes entradas e saídas dos integrantes, naturais em um grupo de terapia, impediam a previsibilidade quanto ao preço da sessão.

A equipe terapêutica é composta pelo terapeuta-diretor e um ou dois egos-auxiliares ou co-terapeutas dramáticos.

O salão onde se desenvolvem as sessões é composto de cenário, cadeiras individuais onde se sentam pacientes e terapeutas, um toca-discos, um jogo de luzes e uma caixa com instrumentos musicais[2].

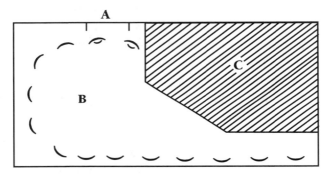

A. Acesso.
B. Lugar onde se desenvolve a parte verbal.
C. Cenário.

A seguir, analisarei a sessão de psicoterapia de grupo com técnicas dramáticas, seguindo o esquema tradicional proposto por Moreno: aquecimento, dramatização e comentários ou análise.

Aquecimentos

Em um grupo que se reúne semanalmente, grande parte do aquecimento é verbal. Cada um dos membros do grupo expõe seu conflito e o comenta com os outros. Nessa etapa da sessão, o terapeuta indaga os participantes sobre os conflitos que se apresentam e as observações podem ser dirigidas ao grupo ou a um de seus membros.

2. O esquema da primeira figura mudou: centralizou-se a área dramática e o grupo senta-se em círculo durante a parte verbal, e em degraus construídos em dois planos à esquerda durante a dramatização. Além disso, incorporamos um equipamento de videoteipe.

É aí que minha técnica difere da moreniana. O tipo de grupo com que Moreno trabalhou corresponde mais ao enfoque de psicodrama público; não são grupos que trabalham juntos por tempo prolongado; portanto, a primeira etapa é só a busca do protagonista. Se a conexão entre os membros do grupo é escassa, não faz sentido investigar os possíveis conflitos do grupo, já que não houve interação suficiente. O grupo moreniano é investigado pelo aquecimento só para provocar o aparecimento do protagonista, que será mais sensibilizado para determinado problema, seja ou não de interesse do grupo como um todo.

Para Moreno, a verdadeira psicoterapia de grupo começa durante a etapa de comentários, porque foi idealizada para grupos de pessoas que não se conhecem. Só aparecem como grupo depois da dramatização. Cada um dos membros compartilha com o protagonista experiências similares à dramatizada.

Certamente, as técnicas de aquecimento diferem no enfoque de psicodrama público – grupos sem contato prévio – e na psicoterapia de grupo com técnicas psicodramáticas – grupos pequenos como o descrito anteriormente.

Aquecimento em psicodrama público

O processo de aquecimento implica lenta preparação para realizar um ato. Qualquer ação a ser executada necessita de uma acomodação psicofísica. Antes de sair para uma partida, um jogador de futebol deve começar a mover-se para que seus músculos se aqueçam. Se começar a jogar sem preparação prévia, seu rendimento diminuirá notavelmente. Esse aquecimento permite canalizar efetivamente as energias para a realização de um trabalho.

Tratando-se de um protagonista em psicodrama, o processo começa quando ele se propõe a participar de uma sessão de psicodrama público. Esse processo prévio denomina-se *preaquecimento*[3]. Aparecem fantasias com respeito ao que pode ocorrer

---

3. Preaquecimento é a parte do processo de preparação que ocorre dentro de uma pessoa e sem a intervenção do diretor. O aquecimento, ao contrário, se inicia com a instrumentação das diversas técnicas utilizadas pelo diretor.

na sessão ou ao desejo expresso de ser o protagonista, ou com atitudes reativas.

A chegada ao lugar onde se efetuará a dramatização especifica o próximo passo do preaquecimento. O provável protagonista se situa no teatro e a atenção se centraliza ainda mais nos possíveis temas a dramatizar, surgindo diversas fantasias sobre a dramatização em si. A mente e o corpo se preparam para a dramatização e a tensão aumenta.

Quando chega o terapeuta, a atenção se dirige para ele; sua missão nesse momento é a de encontrar o protagonista. Se se trata de um grupo grande – mais de duzentas pessoas –, o terapeuta pode perguntar diretamente quem deseja participar. Dessa maneira se reduz o campo a investigar. O terapeuta também pode ir caminhando entre os membros do público, criando um contato direto com as pessoas que percebe estarem mais receptivas, estabelecendo diálogos com elas, convidando-as a se dirigir ao cenário, ou dividindo toda a audiência em pequenos grupos que serão investigados.

Feito isso, reduziu-se o número de pessoas para oito a dez, as quais se encontram pela primeira vez e no momento chamam a atenção do terapeuta. Desse pequeno grupo surgirá o protagonista.

Nesse momento convém atenuar as luzes para favorecer a intimidade. A partir daí, são muitíssimas as técnicas que se podem usar para aquecimento. Mencionarei apenas algumas das mais freqüentemente utilizadas.

1. Os pacientes sentam-se em círculo, próximos uns dos outros, de mãos dadas e com a cabeça curvada. Isso já predispõe à introspecção e aproxima o participante de seu mundo interno. O terapeuta se coloca atrás de cada um e lhes propõe que expressem o sentimento predominante dentro deles no momento. Assim, geralmente os participantes dizem sentir medo, ansiedade, angústia, tristeza etc. Feito isso, o terapeuta volta a colocar-se atrás de cada um e pede para que expressem um

ponto positivo que sintam ter. Terminado o círculo, pede-se que cada um indique algo negativo em si.

Já a essa altura começa a delinear-se o protagonista. Geralmente há maior conteúdo emocional e verossimilhança em suas respostas. Essa técnica favorece o surgimento de situações ligadas a lembranças infantis. Depois se solicita a cada um que relate uma lembrança infantil, a primeira de que se recordem neste momento. Isso determinará definitivamente quem será o protagonista; esse passo é fundamental, pois ainda que o óbvio protagonista tenha surgido, se a situação que viveu é excessivamente grave (conflitos motivados pela perda recente de um familiar, por exemplo), não se trabalhará com ele em psicodrama público. Explica-se a ele que, devido à seriedade do fato, não convém tratá-lo naquele contexto.

Se ainda assim não surgiu claramente o protagonista, pergunta-se a cada um se há algo que deseja expressar a alguém ausente e de quem sinta dificuldade de aproximar-se. Um elemento auxiliar toma o lugar dessa pessoa e tem início o diálogo.

Surgido o protagonista, pede-se aos outros que retornem aos seus lugares. Como todo aquecimento, existem três passos.

1 . . . . . Grande público
2 . . . . . Pequeno grupo
3 . . . . . Protagonista

2. Psicodança. Nesta técnica, é o ego-auxiliar que efetua a seleção por meio do movimento. É uma técnica não-verbal que pode ser realizada com ou sem música gravada.

O ego-auxiliar começa com o próprio aquecimento, procurando tornar-se sensível para perceber o auditório. Então ele procura utilizar o movimento para sensibilizar-se para trazer ao cenário as pessoas mais receptivas. Selecionado o pequeno grupo, começa a interação entre eles; nesse momento do processo, o ego-auxiliar volta a fazer contato com o terapeuta, que até então observava o processo de fora. O diretor e o ego-auxiliar, juntos, detectarão os diferentes sinais até que surjam os protagonistas.

Essa técnica está limitada pela necessidade de ter um ego-auxiliar especializado em psicodança. O diretor dá as instruções por intermédio do tipo de música que escolhe.

3. Pede-se a um ego-auxiliar que chegue ao cenário representando como se estivesse carregando uma grande bolsa sobre seus ombros. O diretor diz ao público que a bolsa tem muitas coisas, reais ou fantasiadas, e que cada um dos componentes do público pode subir ao palco para buscar o que estiver necessitando.

Faz-se a pré-seleção com base no que se busca na bolsa imaginária; descartam-se os que desejam coisas que não podem encontrar dentro de si e vão ficando aqueles que buscam elementos com mais conteúdo dramático, como amor, justiça, perda de temores infundados etc.

Selecionado o pequeno grupo, diz-se aos componentes que "o homem da bolsa" pode ser utilizado também como mensageiro; poderá levar coisas de que as pessoas necessitam a personagens imaginados pelos participantes. Outra possibilidade é fazer com que eles mesmos entreguem ao destinatário, encarnado por outro ego-auxiliar. Depois desse passo, seguramente surgirá o protagonista por meio das chaves psicodramáticas que o diretor tenha detectado.

4. Quando se trata de grupos profissionais que geralmente não desejam expor sua intimidade, pergunta-se ao público o que desejam questionar. Quase sempre surgem temas de interesse geral e o público escolhe por maioria. Aquele que elaborou o tema escolhido será quem deverá passar a desenvolvê-lo. Surgem com essa técnica conflitos sociais e políticos raramente ligados a conflitos pessoais.

Geralmente se prossegue à investigação do conflito proposto por meio de um aquecimento com imagens estáticas. O objetivo é compreender mais amplamente o problema para passar depois à dramatização.

5. Todas as técnicas de jogos dramáticos podem dar lugar a técnicas de aquecimento (o bosque, o mar com seus peixes etc.), e geralmente cada diretor seleciona algumas técnicas que considera mais efetivas.

Aquecimento em psicoterapia de grupo com técnicas dramáticas

A posição técnica e teórica psicodramática esbarra aqui em claras dificuldades: o grupo não só está composto por um conjunto de pessoas em conflito com o exterior como começa a formar uma estrutura em que esses mesmos conflitos se repetem. O grupo no psicodrama moreniano (enfoque de psicodrama público) aparece na etapa de comentários (*sharing*).

Grande público

Pequeno grupo

Protagonista

Dramatização

Grande público

Se o grupo se reúne semanalmente por certo tempo, as dificuldades de entrosamento vão aparecer – não necessariamente na terceira etapa, mas desde a primeira.

O terapeuta-diretor deve explorar tanto os conflitos com o exterior como os conflitos grupais. Portanto, uma etapa verbal é sempre necessária para explorar o grupo. A atitude não-participante do terapeuta desde o começo não é necessária em psicodrama como o é em psicoterapia de grupo com técnicas verbais; aqui, o terapeuta entra no salão do grupo, cumprimenta os participantes e senta-se em silêncio. Essa atitude permite ao terapeuta observar como o grupo trabalha as tensões do começo. Acredito que o terapeuta, ao tomar um papel mais ativo, esteja favorecendo um processo de interação mais espontâneo. Uma diferença fundamental entre um grupo que lida com técnicas psicanalíticas e outro que lida com técnicas psicodramáticas é que, enquanto o primeiro assinala os conflitos subjacentes do grupo total, o psicodrama se ocupa da interação dramática que trata de incentivar a espontaneidade.

O aquecimento procura chegar ao conflito que preocupa a totalidade do grupo nesse momento. Isso leva um tempo de investigação das atitudes de cada um dos membros do grupo. É por isso que necessitamos de mais tempo que os 60 minutos das sessões de grupo habituais. O comum são sessões de 90 minutos a uma hora e vinte minutos.

Dessa primeira investigação surge geralmente o protagonista, que será aquele que expressará melhor o conflito que interessa a todos; podem ser também dois ou três membros do grupo que expressem um conflito, ou o grupo na totalidade, quando a dificuldade é claramente compartilhada por todos.

O aquecimento verbal indicará um protagonista, dois ou mais membros do grupo, ou o grupo todo.

Quando o protagonista é um só, o grupo não fica de lado, já que participou da exposição verbal do conflito proposto. O protagonista compreende o exposto e não fica como "observador mudo que dificulta o trabalho" como indica Fontana, mas, se o protagonista for realmente emergente do grupo, este seguirá o processo intimamente identificado com a ação dramática e o processo de interação reaparecerá nos comentários.

Além da interação verbal espontânea, pode-se fazer o aquecimento utilizando *imagens estáticas*. Essa técnica é usada com muita freqüência pelo dr. Rojas-Bermudez, sendo erroneamente situada dentro da dramatização, já que prepara para a ação dramática mas não a substitui. A imagem tem um grande valor de *síntese simbólica e expressiva*. Quando iniciada a parte verbal, acredita-se que seja necessária a objetivação do exposto, e pede-se ao grupo ou a um de seus membros que "construa" a imagem do conflito exposto verbalmente.

Uma vez construída a imagem, esta pode ser eloqüente por si mesma ou requerer um trabalho posterior[4].

1. Uma imagem estática suficientemente eloqüente

O paciente sobe ao cenário, constrói a imagem e logo o diretor e o grupo compreendem suficientemente o exposto, voltando o paciente ao grupo para prosseguir a sessão verbalmente. Por exemplo: a sessão começou com mostras de preocupação por parte de alguns membros do grupo pela dificuldade de realizar trabalhos gratificantes. Queixavam-se de não poder colher os frutos de seu esforço. A atenção recai sobre um dos integrantes do grupo, que diz que, para ele, o conflito nasce de sua situação familiar, que lhe resulta difícil de tolerar.

Em um grupo analiticamente orientado, a interpretação teria sido dirigida à culpa inconsciente que não lhe permitiria tomar as partes boas do terapeuta por causa da fantasia de tê-lo destruído. Isso é levado em conta, porém não explicitado, mas a conduta terapêutica se dirige para esclarecer a situação exposta.

O paciente passa ao cenário e constrói uma imagem do panorama familiar, que é a seguinte:

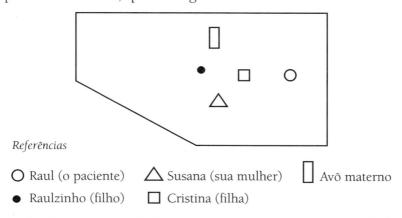

Referências

○ Raul (o paciente)   △ Susana (sua mulher)   ▯ Avô materno
● Raulzinho (filho)   □ Cristina (filha)

4. Atualmente, temos reduzido enormemente o uso de imagens, confiando mais no desenvolvimento espontâneo seqüencial.

Raulzinho, de cinco anos, nasceu com um problema congênito incurável que exigiu grandes esforços por parte de seus pais. O paciente sentia que negava totalmente o problema, que se dedicava a trabalhar para pagar as contas, mas no fundo sentia-o como uma fuga, já que desejava ignorar o problema colocando na imagem a filha sadia na frente do filho doente, tapando-o totalmente, e ficando este ao cuidado de sua esposa, Susana, e do pai dela, com quem viviam.

Ele se dedicava ao trabalho porque a enfermidade do filho exigia muitos gastos, mas como seu desejo real não era esse na verdade queria apenas fugir da situação, não cobrava por seu trabalho. Dessa maneira, equilibrava internamente seu conflito sem ter de assumir a culpa.

Pede-se a um ego-auxiliar que tome o lugar do paciente na imagem para que este possa observá-la de fora. Essa objetivação é sempre necessária e permite ao paciente visualizar a imagem completa de fora, com uma perspectiva total e maior distância afetiva.

Depois, ele e o grupo comentam o acontecido. O paciente compreende o conflito sem necessidade de dramatizar: a imagem tem elementos suficientes para esclarecer o problema. Depois se interpreta em função do grupo total, com referência à culpa persecutória. A imagem estática que estruturalmente faz parte do aquecimento funciona aqui de maneira dinâmica, como dramatização.

2. Imagem dramaticamente elaborada

Uma vez construída a imagem e não sendo esta suficientemente eloqüente, leva-se o paciente a fazer um solilóquio de cada componente da imagem – substituição de papéis.

Se a imagem foi construída com um ego-auxiliar fazendo seu papel, recoloca-se em seu papel, e depois dos solilóquios pode-se levá-lo a fazer uma mudança de papéis. Logo que se compreendeu o suficiente, prossegue-se verbalmente.

3. Elaboração dinâmica da imagem

A imagem construída estaticamente pode sugerir um movimento interrompido. O diretor pode então indicar que ela seja posta em movimento. A elaboração dinâmica da imagem é uma técnica muito usada em sociodrama e em momentos em que é necessário investigar as relações dos membros de um grupo entre si.

Em um grupo composto de sete pacientes, a imagem estática ficou composta assim: (△ = homem; ○ = mulher).

A se apóia em B e este, por sua vez, em C. C dá as mãos a F e a D. E permanecia solto enfrentando o terapeuta e G mantinha-se isolado como em "penitência". E era um médico que verbalizava continuamente a agressão para com o terapeuta devido a uma intensa rivalidade de que A dizia estar alheio, recriminando sempre sua conduta.

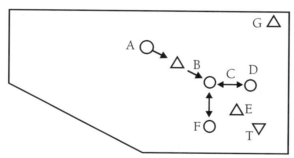

Daqui se pode continuar dramatizando a fantasia que poderia seguir depois, mas G, que não se havia movido até então, diz espontaneamente que isso é o que sempre ocorre no café depois das sessões, já que todos, e especialmente A, "davam corda" a E para que depois fosse ele quem apresentasse a frente agressiva ao diretor.

4. Imagem estática que dá origem a uma dramatização com todo o grupo ou com um protagonista

É a situação na qual a imagem funciona mais especificamente como aquecimento que dá origem à dramatização.

Um paciente constrói a seguinte imagem que objetiva seu conflito atual: coloca-se no centro do cenário e posiciona um companheiro de grupo aparentemente enroscado ao seu redor, imobilizando-o, e uma companheira colocada da mesma maneira. A imagem estática fica assim:

A paciente sofre de sérios sintomas hipocondríacos e diz que se sente assim com respeito a seus temores de ter doenças contagiosas. Pede-se a ela que veja essa imagem de fora. Ela diz que parecia a vítima de duas víboras e que outra fantasia que lhe ocorre é que se trata de uma caixa de correio fechada com cartas que não chegarão a seu destino. Associa imediatamente o vivenciado com uma situação com a mãe, em que faz confidências que não deve confiar a ninguém. Isso dá lugar à dramatização, na qual esclarece os conteúdos reais e fantasiados da situação e sua relação posterior com os sintomas hipocondríacos, que substituíam as coisas que ela trazia em seu interior e, se fossem suprimidos, prejudicariam os demais.

Várias dramatizações posteriores tiveram o ponto de partida nessa imagem, que serviu à paciente e a seus companheiros para revisar situações infantis similares e em relação ao terapeuta.

5. Um método de aquecimento utilizado para a apresentação de um paciente ao grupo

Geralmente, o aparecimento de um novo membro do grupo é anunciado algumas sessões antes de sua entrada, nas quais se vêem as fantasias e os temores. É importante promover o processo de interação na própria sessão. Assim, tratamos de diminuir tensões, pedindo a cada membro do grupo que se apresente, mas por meio de alguém ou de algum objeto que lhe seja significativo. Falar de si mesmo diretamente pode ser mais difícil devido às tensões provocadas pela nova estrutura que aparece no grupo. As ansiedades persecutórias, apesar de serem verbalmente elaboradas, podem ser retificadas aceitando a tensão e procurando uma forma de trabalho que lhes permita conhecer, e para tanto reestruturam os vínculos do grupo, aumentando sua produtividade.

No papel de alguém muito ligado a eles, os membros do grupo costumam dizer coisas que não diriam em seu próprio papel, trazendo um material que não trariam de outra forma. Além disso, são muito significativos o objeto ou a pessoa que escolhem para falar de si. Os mais escolhidos são o casal, os filhos, os pais, o automóvel, os bonecos importantes quando eram crianças, os animais etc.

O resto do grupo, sentado na beirada do cenário, pode dialogar com essa pessoa, interrogando-a sobre diferentes aspectos de seu relato.

6. Outra técnica para a apresentação de um novo paciente a um grupo

Essa técnica consiste em pedir ao novo membro que "conte" sua vida mediante imagens estáticas sucessivas, tratando de enfatizar os fatos mais significativos de sua vida e como estes incidem nas relações familiares. Em cada seqüência pode-se pedir a ele que faça um solilóquio em cada papel. Além disso, diz-se a ele que trate de marcar a atitude de cada personagem como se tirasse uma "fotografia dos sentimentos".

É uma técnica muito útil para que o grupo e a equipe terapêutica conheçam o novo integrante, mas não ajuda este a conhecer o grupo. Se se chega a um ponto em que é necessário dramatizar, prossegue-se como em uma sessão comum; do contrário, terminam-se as imagens e passa-se aos comentários. Como em geral os demais companheiros de grupo são os que tomam os papéis das pessoas significativas no átomo social do paciente, produz-se um primeiro contato dramático entre eles, o qual permite iniciar um conhecimento mútuo.

Essa técnica é muito útil como método diagnóstico nas primeiras entrevistas.

Exemplo: paciente de 21 anos, esquizóide, muito retraído, não pode falar sobre si mesmo. Levado ao cenário, constrói a seguinte seqüência de imagens:

1ª imagem
Nascimento

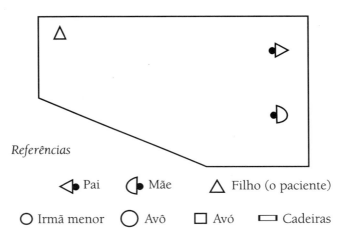

Entre o pai e a mãe não há vínculo algum, e eles se situam no extremo mais afastado do cenário. No solilóquio dos pais, mostra-os a cada um como muito preocupados com seu trabalho e não dando nenhuma importância ao nascimento do filho.

2ª imagem

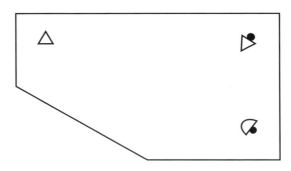

Dois anos depois a mãe fica grávida. O pai começa a viajar com mais freqüência. Em seu próprio papel diz sentir-se como "suspenso no espaço".

3ª imagem

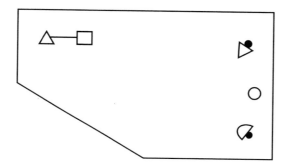

O nascimento da irmã coincide com a chegada da avó paterna, que viverá com eles.

No solilóquio a avó diz sentir-se muito próxima dele; é a primeira vez que nas imagens alguém o toca. Os pais continuam preocupados cada um com seu trabalho, a irmã diz que ninguém se preocupa com ela e que a avó dá atenção a Luís (o paciente). Em seu próprio papel, o paciente diz que ela é a primeira pessoa que se interessa por ele e que está assombrado por vê-la sorrir.

4ª imagem

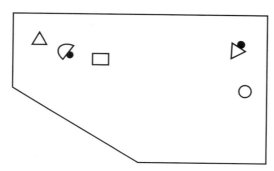

A mãe acusa a avó diante de Luís de ter intenções eróticas em relação a ele; no solilóquio a mãe diz que a avó é uma "porca" e "manuseia o menino" de forma "indecente". No papel de avó, ele mostra raiva e surpresa, e expressa que não é uma mulher insatisfeita: apesar de ter ficado viúva há cinco anos, tem um amante com quem pretende casar-se – agora ela tem 53 anos.

Em seu papel diz que se sente envergonhado, como se o tivessem apanhado em flagrante. Não sabe o que fez de mal, mas está seguro de ser muito mau.

5ª imagem

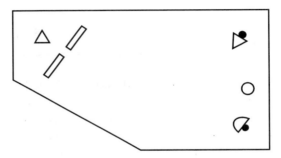

A avó volta à sua cidade de origem. O paciente tem agora oito anos. Coloca duas cadeiras entre ele e sua família. No solilóquio diz que a avó era muito má porque tudo que queria era excitar-se com ele; os pais e a irmã voltam a repetir o mesmo solilóquio.

6ª imagem

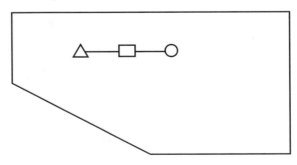

Seis anos mais tarde, aos 14 anos, Luís decide ir morar com sua avó, que se casou novamente. Entre a imagem anterior e esta, Luís diz que não ocorreu mais nada.

No solilóquio diz que não pode ficar tranqüilo, que tem sempre pesadelos horríveis de cujos conteúdos não se recorda. A avó e o marido, a quem chama de avô, dizem estar preocupados porque Luís não tem amigos, não quer sair com adolescentes de sua idade, lê e assiste à televisão o dia inteiro.

7ª imagem

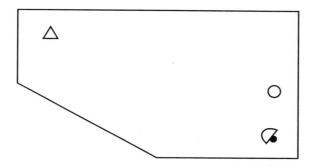

Morre o pai de Luís e ele tem de voltar a morar com sua mãe: o paciente tem 16 anos.

Esta é a última imagem.

O grupo ficou muito impressionado, já que nada muda até que o paciente decide se tratar. Uma das pacientes diz que sente uma grande angústia pela solidão de Luís. Ele, com um sorriso, diz que já não sente mais angústia.

O quadro e as seqüências tornam-se claros para todos. Todo o processo levou uma hora e vinte minutos. Quanto tempo teria sido necessário para ver tudo isso com tanta clareza por meio de um relato verbal?

7. Outras técnicas de aquecimento

Quando os pacientes têm dificuldade para expressar verbalmente seus conflitos, é costume mobilizá-los diretamente com técnicas de aquecimento como as mencionadas no enfoque de psicodrama público, ou com técnicas mais simples, tais como a mobilização dentro do cenário caminhando, com o uso de instrumentos musicais ou música gravada. Isso quer dizer que, diante do bloqueio da comunicação verbal, recorre-se a meios de expressão extraverbal para depois dramatizar o conflito que a dificultava. Quanto ao uso de instrumentos musicais e da própria música, o tema será abordado no capítulo sobre a linguagem psicodramática.

Quando se dramatiza

Neste momento da exposição é importante esclarecer que nem sempre se dramatiza nas sessões, mas em muitas ocasiões se resolve a situação verbalmente. Isso ocorre quando o conteúdo emocional e expressivo é alto. O nível de comunicação verbal torna a dramatização desnecessária.

Isso nos leva a estabelecer e considerar o momento oportuno para dramatizar. Basicamente, fica a critério do diretor, de seu estilo e de sua experiência. Em geral, pode-se dizer que a oportunidade para a dramatização começa onde se esgota o intercâmbio verbal produtivo.

Algumas normas gerais para a dramatização:

1. Conflitos predominantemente grupais
1a. Explícito para ser elaborado;
1b. Oculto, sendo necessário diagnosticar primeiro e elaborar depois.
2. Conflitos de dois ou mais membros do grupo
2a. Explícito para ser elaborado dramaticamente;
2b. Oculto para ser exposto e depois elaborado. Inclui situações de rivalidade, formação de casais dentro dos grupos etc., que, quando incluem todo o grupo, são expressas por parte dele.
3. Conflitos de um membro do grupo

É aqui que se propõe o psicodrama com todas as técnicas morenianas e onde se marca mais claramente a diferença com outras técnicas de psicoterapia de grupo.

Enquanto outras técnicas grupais consideram o grupo basicamente como um todo formado pela interação de seus membros e não se detêm na elaboração de um conflito individual, o psicodrama pode tomar um protagonista, ainda que seu conflito seja altamente pessoal e não implique o interesse primordial do grupo no momento.

Tendo-se esse protagonista, cuja necessidade imperiosa é a de elaborar profundamente uma situação, passa-se a dramatizar. Se a ação dramática for corretamente desenvolvida pelo diretor, o grupo viverá passo a passo as diferentes cenas. Como menciono mais adiante, a catarse de integração afeta todo o grupo, ainda que seja vivida por só um de seus membros.

Os comentários posteriores demonstram que o grupo pode compartilhar aspectos similares com o protagonista; outra possibilidade é que se proponham conflitos aos demais, que necessitarão esclarecê-los em dramatizações seguintes. O processo de integração aqui é grupo–indivíduo–grupo.

1. A dramatização centrada no grupo

Todo o arsenal terapêutico-psicodramático criado por Moreno é dirigido a dramatizações centradas em um protagonista. Quando Moreno considera o grupo em sua totalidade, o faz por meio do *sociodrama*, "método de investigação, ativo e profundo, sobre as relações que se formam entre os grupos e sobre as ideologias coletivas". Também diz mais adiante: "O grupo em sociodrama corresponde ao indivíduo no psicodrama". Não obstante, o sentido do sociodrama é corrigir as relações em nível social de grupos pré-formados, sem levar em conta os grupos terapêuticos.

A concepção de grupo total (Kurt Lewin, Bion, Fontana) era mais compreensível em nível verbal do que em nível dramático. As primeiras tentativas de dramatizações centradas no grupo eram, na realidade, mobilizações com técnicas de movimento, música ou dança, as quais faziam as vezes de aquecimento e possibilitavam chegar posteriormente à verbalização e a interpretações verbais.

Muitas vezes em dramatizações com um protagonista aparecem fantasias inconscientes de destruição do terapeuta, intensa voracidade, inveja, ciúme ou rivalidade. Nesses casos procuramos fazer com que o protagonista dramatize tais situações, as quais em geral removem fantasias similares no resto do grupo, sendo tudo isso interpretado na etapa de comentários.

Entretanto, considero importante que todo o grupo participe da dramatização, o que é mais complexo do que a dramatização com um protagonista. Salvo determinadas circunstâncias em que se dramatizam situações reais que foram vividas pelo grupo fora do contexto terapêutico – reuniões pós-grupo, conversas de bar etc. –, o resto das dramatizações grupais se faz em nível simbólico. Esse é outro dos pontos em que a psicoterapia de grupo com técnicas dramáticas difere do psicodrama clássico.

2. Quando se centra a dramatização no grupo?

Há muitos momentos na história dos grupos terapêuticos em que a comunicação se empobrece e o nível de intercâmbio decresce. A relação parece tornar-se improdutiva. Isso é, em geral, indício de um conflito que impede os intercâmbios produtivos. O conflito pode ser investigado em nível verbal ou dramático. Essa última forma de conflito costuma trazer mais elementos, já que as fantasias podem chegar a ser revividas profundamente.

3. Como se dramatiza?

Como ponto de partida costumo dar uma ordem ampla que permita observar primeiro o grupo em ação e, depois, em interação.

Esse primeiro passo pode ser realizado simplesmente fazendo o grupo caminhar sobre o cenário, o que permite ao mesmo tempo aquecê-lo e orientar o diretor com respeito ao tipo de conflito subjacente. Em geral, depois de um certo tempo de aquecimento, surge claramente o problema básico, o que permite ao diretor usar técnicas dramáticas tais como troca de papéis, solilóquio dublê etc., à maneira de um catalisador que dê saída ao conflito da forma mais clara possível.

4. Duplo múltiplo[5]

Quando todo o grupo está dramatizando e se observa que há conteúdos que seus integrantes não manifestam, costumo anexar um ego-auxiliar que atua como duplo múltiplo. Ordeno ao grupo que não veja nem dialogue com esse novo personagem, que permanecerá invisível durante a dramatização. O ego-auxiliar, movendo-se de um lado para outro, vai verbalizando ou manifestando corporalmente os conteúdos reprimidos pelo grupo. Isso favorece a tomada de consciência e permite ao grupo centrar sua atenção no conflito real.

Também é possível tomar como ponto de partida as técnicas de jogos dramáticos, tais como as que Ariel Bufano usa há muitos anos.

Toma-se uma situação criada por todo o grupo. Por exemplo: os componentes podem escolher entre ser peixes no mar, árvores em um bosque, animais, elementos químicos que devem conjugar-se para formar um só corpo etc. Daí por diante, estimula-se a interação espontânea até que o diretor comece a introduzir os diferentes recursos técnicos.

5. Exemplo

Um grupo com seis integrantes havia sido tratado sem a inclusão de egos-auxiliares, e na primeira sessão em que começa a trabalhar com um ego-auxiliar demonstra certa inquietação, mas não expressa o que sente em relação a ele.

---

5. Não deve ser confundida com a técnica de Moreno, que consiste em colocar vários duplos para um protagonista.

Peço aos componentes do grupo que subam ao cenário e somente caminhem, atuando espontaneamente. Esse tipo de ordem me permite observar as condutas que vão se gerando livremente. Uma ordem ampla favorece a espontaneidade, ao mesmo tempo que impede os membros de especular sobre o tipo de conflito antes que este se tenha manifestado de forma mais evidente. Os membros cumprem a ordem e rapidamente se distribuem em pares, ficando dois homens caminhando juntos apoiados um no outro, duas mulheres em outra direção com a mão no ombro uma da outra, e uma mulher e um homem que se deslocam mais lentamente pelo centro do cenário. Aqueles se unem em círculo, ficando o último par no meio. Até aí foi tudo espontâneo e o jogo lhes permitiu expressar o que a palavra não conseguia.

A essa altura ordeno-lhes que comecem a expressar o que cada um estava sentindo. Sem deixar de dançar ao redor do par central, dizem que são duas estátuas, depois afirmam que são animais, e posteriormente uma montanha. Discutem e não entram em acordo até que alguém opina ser a última noite de carnaval. Isso é aceito por todos com entusiasmo e alegria geral, inclusive pelo casal, que se integra à celebração. Os componentes do grupo começam a saltar e a correr pelo cenário até que alguém diz que devem terminar a festa e queimar o rei Momo. Simulam o lugar da fogueira em um canto do cenário. Entra o ego-auxiliar para fazer o papel de rei Momo, que se nega a ser queimado. Indico uma troca de papéis com um dos mais exaltados, que, como Momo, diz ser todo-poderoso. Começam a cercá-lo até que ele passa a dar mostras de ansiedade e diz que não quer ser queimado. Os dois homens restantes respondem que se deve acabar com ele, e as três mulheres o cercam, defendendo-o. A ego-auxiliar, que havia trocado de papel com um homem, se une ao ataque. Lutam e novamente realizo outra troca de papéis: a ego-auxiliar volta a ser Momo. Isso gera um breve transtorno no grupo. A ego-auxiliar-Momo começa a gemer. As mulheres que antes a defendiam começam a dizer-lhe que estão fartas de seus choros "histéricos" – a ego-auxiliar-Momo apenas gemia levemente – e já não iam defendê-la. Atiram-se sobre ela e a empurram mas, evidentemente, contendo-se para não feri-la. Retiro nesse momento a ego-auxiliar e deixo só um lugar do cenário iluminado, dizendo que ali está Momo. A presença da ego-auxiliar, nesse momento, teria entorpecido o processo, já que os pacientes não poderiam desbloquear toda a agressão, e a ego-auxiliar poderia temer por sua integridade física. Ao substituí-la no momento oportuno, permitimos a descarga de agressão por um lado e a preservação física do ego-auxiliar pelo outro. Nunca se concretizaram agressões físicas de importância para com os egos-auxiliares.

Faço entrar novamente a ego-auxiliar, que simula estar morta. Nesse momento todos esquecem a fantasia de Momo e, ao vê-la morta, dizem que devem ocultar o cadáver por medo da polícia. Falam dos mais horríveis castigos que podem receber, como o de serem chicoteados, mutilados, ou de cortarem-lhes a língua e os órgãos genitais. Os elementos se convertem em um grupo extremista que tem uma missão a cumprir e trabalhou em defesa do país. Não obstante, acrescentam que é necessário sepultá-la. Sentam-se ao seu redor e começam a tocá-la e acariciá-la. Levantam-na, chamam-na pelo verdadeiro nome e perguntam, preocupados, se na realidade não a feriram. Interrompe-se a dramatização e todos ficam sentados no chão. Cada um vai expressando o que sentiu e quase não foi necessário interpretar. A conclusão final do grupo foi que a entrada da ego-auxiliar no grupo terapêutico destruiu a fantasia de cada um de fazer par com o terapeuta. A dificuldade para expressar a rejeição se baseava no medo do castigo e no conseqüente abandono do terapeuta. A sessão termina com uma clara atmosfera depressiva. O grupo começou a aceitar a ego-auxiliar. A partir daí surgem lembranças ligadas a desejos infantis de destruição de um dos pais e fantasias edipianas.

A dramatização como defesa

Assim como dramatizar pode ser a seqüência natural e necessária na maior parte dos casos, também pode ser instrumentada para fortalecer a resistência de um grupo. O diretor pode, inconscientemente, colaborar com essa situação, levando o grupo a dramatizar não só para esclarecer um conflito a todo o grupo, mas para evitar falar de certos temas que podem chegar a ser sentidos como muito comprometedores.

Nos momentos em que a situação de tensão grupal é muito intensa e, ao mesmo tempo, afloram verbalmente sentimentos agressivos em relação ao terapeuta, costuma aparecer um protagonista que se presta de bom grado a atuar como "bode expiatório" do grupo, trazendo um tema ligado, mas menos candente. Passada a dramatização que serviu de descarga para todos, resolve-se tratar o tema anterior, porém, agora, com uma distância afetiva maior.

A tensão provocada pela intensidade da situação leva o diretor a criar um "artifício dramático" que lhe permite recompor-se. Cabe ao diretor, dependendo de sua habilidade, experiência e de seu autoconhecimento, determinar quando dramatiza para esclarecer um conflito e quando está se protegendo pela dramatização.

Aquecimento específico

Escolhida a situação a ser dramatizada por meio da etapa de aquecimento, surge o aquecimento específico para o papel.

Esse aspecto freqüentemente descuidado por alguns diretores e seu mau manejo podem determinar o fracasso de uma dramatização. Todo ato espontâneo necessita de uma preparação prévia ainda que esta seja breve, pois, de modo contrário, nos encontramos em um ato impulsivo.

A mobilização corporal cumpre parte do processo, como simplesmente caminhar em círculo pelo cenário enquanto o protagonista conversa com o diretor sobre o que dramatizará.

Estabelecida a cena, localizam-se portas, janelas, detalhes de paredes, quadros, móveis e adornos. Pede-se ao protagonista que descreva claramente como está vestido no momento da cena, em que dia, mês e ano, e a partir daí o diretor começará a expressar-se em tempo presente, como se tudo ocorresse naquele momento.

Há pacientes com os quais um aquecimento específico é menos necessário, e isso depende basicamente de duas situações:

1. Estrutura caracterológica

Alguns pacientes entram no papel mais rapidamente que outros. Um histérico, por exemplo, pode ter maior plasticidade para desempenhar papéis. Para o paciente com uma estrutura obsessiva é mais difícil entrar na situação. Deve-se então mobilizá-lo, pedindo-lhe detalhes de objetos diversos que o façam ligar-se efetivamente ao lugar em que ocorrerá a cena a dramatizar. Em caso de pacientes para os quais é difícil entrar no papel, costuma ser de bom alvitre começar a dramatização (embora, na realidade, seja um prolongamento dramático do aquecimento) com um diálogo ou algum objeto significativo. Isso costuma romper as resistências baseadas nos esquemas mentais do obsessivo. Um bom manejo das luzes é um fator importante que favorece o aquecimento.

2. Intensidade da situação que se pretende dramatizar

Em alguns casos a dificuldade no aquecimento específico refere-se ao medo de reviver situações muito traumáticas que mobilizam ansiedades bastante profundas. Isso se observa quando se dramatizam relações precoces com os pais, fantasias edipianas, temas referentes à sexualidade etc.

Assim, torna-se necessário prolongar o aquecimento até atingir um nível em que a ansiedade não seja tal que termine por paralisar o protagonista. Costumo usar nesses casos um recurso técnico que me tem sido útil. Faço que o protagonista tome o lugar de um objeto no aposento descrito, seja uma cadeira, uma mesa, um piano ou estátua. Então interrogo o objeto sobre o que vê e o que vai ocorrer ali. Uma vez conseguido o aquecimento, volto a pô-lo em seu papel.

3

O método psicodramático

DALMIRO M. BUSTOS

*O psicodrama é um método que aprofunda o
conhecimento da alma humana por meio da ação.*
Jacob Levi Moreno

Quando Moreno nos convida a pensar no psicodrama como um **método** e não como uma **técnica**, indica-nos um caminho para compreender sua obra. Essa diferença é importante. Método significa "caminho para chegar a um fim". Técnica indica uma maneira de fazer alguma coisa ou a parte material de uma obra. Durante meus primeiros passos em psicodrama, minha preocupação foi essencialmente técnica. Para muitos psicodramatistas ela ainda o é até hoje. Levam em conta apenas o aspecto operacional da obra de Moreno. Com o passar dos anos, minha preocupação concentrou-se no seu método, ou seja, no caminho para chegar a um fim, e também no fim, isto é, no término do trabalho. E essa é efetivamente a possibilidade de nos aprofundarmos no conhecimento da alma humana – seus sofrimentos e suas alegrias, seus fracassos e suas conquistas.

Quando Moreno diz em sua definição "por meio da ação", também está nos convidando a tentar compreender a ação.

Compreendemos a ação composta pelos aspectos **verbais** (semânticos e sintáticos), **afetivos** e **gestuais**. Isso facilita a compreensão integral dos códigos da ação. No começo, tentei captar o movimento com base na firmeza das "imagens estáticas". Naquele momento esse era o principal tipo de psicodrama que eu empregava. Meu medo de "soltar" a ação dramática levava-me a recorrer ao estatismo, sobre o qual eu tinha mais controle. Aos poucos, fui percebendo o medo não como um inimigo, mas como um antecessor da espontaneidade. Não há nenhum psicodramatista que não tenha receio de desvendar esse mundo fascinante que surge quando se começa a dramatizar. O imprevisível torna-se um desafio diante dos nossos conhecimentos. Se pudermos desmitificar o medo e compreendê-lo como um excitante desafio perante o mistério, ele se tornará um simples companheiro. Para tanto, proponho-me a repassar algumas das regras do jogo da ação.

Aquecimento

Para começar, existe uma **regra de ouro** em psicodrama: ir do **superficial ao profundo**, e da **periferia para o centro**. Isso está ligado à crescente importância do aquecimento, seja do coordenador, seja do protagonista do grupo. Trabalhando com grupos de terapia ou de aprendizagem, nos quais a estrutura grupal é constante – muito diferente do psicodrama como ato terapêutico, normalmente denominado psicodrama público –, o protagonista emerge do grupo, representa-o e será seu porta-voz. O grupo se compromete a elegê-lo e tem voz ativa para nomeá-lo. Esse compromisso, que é um trabalho de aquecimento, conta com a intervenção do terapeuta, mas é preciso ter o cuidado de que seja o próprio grupo que se comprometa com a escolha. Assim, o grupo se responsabiliza em conter os aspectos dramatizados. Não devem ocorrer julgamentos nem atitudes agressivas, uma vez que a responsabilidade está sendo compartilhada. Existem muitos terapeutas que elegem o protagonista de uma sessão baseados em seu próprio fator télico. Muitas vezes, essa opção é cômoda para o grupo. Mas eu acredito que aprender a escolher é um conhecimento essencial na vida. Saber quando devemos ceder e quando devemos lutar por nosso espaço. As situações terapêuticas grupais não se restringem aos momentos dramáticos. Pelo contrário, muitas vezes a interação grupal dispõe de estímulos que incentivam o desenvolvimento de seus membros e o crescimento do grupo como um espaço transformador diferenciado.

Essa etapa do aquecimento objetiva então a localização dos temas e as dinâmicas do grupo. Sempre se deve abrir espaço para que os sentimentos, conflitantes ou não, que surgem entre os participantes – incluindo o coordenador –, possam manifestar-se. A **sociometria** em ação mostra-nos o grau de tensão que há dentro do grupo, o que nos permite determinar o caminho a seguir. Se o conflito sociométrico aparecer, este deverá ser o tema central até que se resolva o conflito. Sem essa base, qualquer trabalho dramático transformar-se-á na supressão do verdadeiro foco da ansiedade.

Quando se trata da escolha de um protagonista, começa uma nova etapa de aquecimento: o vincular. Isso quer dizer que o terapeuta precisa preparar-se para um contato mais estreito – que tanto significa orientar uma pessoa com quem já teve vários contatos prévios como orientar pessoas desconhecidas. Terá de se dispor a colocar todos os seus conhecimentos e sua sensibilidade a serviço do trabalho a que se propôs. Preparar-se significa acreditar e esperar. Aprender que ir direto ao provável tema do conflito significa expor-se a não compreendê-lo em sua profundidade. À medida que se prepara, o terapeuta vai entendendo o tom afetivo desse vínculo e deve aproximar-se, afastar-se, ser firme, receptivo; caso contrário, o protagonista talvez precise de uma pessoa mais distante, mais eficiente. Nada disso tem fórmulas aplicáveis definitivas. Se um terapeuta não reconhece a essência desse momento, atira-se impensadamente em busca do "conflito". Significa que trabalha dissociado, e qualquer dissociação gera outra igual e contrária. Esse momento facilita o surgimento da espontaneidade, tanto do terapeuta quanto do protagonista.

Ninguém se põe a trabalhar sem certa dose de angústia. É claro que a experiência ajuda a angústia a diminuir com o tempo. Entretanto, como disse no início, por mais experiência que um terapeuta psicodramático possa ter, jamais deixa de sentir certa ansiedade ao saltar nesse vazio que é o ato de dramatizar. Sabemos onde começamos, mas ninguém pode prever onde terminaremos, já que os possíveis desdobramentos de uma dramatização são infinitos. Se o aquecimento for respeitado, a ansiedade inicial dará lugar à espontaneidade, na qual se mesclarão os conhecimentos e as vivências.

Cada dia me convenço mais de que, quanto mais singelas forem as técnicas de aquecimento, mais eficazes serão seus resultados. Costumo aconselhar que caminhemos pelo espaço dramático como uma forma simples de preparo para a ação. Se nos focarmos na respiração, a concentração torna-se mais fácil. Também aconselho que o grupo busque o próprio ritmo nesse momento. Mais lento, mais rápido, coerente ou dispersivo. Não existem ritmos bons ou maus, emoções boas ou más. A verdade de cada um deve ser canalizada para o espaço dramático, sem julgamento de valores. Depois agregamos os sons e gestos. Em seguida, buscamos uma palavra que represente nosso estado de espírito naquele instante, e dali prosseguimos na busca da **cena** evocada por todos os estímulos anteriores. Isso posto, geralmente peço ao grupo que forme um círculo. Para não revelar seu conteúdo, permito que dêem um nome à cena. É importante evitar que se relate a cena por dois motivos: o primeiro é que, se contarmos o tema da cena, o aquecimento do provável protagonista prosseguirá e se tornará difícil para ele renunciar ao trabalho sem sentir um alto grau de frustração. O segundo motivo é o que denomino **fenômeno de dupla inscrição**. Se o protagonista relata a cena e em seguida a dramatiza, o terapeuta costuma ater-se à versão verbal e não ao que aparece na dramatização. As duas versões geralmente não coincidem. Um dos motivos de dramatizar um conflito é que a ação oferece uma multiplicidade de variáveis, e abrem-se caminhos inesperados no relato verbal. Quanto menos contaminado estiver o olhar do terapeuta, mais atento ele se tornará para observar o que está ocorrendo e não o que foi relatado. A versão verbal costuma vir modificada pela racionalização e por distorções. Fenômenos que possam contaminar a versão dramática são menos prováveis.

O aquecimento logo se incorpora a todas as técnicas utilizadas na dramatização. Não se pode pretender que uma mudança de papéis aconteça com uma simples mudança de lugar: é preciso que se dê certo tempo para que realmente um entre na pele do outro. Esse tempo é o aquecimento, e pode indicar a diferença entre um ato irrelevante, destituído de conteúdo, e outro significativo.

Espero que o que foi dito anteriormente corrobore o que eu disse no início: ir do superficial ao profundo, mediante um aquecimento adequado.

Dramatização

Não desejo realizar uma exaustiva revisão das diferentes técnicas. Isso está amplamente descrito. Só vou agregar os tempos de uma dramatização que desenvolvi para fins didáticos, e que surtiram efeito para os profissionais que estão aprendendo psicodrama.

1. Montagem

O primeiro elemento com o qual nos devemos defrontar num cenário é sua montagem, ou seja, a colocação dos elementos que constituem a base da cena no espaço dramático. A cena é o núcleo operativo principal do psicodrama. Uma regra importante é que a cena se desenrole diante do grupo, o que permite a seus membros participar da ação sem se deparar com obstáculos. Os dois parâmetros a serem especificamente estabelecidos são **tempo** e **espaço**. As chamadas imagens são geralmente produzidas em um espaço definido, enfatizando mais os aspectos abstratos que os concretos. Em contrapartida, uma cena precisa de uma nítida e determinada especificação. Onde ocorre a ação? A partir daí passa-se a descrever o espaço com mais ou menos detalhes, de acordo com seus significados, especificando onde ficam as portas, as janelas e os móveis. Eu, particularmente, não utilizo elementos que "simulem" ser um ou outro objeto. Prefiro criar a ilusão em vez de dificultá-la com objetos concretos – exceto cadeiras que marquem lugares e permitam aos egos-auxiliares sentar-se com certa comodidade, mais assimiláveis à realidade e que possam servir, em alguns momentos, para marcar a diferença de altura. Esses poucos mas indispensáveis elementos servem para não prejudicar a credibilidade do grupo. É ridículo imaginar uma venerável vovó sentada sobre uma almofada no chão ou uma figura de autoridade que não possa assumir uma postura adequada. Poucos elementos permitem que a ilusão dramática não sofra interferência dos obstáculos. Os almofadões prejudicam mais do que ajudam. Um telefone imaginário na mão de um protagonista ou do ego-auxiliar é mais convincente do que representá-lo com uma caixa de lenços de papel. Tampouco é necessário representar móveis com grandes quantidades de almofadões que só criam dificuldades para o livre deslocamento dos participantes.

O tempo é o segundo elemento. Quando a ação transcorre? Qual a idade do protagonista quando a ação transcorre? Como ajudá-lo a assumir esse momento de sua vida? Suponhamos que ele tenha dez anos. Como está vestido? O que está se passando com sua família nesse momento, e no seu país? O que está acontecendo? Dizer apenas que ele tem dez anos em tal ano não é suficiente. Para que a seqüência dramática seja válida, é preciso recriar o tempo. Volto a insistir que o aquecimento é o que dá veracidade à cena. Daí em diante, ela transcorre no único tempo que existe no psicodrama: **o presente do indicativo**.

2. Investigação

A segunda etapa consiste em pesquisar e produzir a cena. A questão é: qual o assunto? Pela razão que já mencionei anteriormente – o fenômeno da dupla inscrição – devemos evitar que se comente o que está acontecendo. É importante colocar em primeiro lugar os personagens presentes em cena, oferecer-lhes um espaço no qual possam situar-se. Escolhemos os egos-auxiliares, isto é, os atores que comporão o elenco dos personagens em cena. Há muitos anos deixei de trabalhar com egos-auxiliares profissionais. Foram razões econômicas. Não era possível pagar uma equipe terapêutica de três pessoas. Lembro-me de que foi muito interessante trabalhar com profissionais treinados para essa função. Mas, como atualmente não é mais possível, os membros do grupo cumprem esse papel, muitas vezes com grande criatividade, outras, com o auxílio do terapeuta. Essa é uma dificuldade que os terapeutas enfrentam quando trabalham com pacientes não treinados para essa função. Muitos dos meus pacientes são psicólogos ou psiquiatras com conhecimento de psicodrama. Porém, mesmo aqueles que não o são com o tempo acabam por adquirir um bom traquejo na representação dos papéis.

Investigar a cena começa com uma pergunta: **quem inicia a ação?** Suponhamos que o protagonista responda "EU". Nesse caso a ordem é: então diga e faça o que está pretendendo. O ego-auxiliar desempenha seu papel sem receber ordens – o mais presente possível, mas sem dar um caráter afetivo ao personagem. Não deve ficar imóvel, para não deter a ação. Se ficar em silêncio, é importante que ouça do ponto de vista do papel que lhe toca. Os atores de teatro sabem que saber ouvir atentamente é tão fundamental como dizer sua própria fala. Enquanto isso, o terapeuta vai alinhavando a trama até o momento de indicar a **troca de papéis**. Em uma cena composta, prefiro o caminho mais simples, com o protagonista em seu papel e as mudanças de papéis feitas de forma direta: o que fazia o papel do outro na trama passa a ocupar o papel do protagonista e o protagonista desempenhará um papel complementar. Existem psicodramatistas que preferem que o papel do protagonista seja desempenhado por um auxiliar previamente escolhido. Com isso evitam que um homem adulto tenha de representar o papel de uma garotinha. Essa é uma situação que às vezes provoca risos e resfriamento. No entanto, eu a prefiro, porque o efeito passa rapidamente e os personagens interagem. O ego-auxiliar que assumiu o papel do protagonista aprendeu muito por estar em seu lugar e pode enriquecer seu desempenho no papel.

A primeira mudança de papéis é **informativa**. Por seu intermédio o desempenho do "outro" será conhecido. Nessa primeira mudança de papéis é essencial aprofundar as características da personagem diante de um **solilóquio**, durante o qual podem brotar sentimentos contidos e, se for necessário, uma **entrevista** do protagonista com seu papel complementar. Quem é você? Quais seus sentimentos com respeito ao protagonista? Qual a história desse vínculo?

Nessa etapa, surge o foco a ser trabalhado, que é apontado mediante a **concretização**. Esta consiste em dar uma postura dramática aos diversos sentimentos ou sensações expressos pelo protagonista. Vou relatar um exemplo que torna mais compreensível o caminho a ser seguido. Na cena dramatizada, representa-se uma briga entre uma mulher, a quem chamaremos de Adelina, com o marido. Na mudança de papéis, este se queixa do controle que ela exerce sobre ele. De volta ao seu papel, ela diz que se sente profundamente ofendida com a reclamação do marido. Solicitamos que chame um ego-auxiliar para que represente sua ofensa. Na troca de papéis a protagonista diz estar ciente de que só controla o marido em nome do amor que sente por ele, pois se não o controlasse ele a abandonaria. Nesse momento o foco do trabalho foi localizado e se dá um passo em direção à próxima etapa.

3. Elaboração

A agregação de elementos imaginários abre a possibilidade de sairmos da cena específica. Sabemos que o mito "se não controlo sou abandonada" é algo que preocupa intensamente a protagonista e sua angústia é clara. A próxima regra a ser investigada agora é a relação **estímulo-resposta**. Para tanto, uma nova mudança de papéis com o marido nos permitirá saber se a angústia está baseada em um conflito de interação entre ambos ou se se refere a uma experiência anterior. Adelina, assumindo o papel de Agustín, o marido, nos diz que ele jamais pensou em deixá-la e, ainda, que está mais inclinado a abandoná-la se ela continuar a controlá-lo. Isso quer dizer que, se a resposta não for proporcional ao estímulo atual, esta deverá ser investigada numa cena anterior. A cena atual se desdobra em outra anterior, diante da qual buscaremos a origem do mito. Agora, a protagonista assume o papel do controle. A ordem costuma ser: "Faça aparecer uma cena na qual se deu esse fato". Na cena que estou relatando, a protagonista viu-se aos quatro anos de idade, indo pela primeira vez ao jardim-de-infância. Seu pai, muito sério, levava-a pela mão sem dizer nada. Ao chegar à escola, ela tem uma crise de angústia. Rasga os papéis que lhe foram dados e começa a bater na professora. Reconhece que foi "muito má". Ao chegar em casa, sua mãe lhe conta que o pai foi morar em outra cidade e não voltará mais. Adelina associa essa ausência – que passará a ser definitiva (ela só vê seu pai dez anos mais tarde) – à sua "maldade". Passa a ter forte controle sobre sua agressividade e também sobre as pessoas com quem se relaciona.

As técnicas usadas nessa etapa são novamente mudança de papéis, solilóquio, entrevista, concretização, duplo e espelho. Na cena que comentei, a elaboração começa com a concretização do controle como defesa. As mudanças de papéis com sua mãe nos informam do conteúdo da cena. O solilóquio, seguido pela entrevista da protagonista no papel da mãe, permite-nos interromper a cadeia de associações que a leva a assumir a culpa pela ausência do pai. No papel da própria mãe, Adelina nos diz que a filha não tem nada que ver com a separação. Fica um pouco pensativa e acrescenta: "Na realidade tem que ver, sim, já que os pais se casaram sem amor porque a mãe engravidou durante uma relação sem compromisso. Decidiram casar-se embora não estivessem apaixonados. Quer dizer que Adelina está ligada a essa relação, ela os 'uniu'". Retorna ao seu papel e diz que já chegou ao mundo causando prejuízos, e em seguida o mito se confirma. O diretor, fazendo um duplo, diz: "Lógico, fui eu quem decidi tudo, meu nascimento, a união sem amor, sou superpoderosa". O absurdo da afirmação faz a protagonista sorrir. Diz ela: "Na verdade, eu estava totalmente indefesa enquanto eles decidiam se eu deveria ou não existir". Um **espelho** significa que, ao colocarmos o protagonista na posição de observador, e em seu lugar um auxiliar, isso permite que a compreensão da diferença entre a fantasia e a realidade fique gravada com mais intensidade. Durante uma dramatização, o forte teor emocional faz com que o registro daquilo que está acontecendo fique obscurecido pela emoção. O espelho possibilita um distanciamento ao ativar o ego do observador, permitindo, portanto, a elaboração.

4. Resolução

É a etapa menos compreendida. Costuma-se confundi-la com o *happy ending*, o que faz que muitos profissionais se apressem em finalizar o psicodrama com a simples realização do desejo. Nesses casos seria apelar para a **realidade suplementar**. Sobre esse assunto, sugiro ao leitor o excelente livro *A realidade suplementar e a arte de curar* (Zerka Moreno *et al.*, Ágora, 2001). Se essa técnica for mal conduzida, poderá forçar a ocorrência de uma cena dramática que não aconteceu na vida real. Poderíamos, por exemplo, introduzir um pai que pede desculpas ou inventar a cena de um reencontro amoroso com o pai distante. A que se propõe a realidade suplementar? Primeiro, essa realidade começa no mesmo local de um fato que ocorreu em outra época e em outro espaço. Assim como a catarse começa ao transferir-se para a ação algo que ocorreu, a "realidade suplementar" consiste em traduzir fatos, fantasias e lembranças que serão **recriados**, mas **nunca reproduzidos**. A realidade é fugaz, alterada no exato instante em que ocorre. Pretender captá-la e reproduzi-la fielmente é impossível, quer verbal quer dramaticamente – da mesma forma que a filmagem de um fato capta apenas um ângulo.

O objetivo essencial da etapa de elaboração é abrir a possibilidade de **alternativas**. Para Adelina, sua necessidade de controle está diretamente relacionada com o meio de reter seu amado, e ele a deixará quando sua "maldade" for comprovada. Sente-se onipotente, já que está em suas mãos pôr em jogo as estratégias que prenderão seu marido. No espelho, a criança de quatro anos e seu instrumento de controle se tornam evidentes. Adelina pode constatar os mitos que incorporou como suas "realidades". Pergunto-lhe se deseja modificar alguma coisa. Ela se aproxima da criança e lhe diz, chorando, que nada disso aconteceu. Abraça-a, dizendo que passou a vida inteira angustiada por não poder reter seus entes queridos. Retira-a do lugar em que se encontrava, abraçada ao controle. Libera suas mãos e as acaricia. Nesse momento, quando a tensão volta, fecha os punhos e diz que sente muito ódio. Se o pai queria ir embora, pelo menos podia tê-lo dito a ela. Peço ao auxiliar que fazia o papel do pai que volte à cena, para que ela lhe exponha seus sentimentos. Adelina sempre o idealizou e atribuiu a si e à mãe a responsabilidade pela conduta dele. Também lhe diz quanto sentiu sua falta durante a vida. Após a catarse agressiva, sobrevém o pranto prolongado. O grupo a rodeia afetuosamente. Quando ela se recompõe, peço-lhe que volte a olhar para seu parceiro. Ela olha, não consegue dizer nada agora, mas sabe que terão muito que conversar. Ele também terá de assumir sua parte nos desencontros.

Algumas vezes, as alternativas não aparecem, em função de algum bloqueio profundo. Nesses casos, o foco volta a ser o bloqueio, ou seja, a defesa. Muitas vezes o grupo pode sugerir alternativas. Finalizar uma dramatização não significa que ela está encerrada. Em certos casos é preferível mantê-la aberta, sem forçar saídas. Isso pode ser realizado durante um processo terapêutico, mas não quando se trata de uma única sessão terapêutica. Num *workshop* ou em dramatizações abertas ao público, deixar temas abertos sem solução pode gerar profundas angústias. É essencial que somente se abram aquelas feridas que possam ser elaboradas em determinado contexto. Caso contrário, estaríamos pecando contra um princípio básico: *primo non nocere*, ou seja, o princípio básico é não prejudicar.

A outra variável é a **realização simbólica dos desejos**. Uma vez compreendida a situação que foi o foco do trabalho dramático, o desejo de que ocorra em cena algo que não se efetivou na vida real pode permanecer: reencontros com pessoas que já morreram, desejos que não foram satisfeitos ou manifestados durante a vida. Essa realização não tem o mero objetivo de compensar aquilo que não ocorreu. A tensão que advém de uma experiência frustrada pode criar um bloqueio tão profundo que impeça sua substituição. Numa dramatização, uma paciente trabalha sua arrogância. O grupo lhe informa que ela vive passando a mensagem "Eu me viro sozinha". A cena investiga uma relação sufocante com seus pais. A arrogância é o fruto da sensação de permanecer eternamente paralisada e dependente. Quando lhe pergunto como quer finalizar a cena, ela pede ao grupo que a embale mas, quando disser "solte", que lhe permita libertar-se. Digo-lhe que os braços que a aconchegam podem transformar-se em grilhões que a oprimem. Um dos membros do grupo não cumpre a ordem e não a solta no momento em que ela pede. Imediatamente ela reage com agressividade e repudia o opressor. Ao terminar a sessão, comenta que foi a melhor coisa que podia ter-lhe acontecido, pois se deu conta de que agora já não precisa manter a atitude de que nunca precisa de ajuda. Se o outro tenta segurá-la contra sua vontade, tem forças para repeli-lo.

Muitas vezes, a realização simbólica dos desejos permite que se modifique drasticamente uma tensão. Em certa sessão, uma paciente precisa conformar-se com a idéia de não poder ter um filho. Começará o caminho da adoção após cinco anos de tentativas frustradas de ter seu filho biologicamente. A luta que lhe permite aceitar o filho adotivo me leva a dar a consigna de que tome nos braços o filho que não veio. Personificado por uma companheira do grupo, ela o abraça e lhe diz suavemente que teria sido muito feliz se o tivesse gerado. Na troca de papéis, a protagonista no papel do filho ausente diz a ela: "Você teria sido uma mãe muito boa, assim como será para o meu irmãozinho, ainda que ele não tenha sido gerado em seu ventre". Passados dois meses, ela engravidou de verdade e teve um bebê muito saudável. Depois adotou seu "irmãozinho".

Compartilhamento (Sharing)

Num primeiro momento, considerava-se essa etapa a hora de comentar a cena dramatizada. Nada mais errado. O grupo reaparece depois de ter sido relegado durante a sessão. O protagonista foi sociometricamente eleito, cumpriu sua missão de porta-voz e é hora de dar-lhe o *feedback* de seu trabalho. A consigna é: agora cada um precisa sentir em que ponto foi tocado pela dramatização. Não se fala mais do protagonista, agora cada um fala de si mesmo. É preciso, nesse momento, dedicar alguns minutos a um aquecimento. Desfocar a atenção não pode ser um ato automático. A atenção retorna para nós mesmos. Que aconteceu comigo? Para que aspecto meu fui conduzido? Se a resolução ficou muito aberta, o compartilhamento torna-se mais difícil. Muitas vezes, o compartilhamento mais significativo só surge depois de certo tempo. Em determinados momentos, porém, forçamos as identificações destinadas apenas para cumprir aquela ordem. Fazemos vir à tona alguma recordação para sufocar outras. Estabelece-se um pseudo-*sharing*. Os conteúdos aparentes carecem de significado. Se esse aspecto for aventado, permitirá o surgimento de aspectos mais profundos que haviam sido omitidos.

A proposta de Moreno de *sharing* não se limita a uma necessária e fundamental etapa do psicodrama. Toda sua obra gira em torno de um tipo de convivência entre os seres humanos na qual se combatem a violência e a repressão. Nossa forma cotidiana de comunicação está infestada desse tipo de intenções. Opiniões não solicitadas, julgamento de valores e conselhos convertem-se em formas não dissimuladas de controle e subordinação do interlocutor.

As relações simétricas têm três dinâmicas possíveis (para mais detalhes sobre o assunto, veja a segunda edição do livro *Perigo: amor à vista*, Aleph, capítulo "A teoria dos *clusters*"): a competência, a rivalidade e o compartilhamento. Na primeira, o objetivo é conquistar o outro mediante o uso de suas capacidades. Na segunda, é conquistar o outro, interferindo no desempenho do opositor. A terceira e mais complexa é cada um entrar com a melhor parte de sua experiência para o bem de todos.

Não é preciso muito empenho para saber qual é a dinâmica socialmente consagrada. O feroz individualismo nos leva a querer ganhar a qualquer preço. O produto do trabalho comum fica sufocado diante da ânsia de enfatizar a quem corresponderá o prêmio. Isso não só ocorre na esfera do trabalho como invade igualmente o ambiente familiar. O bem comum requer certo grau de renúncia de todos, e o narcisismo cede espaço para finalidades mais elevadas. Entretanto, o medo do fracasso, quando não alcançamos o desejado e temido pódio dos campeões, reduz os relacionamentos a desejos veementes pelo poder. Os casais sucumbem na tentativa de prevalência. Aprender a dividir não é somente uma atitude adulta e benéfica para a humanidade como um todo, mas também um caminho para a auto-satisfação muito mais plena do que aquela que advém do triunfo e do predomínio sobre os outros.

Processamento

Nos grupos didáticos, uma vez terminado o compartilhamento, começamos a análise dos conteúdos da dramatização.

Foram registrados previamente os passos seguidos com o maior número possível de detalhes. Ao relê-los, buscamos compreender as prováveis alternativas. Para tanto, é necessário que o grupo esteja disposto a compartilhar, a fim de evitar cair nas mais simplistas das variáveis dessa etapa: o julgamento de valores. Fomos bem ou mal, erramos ou acertamos? O diretor senta-se no banquinho dos réus. Dessa maneira, a aprendizagem fica bloqueada e o medo de nos enganarmos substitui a espontaneidade.

O processamento inclui não só os aspectos técnicos como também os dinâmicos do protagonista. Isso lhe permite rever o que aconteceu de uma ótica diferente. Como lido com minha ansiedade? Que situações novas foram apresentadas? Como funcionou a sociometria? O encarregado dos registros também procura ampliar a compreensão do que ocorreu. Sugere leituras para aumentar o conhecimento ligado ao tema em questão. O grupo, conduzido pelo processador, reflete sobre o que se passou e amplia suas dimensões.

Um dos objetivos dessa dinâmica para a aprendizagem do psicodrama é evitar a dissociação. O aprendizado tradicional coloca o aluno no papel de quem não sabe. Omite suas experiências e busca incorporar o novo dissociado de suas vivências. Moreno propõe um dispositivo no qual o aluno é parte ativa do seu processo de aprendizado.

Nos grupos terapêuticos não-didáticos, o processamento da ação dramática ocorre dentro do processo e se realiza após o *sharing*. Muitas vezes se sobrepõe e ocorre naturalmente. Mas temos de ficar atentos para o fato de que, em certas circunstâncias, apela-se para a análise do que ocorreu para evitar o *sharing*. Assim, podemos correr o risco de transformar o protagonista no bode expiatório do grupo. O *sharing* faz com que cada membro do grupo se inclua no que aconteceu por meio das vivências evocadas. Somente depois disso a elaboração estará completa, evitando-se assim, ao máximo, a prejudicial racionalização.

A dramatização centralizada no grupo

O trabalho do protagonista é, sem dúvida alguma, a expressão mais pura da criação de Moreno. Seus passos são claros e definidos. Mas essa é apenas uma das **técnicas de ação** aplicáveis a um grupo. Os jogos dramáticos mobilizam e geram o surgimento de conteúdos profundos dos membros do grupo. A alternativa mais simples e freqüente é a investigação da inter-relação dos membros do grupo. Pessoalmente, solicitei aos membros do grupo que não se encontrassem fora do âmbito terapêutico, e pedi que os aspectos dos relacionamentos que ocorressem fora do contexto terapêutico fossem discutidos dentro do grupo. A mudança foi sendo gradativamente introduzida. Observei que o grupo, sem a norma restritiva, se movimentava com maior espontaneidade. É claro que muitas vezes seus membros comentam aspectos da vida como uma forma de resistência a trazê-los para dentro do grupo. Mas essa omissão nos leva a compreender as críticas ao próprio terapeuta. Mais cedo ou mais tarde os conteúdos afloram no grupo. A formação de casais também é um material de trabalho, e só se coloca um limite, propondo-se a saída do grupo, quando a relação se torna incompatível. O código regido por um casal que compartilha sua intimidade fora do grupo exclui a possibilidade de compartilharem o espaço terapêutico. No caso de ocorrer essa situação, é importante poder participar da decisão com o grupo todo, permitindo que surjam fantasias de castigo, expulsão, pensamentos moralistas etc. Só então se procede à saída dos membros que não mais participarão do grupo.

Os chamados *flashes* dramáticos são constantemente utilizados nos grupos. São dramatizações curtas, nas quais se abreviam os passos que descreverei mais à frente. Enfoca-se a cena como se fosse a apresentação do conflito em ação, e busca-se produzir outras cenas em cadeia com outros membros do grupo. Existem inúmeras maneiras de introduzir de modo parcial as técnicas dramáticas. Por exemplo: o grupo concentra a apresentação verbal no relacionamento do casal. O terapeuta pode sugerir que deixem de ser eles mesmos e, mudando de posição, assumam o papel de seus parceiros. Dessa maneira, pode-se tentar compreender o outro lado do conflito *in loco*. Isso pode ser indicado a apenas um dos participantes do grupo. Na apresentação verbal, podemos pedir que mude de lugar e seja sua mãe, ou seu filho, ou quem quer que seja seu interlocutor oral. Também podemos introduzir aspectos parciais como: "Se sua mão falasse, diria...".

Outro elemento que considero de grande utilidade, tanto no psicodrama grupal quanto no individual, entre casais ou familiares, é o trabalho com **personagens**. A criação de personagens permite que se introduza a **metáfora**, que amplia o significado da ação em níveis que transcendem o princípio explícito. Entende-se por metáfora a transferência de uma palavra para a área semântica que não é o objeto que ela designa, mas mantém uma relação de semelhança entre o próprio sentido e o sentido figurado. Assim, podemos chamar uma pessoa astuta de raposa, ou chamar de primavera da vida a juventude (*Dicionário Aurélio*, Nova Fronteira, 1986). Como exemplo, um trabalho grupal seria aquele em que os integrantes do grupo centralizam sua temática na competência. Peço a todos que fiquem em pé e caminhem para se preparar para a ação. Dou a consigna para que se concentrem na parte do corpo em que se localiza a tensão, a qual denominaremos competência. Peço que levem uma das mãos até a parte onde a tensão é mais forte. Começar pelo nível de tensão do conflito permite-me evitar a racionalização. Em seguida, instruo o grupo a deixar que a referida tensão se expanda da mão até o resto do corpo. Depois peço que o corpo tome a forma que a tensão teria. Daí em diante passo a dar instruções de como o grupo deverá ir construindo o personagem. Peço-lhes que emitam o som que sairia da forma encontrada. O som se converterá em uma palavra e a palavra em uma frase que definirá a característica do personagem. Nesse instante ordeno que se termine a frase: "E como se fosse um ou uma...". No caso em que menciono o enfoque que se dá à relação com a competência, apareceram: uma desprezada, Mike Tyson, uma desportista nas Olimpíadas de deficientes físicos, um mafioso, Drácula etc. Os próprios pacientes se surpreendem com os tipos que aparecem. Uma vez definidos os personagens, posso seguir vários caminhos. Um deles costuma determinar a origem do personagem. O comando agora será: "Quando o criei e para quê?". Surgem cenas esclarecedoras que acompanham a criação do personagem. No caso do Drácula, por exemplo, acontecera o seguinte: quando cursava o primário, seu irmão gêmeo tirava notas muito mais altas e era melhor em tudo, principalmente em matemática, matéria difícil para o paciente. Seu irmão fazia todos os exames no lugar dele e ambos tiravam boas notas, até que os diretores descobriram a tramóia e os irmãos foram separados. Mas o castigo maior recaiu sobre o irmão que não se defendeu. Augusto, nome do paciente que encarna o Drácula, também se calou, e daí em diante começou a sentir-se um sanguessuga. Aos 20 anos adquire uma grave leucemia, que consegue controlar, mas o médico lhe recomenda psicoterapia. O personagem Drácula amplia o significado do conflito, rastreando seus diferentes ângulos. Isso nos permite perceber uma diferença essencial entre **ansiedade** e **conduta defensiva.** No caso mencionado, a defesa seria o eterno morto-vivo, vivendo nas sombras e destruindo os que o alimentavam. A ansiedade era a culpa profunda, equacionada por intermédio do castigo. Augusto define a leucemia como "meu sangue ruim". Ao investigar a cena da matriz da defesa (Drácula), faço a pergunta: "Vou criar Drácula para não...?". Ele completa a frase respondendo: "Para não sentir ódio do meu irmão, que é muito mais inteligente que eu". A cena continua até chegar ao ponto em que Augusto tenta afogar o irmão na piscina da casa paterna.

Cena centrada no grupo: cena aberta

Uma forma clássica de montar uma cena grupal é pedir ao grupo que elabore, em conjunto, um roteiro com diversos personagens que serão posteriormente encarnados por seus membros, correspondendo às suas especificações. Portanto, serão primeiramente produtores e depois atores. Dessa maneira, investigam-se e dramatizam-se fantasias grupais subjacentes. O centro localiza-se no grupo todo como criador da ação.

Dentre as múltiplas possibilidades desse tipo de enfoque, uma permitiu-me sair do "roteiro prévio". Peço ao grupo que escolha o tema a ser abordado e depois designe os atores. Suponhamos que o tema escolhido seja um conflito entre casais. Nome, identidade, profissão e idade lhes são atribuídos. Tudo será montado por consenso. Os atores entram em cena seguindo as instruções do grupo. Montam-se um espaço e um tempo. Pede-se a Alfredo que se sente numa poltrona com o jornal em uma das mãos e o celular na outra. Célia está folheando uma revista de moda, distraída. Dizem frases banais, sem se ouvir. Peço a ambos o solilóquio. O grupo faz o solilóquio em conjunto, cada qual agregando um aspecto. Alfredo: "Me sinto entediado, não estou a fim de ficar aqui, as crianças não estão e sem elas a casa fica tão vazia... queria ver Cristina" (supõe-se que seja sua amante). Célia: "Tenho vontade de ir embora, fazer algo novo, Alfredo anda indiferente, sem vontade, já nem me lembro da última vez que transamos".

A montagem nos permitiu criar a situação dramática, e a investigação por meio do solilóquio grupal focaliza o conflito do casal. Peço que se olhem e que cada um vá passando e dando o mote do possível diálogo. Com isso vamos armando o roteiro, no qual os dois se confrontam com o distanciamento. Nos textos elaborados, cada um projeta seu problema no outro. Solicito a concretização do conflito. Alguém se coloca no cenário como um fio solto, sem sustentação. Pergunto ao vínculo quando ele começou a se enfraquecer. Cada membro do grupo vai passando como o duplo do vínculo, dizendo que a união sexual já havia sido rompida havia muitos anos, estando juntos somente por causa dos filhos. Outro acrescenta que ela já sabia da existência de Cristina, mas não dizia nada para não precipitar o divórcio, e que a dependência econômica de Célia dificultava a separação. O medo de tomar uma atitude definitiva tornava Alfredo passivo etc. Estabelecido o conflito, peço que apenas os atores permaneçam, enquanto o grupo observa de fora a cena que se armou. Passamos para a resolução: de que maneira cada um terminaria a cena? Alguns sugerem que ela saia de casa e arrume um amante. Outros, que Alfredo e Célia deveriam procurar uma terapia de casais, outro, ainda, que ele devia juntar-se à amante etc. Terminadas as possíveis soluções, peço aos atores que eles mesmos participem ativamente da resolução do conflito. Deixo duas cadeiras vazias e peço a cada um dos que deram sugestões que se transporte para cinco anos depois. De acordo com o caminho seguido, o que aconteceu com a relação? Ocupando o lugar de um deles aparece a fantasia de que o casal se separou e cada um está numa situação parecida com a anterior, só que com um parceiro diferente. Outro, que o marido foi embora e Célia suicidou-se. Outro, que nada aconteceu e que a situação do casal continua a mesma. No final dessa etapa, peço que recoloquem na cena as cadeiras vazias, mas como se estivessem ocupadas por Célia e Alfredo, que agora compartilharão com eles as verdadeiras experiências que viveram. Essa situação costuma provocar o surgimento de conteúdos profundos. Todos foram Célia ou Alfredo em seu imaginário, que contém muitas vivências deles próprios.

Para terminar

As variáveis que o psicodrama nos oferece são infinitas. O teatro da espontaneidade adquiriu grande vigor nos últimos anos. A terapia de família e de casais com técnicas dramáticas também. O aprendizado baseado nos princípios do psicodrama estende-se até o ponto de esquecer-se suas origens. Muitos usam técnicas de ação sem jamais terem ouvido falar em Moreno. Ocorre que o criador se afastou inexoravelmente da memória de muitos. Contudo, para sua verdadeira glória, seus frutos permaneceram enriquecendo muitas vidas.

A criação de Moreno foi absorvida pela comunidade. Moreno, como todo mundo, gostava de ser reconhecido. Recordemos, pois, que na urna que guarda suas cinzas pediu para gravar: "Quero ser lembrado como alguém que levou a regozijo a psiquiatria". Talvez a maioria não se recorde do seu nome. Quando estive recentemente em Oxford, alguém me perguntou se Moreno era argentino ou mexicano, justamente num congresso de psicodrama. Mas nesse congresso havia centenas de pessoas ávidas por conhecer seus ensinamentos, que vão se atualizando à medida que o tempo passa. Mesmo sem reconhecer seu criador, sua criação impôs-se mundialmente. E essa é uma profunda e silenciosa homenagem ao criador.

4

A terceira etapa da sessão de psicodrama[*]

DALMIRO M. BUSTOS

Aspectos gerais

Dissemos anteriormente que durante a dramatização, tanto no enfoque de psicodrama público como no de psicoterapia de grupo com técnicas dramáticas, o grupo pode chegar a desaparecer como elemento ativo, salvo quando as dramatizações são centradas nele como totalidade.

Esse desaparecimento é sempre aparente e não real, já que, se a dramatização for bem realizada, o grupo se identificará com o protagonista. Mas os processos grupais se dão nesse momento no nível do mundo interior e só são aparentes para cada um dos membros do grupo. Porém, quando se dá por terminada a dramatização, a interação grupal se torna manifesta. Em seu livro *Psicoterapia de grupo y psicodrama*[1], J. L. Moreno diz:

> Começa a parte da sessão (ao terminar a dramatização) que corresponde à psicoterapia de grupo. Os membros do grupo começam uns após os outros a comunicar seus sentimentos e as próprias experiências de conflitos análogos. Os pacientes

[*] Texto supervisionado pela profª Elena M. de Bustos.
[1]. Moreno, J. L. *Psicoterapia de grupo y psicodrama*. Cidade do México: Fondo de Cultura Económica, 1966.

conseguem assim uma nova catarse, uma "catarse de grupo". Mas o processo de clarificação não transcorre sem conflitos, não é raro que apareçam críticas e hostilidade, especialmente em relação ao terapeuta. O grupo inteiro está sublevado, é necessária toda a habilidade do médico para encontrar uma solução.

O processo da psicoterapia de grupo posterior à dramatização é o que mais varia de acordo com o esquema referencial do diretor.

No caso de diretores que seguem uma linha psicanalítica, completa-se a sessão com os comentários e com a análise do ocorrido, com expressa referência à relação transferencial e às fantasias inconscientes do grupo.

Apesar de já termos mencionado que Moreno levou em conta o grupo todo, de fato raras vezes é assim. As ansiedades persecutórias possivelmente mobilizadas durante a dramatização, os sentimentos dirigidos ao terapeuta, assim como o processo total do grupo, dificilmente se especificam. A terceira etapa da sessão centra-se em compartilhar com o protagonista os sentimentos mobilizados durante a dramatização. Cada um dos componentes do grupo – inclusive o diretor e o ego-auxiliar – deve compartilhar situações similares à vivenciada pelo protagonista e que a dramatização possa ter ajudado a esclarecer. O dramatizado permitirá o aparecimento de lembranças relacionadas total ou parcialmente, mas com particular significado para cada um.

Para exemplificar essa etapa no psicodrama moreniano, relatarei os comentários da sessão em que uma paciente de um grupo dramatizou a relação com sua mãe, morta pouco tempo antes. Viu claramente os ressentimentos que a impediam de reconciliar-se com a imagem materna interiorizada, os quais lhe causavam profundo sofrimento, angústia e diminuição de sua capacidade criadora. Chegou, na parte final, a poder reencontrar-se com ela, e nos comentários surgiram as seguintes contribuições:

Integrante um (homem de 27 anos)

Posso compartilhar com você muitas das coisas que apareceram, porque minha mãe também foi uma mulher demasiadamente ocupada com suas coisas, foi uma escritora importante, todos a queriam muito, mas jamais teve tempo para mim. Isso fez que eu saísse de casa aos 14 anos e entrasse no seminário. Creio que procurava outros pais "profissionais". Nunca havia pensado assim (evidentemente emocionado)... creio que (dirige-se ao diretor)... necessitaria aprofundar mais isso. (Dirigindo-se à protagonista.) Sinto-me muito próximo de você, senti que você foi muito sincera.

Integrante dois (mulher de 33 anos)

É difícil conformar-se com esse tipo de ausência. Minha mãe era atriz e viajava muito. Separou-se de papai quando eu tinha oito anos. A partir daí nos vimos pouco. Durante todo tempo que você dramatizou eu quis ir embora e escrever a ela, dizendo que quero vê-la, e ainda creio que vou fazê-lo, todavia, posso vê-la, penso que deve ser terrível para você não poder fazê-lo (chora).

Integrante três (homem de 39 anos)

Minha mãe sempre foi dominada por meu pai e eu sinto grande indiferença por ela. Na realidade, senti pena ao ver você tão dependente afetivamente, creio que deveria aprender a valer-se por si mesma.

Integrante um (ao três)

E além dos pequenos conselhos... não lhe aconteceu nada com a dramatização? Me dá raiva sua frieza! Maria passou muito mal e você só aconselha, como se a olhasse de um balcão.

Integrante três

Nem todos podemos ter as mesmas experiências. O compartilhar também se pode fazer por meio de experiências diferentes. Eu apenas trato de ajudá-la...

Integrante quatro (mulher de 27 anos)

Não lhe faça caso, eu não posso dizer muito, mas senti enormemente o que lhe aconteceu... Chorei como uma condenada. Com minha irmã aconteceu o mesmo que com você, mas a mim não, porque, como nasci muito tempo depois, creio que a apanhei cansada, e ela sempre se importou muito com tudo que diz respeito a mim. Creio que minha mãe é mais dependente de mim do que eu dela.

Diretora

Eu me recordo da culpa que tive por muito tempo ao sentir que havia superado minha mãe (esse foi um dos sentimentos surgidos na dramatização). Durante anos senti que ela se ressentiu disso enormemente, a ponto de não querer me ver. Deve ser doloroso para uma mãe e algo nada fácil de superar. Creio que Maria vai poder compreender muitas coisas a partir de hoje... (Segue-se um longo silêncio após as palavras com as quais a diretora dá por finalizada a sessão.)

Esse é um resumo da sessão, já que seria difícil transcrever tudo que foi dito, mas foram expostos os aspectos mais importantes. Em uma relação igualitária, todos compartilharam suas experiências. *Sharing* – compartilhar – é o nome que se dá a essa etapa.

O diretor moreniano leva em conta as contribuições de cada um, mas se abstém de comentá-las; prefere reservar os dados expostos para si, com o fim de ver quais serão os protagonistas futuros. Na sessão seguinte o protagonista foi o participante de número três. Ele se referiu a um sonho que, ao ser dramatizado, condensou sua relação deficitária com a mãe. Viu-se como sua frieza ocultava sentimentos infantis que o faziam sentir-se envergonhado.

Com outros integrantes, essa situação, por sua vez, dá lugar a outras. Isto é, a capacidade de compartilhar depende, para Moreno, da integração e da maturidade de um indivíduo. O aparecimento de escotomas ou reações inadequadas indica situações que necessitam ser investigadas.

Assim, o processo psicodramático é como uma grande roda que se realimenta continuamente.

A sessão referida teve lugar em Beacon, onde em geral não se dramatiza centrando a atenção no grupo todo, mesmo quando se discutem as relações intergrupais em sessões verbais.

Essa parcialização do enfoque centrando a ação somente em um protagonista por vez pode ter origem na variação que são os grupos de Beacon, os quais, em geral, permanecem com a mesma estrutura por pouco tempo; o tempo médio de estadia dos integrantes é de duas semanas.

Não obstante, creio ser uma deficiência técnica, já que de alguma maneira ao limitar a intervenção do terapeuta no compartilhar suas experiências estamos desperdiçando o processo de interação grupal.

Em nosso enfoque, o terapeuta interpreta nessa etapa os processos de interação grupal e em relação com o terapeuta. Assim entendemos que se completa o processo de grupo.

Creio que alguns psicodramatistas morenianos têm esquecido a frase de Moreno que menciono no princípio do capítulo. Ele esclarece que aparecem sentimentos de hostilidade que devem ser levados em conta, e que o psicodramatista deve apelar para toda sua arte para esclarecer o conflito. Interpreto que quando Moreno diz "toda sua arte" seguramente não se refere a que se limite a compartilhar suas próprias experiências, mas também, por exemplo, ao reconhecimento das possíveis motivações profundas e de sua interpretação. O compartilhar maduramente corresponderia a situações de tele, enquanto as reações inadequadas são fenômenos de distorção de percepção do outro motivadas por diferentes conflitos que é indispensável explicitar: transferência.

Outra diferença fundamental é constituída pela dramatização centrada no grupo, a qual origina uma dinâmica diferente na etapa de *sharing*. Se todo o grupo participou da dramatização e encontrou uma solução dramática para o conflito exposto, pode suceder que o tema se esgote na dramatização ou não seja necessário reelaborá-lo ou comentá-lo novamente, já que todos participaram igualitariamente da elaboração e o grupo a integrou e compreendeu durante a dramatização. O problema se resolveu e os comentários são desnecessários. Só se esclarecem aspectos não elucidados. Se os comentários de uma dramatização centrada no grupo são muito extensos, significa que o grupo não resolveu dramaticamente o conflito exposto e que a dramatização foi somente um mobilizador, correspondente dinamicamente ao período de aquecimento mais que o de dramatização.

A diferença fundamental entre nosso trabalho e o de outros psicodramatistas reside na consideração do grupo como um todo, além do grupo centrado no indivíduo. No livro já citado, *Psicoterapia de grupo y psicodrama,* Moreno diz:

> Não se ganha nada considerando o psicodrama como um método dentro da psicoterapia de grupo ou a psicoterapia de grupo como um método dentro do psicodrama. É muito mais importante pôr em relevo as profundas diferenças. Esse é o motivo pelo qual neste livro se tratam separadamente, em diferentes capítulos, a psicoterapia de grupo e o psicodrama. A oposição decisiva entre ambas as formas consiste em que na psicoterapia de grupo as relações entre os membros se elaboram mediante discussões e análise destas, enquanto no psicodrama "a própria vida" substitui a discussão e a análise. No psicodrama se transferem os métodos de vida real para a terapia.

Cabe-nos perguntar se Moreno, nesse momento de seu trabalho, não contrapõe reativamente as técnicas de ação às verbais. Segundo nossa experiência, tal contraposição não existe de nenhuma maneira, mas ambos os métodos interagem, e não interferem um no outro, já que, quando se decide retroceder à ação, é para reconquistar a verbalização que se viu entorpecida pelos conflitos. A ação terapêutica do psicodrama permite restabelecer a possibilidade de verbalizar; do contrário, seria desvalorizar a comunicação verbal, que como alto nível de simbolização implica a forma mais elaborada de comunicação.

Não cremos, pois, que ambas as técnicas – psicoterapia de grupo e psicodrama – se contraponham, e no mesmo livro já mencionado Moreno de alguma maneira o sugere:

> O psicodrama é uma terapia profunda de grupo. Ele começa onde termina a psicoterapia de grupo e a amplia para torná-la mais efetiva. O objetivo do grupo terapêutico de reunir seus membros em uma sociedade em miniatura é claro e evidente. [...] No decorrer de sessões de terapia de grupo típicas, verbais e interativas, ocorre, com freqüência, que um membro do grupo vivencia seu problema com tal intensidade que as palavras resultam insuficientes. Esse membro sente a necessidade de vivenciar a situação, construir um episódio e amiúde estruturá-lo minuciosamente, mais do que lhe permitiria o mundo externo real fora da sessão.
>
> O problema que um indivíduo tem é compartilhado, freqüentemente, pelos outros membros do grupo. O indivíduo se converte assim em um representante em ação. Em tais momentos o grupo lhe deixa espontaneamente espaço, porque a primeira coisa de que necessita é espaço para mover-se e desenvolver-se. Dirige-se ao centro ou diante do grupo de tal maneira que pode comunicar-se com todos. Um ou outro dos membros do grupo se sentirá complicado como antagonista e entrará em cena para interpretar um papel. Essa é a transformação natural e espontânea de uma sessão de psicoterapia de grupo em um psicodrama.

Mais adiante prediz que a evolução já não pode ser detida. Esse texto foi publicado pela primeira vez em 1959. A partir daí é certo que cada vez mais os terapeutas de grupo recorrem à ação, mas também é certo que, assim como em um momento do grupo a ação se impõe e se não se recorre a ela se detém seu processo natural, não levar em conta o grupo como um todo pode ser tão perigoso como negar a ação no momento adequado.

Características da terceira etapa da sessão de psicodrama

Pode-se tentar a tipificação desse momento dividindo-o em quatro possíveis respostas do grupo. Em geral, as características dessa etapa dependem muito do ocorrido durante as outras duas, especialmente a que se refere à dramatização. Mencionarei as quatro possibilidades em ordem crescente de integração grupal.

Primeira possibilidade: terminada a dramatização, o grupo resiste a comentar, percebe-se uma forte carga de tensões. As intervenções são evasivas, breves e com escassa carga afetiva. Os pacientes tendem a tirar conclusões intelectuais como forma de resolver a tensão. Em geral, tentam mudar de assunto rapidamente. Predomina a sensação de esterilidade.

A interpretação costuma esclarecer as possíveis motivações, mas, basicamente, a sensação de frustração persiste.

Os motivos costumam ser:

a. O tema tratado pode não ter sido o emergente do grupo.
b. O protagonista mostrou uma forte resistência sem chegar a comprometer-se. (Esclareço que quando digo *o protagonista* me refiro a um, vários ou a todo o grupo.)

Nesse último caso, o grupo costuma censurar o protagonista por tê-lo feito perder tempo. Ao terminar a sessão, o grupo não se reúne para tomar café como costuma suceder, pois pode se dispersar. A incoerência do ocorrido dá lugar a uma relação vacilante da qual todos tendem a fugir.

Segunda possibilidade: terminada a dramatização, os comentários centram-se exclusivamente no protagonista. Evita-se

O PSICODRAMA - APLICAÇÕES DA TÉCNICA PSICODRAMÁTICA   109

evocar os aspectos de cada um que foram mobilizados durante a dramatização. Apesar de aparecerem conteúdos afetivos, continua predominando a busca de soluções racionais; a opinião direta costuma aparecer como forma não comprometida de participação do grupo.

Isso costuma ocorrer quando o conflito tratado é de natureza tal que o grupo prefere que ele fique depositado no protagonista, que se converte em bode expiatório do grupo.

Essa última situação é freqüentemente percebida pelo protagonista, que, longe de sentir-se narcisisticamente gratificado por essa concentração de atenção, sente-se usado por seus companheiros.

É aqui que a interpretação das resistências pode modificar a conduta do grupo. O temor costuma estar centrado em assumir situações com conteúdos muito ameaçadores, como fantasias homossexuais, fantasias agressivas muito regressivas, fantasia de autodestruição etc.

Se a situação não se modifica durante a mesma sessão, seguramente ocorrerá em sessões seguintes, nas quais os conteúdos rejeitados reaparecerão. Os pacientes simplesmente tomaram distância suficiente do conflito, como que para poder elaborá-lo.

Contrariamente ao que sucede no primeiro caso, a atmosfera é de temor, mas nunca de frustração, e a interpretação verbal pode modificar a situação.

Terceira possibilidade: durante o aquecimento surge o protagonista, que representa o emergente do grupo. A dramatização faz "desaparecer" o grupo, manejam-se conteúdos emocionais profundos e, uma vez finalizada, "reaparece" o grupo, recuperando os aspectos projetados durante a dramatização, com o conseqüente enriquecimento de todos. O *sharing* se cumpre totalmente, as interpretações apontam para as possíveis interferências na integração de algum membro do grupo. A atmosfera é de emoção profundamente compartilhada.

Quarta possibilidade: há ainda outra forma, na qual se produz uma catarse de integração de tal força que não é necessário verbalizar mais nada. O grupo sente que não é necessário falar e o contato corporal é buscado como suficientemente eloqüente. Tudo ficou tão claro que não é que não se possa verbalizar: não se considera necessário. Em sessões posteriores, reaparecem o tema e a necessidade de elaboração de aspectos mobilizados pela dramatização.

A interpretação verbal

O tema não é exclusivo desta etapa, já que interpretamos em qualquer momento do grupo: *antes*, *durante* ou *depois* da dramatização[2]. Mais ainda, certamente, nas sessões em que não se dramatiza.

A equipe terapêutica é formada por um terapeuta e um ou dois egos-auxiliares. Com o fim de esclarecer a participação de cada um deles, podemos especificar três tipos de intervenções verbais:

1. Intervenção coloquial
2. Assinalamentos
3. Interpretação

1. Intervenção coloquial

Iniciada a sessão com diferentes contribuições, tanto o diretor como os egos-auxiliares podem intervir, perguntar ou responder diretamente a perguntas como se se tratasse de um membro a mais do grupo. Nesses momentos, a equipe terapêutica interage com o grupo "introduzindo-se" nele. Essas situações podem dar-se em qualquer momento da sessão. O ego-auxiliar pode escolher permanecer nessa posição durante toda a sessão, exceto na dramatização, se houver; ao contrário, o terapeuta-diretor deve ter a possibilidade de tomar distância para

---

2. Atualmente o terapeuta trabalha sozinho – os motivos, como já foi indicado, são econômicos: é muito caro pagar a vários profissionais.

participar de acordo com alguma das outras possibilidades, já que, se não fosse assim, o grupo ficaria em um nível de simples troca de opiniões.

Esse tipo de conversação direta inclui a confirmação de percepções corretas motivadas pela tele que o grupo possa ter com respeito às atitudes da equipe terapêutica.

É nesse momento do grupo que se vê claramente nossa concepção de terapia, na qual o paciente é encarado como sujeito e não como objeto do processo terapêutico.

2. Assinalamentos

Os assinalamentos implicam uma tomada de distância por parte da equipe terapêutica, a qual observa condutas e as assinala. Tanto o terapeuta-diretor como o ego-auxiliar podem simplesmente marcar as condutas dos membros do grupo com o objetivo de torná-las manifestas, para então dar lugar a uma reflexão e à repercussão que possam ter sobre determinados comportamentos. Geralmente se marcam dessa maneira reações inadequadas, negação de mensagens, mensagens corporais que foram ou não ignoradas pelo resto do grupo etc.

3. Interpretação

Nas duas formas anteriores estavam incluídos tanto o terapeuta-diretor como o ego-auxiliar. A interpretação é tarefa exclusiva do terapeuta-diretor. Para ele se polariza a relação terapêutica, ele centraliza a maior quantidade de projeções transferenciais – mesmo que nos grupos terapêuticos a transferência se distribua entre diferentes pessoas. Salvo o caso de co-terapia, em que concorrem duas linhas – paralelas ou convergentes – de interpretação, é o terapeuta-diretor quem deve fazer esse tipo de intervenção.

Basicamente, o processo de "cura" em psicoterapia é dado por uma sólida relação terapêutica, independentemente da técnica utilizada. A interpretação é o meio para esclarecer e aprofundar essa relação. Para que uma interpretação seja considerada como tal, deve reunir os seguintes elementos: resistências, defesa, motivação da defesa, fantasia inconsciente, transferência (ou tele), tudo isso referente ao aqui-e-agora.

Apesar de considerar que a interpretação completa inclui todos os elementos que acabo de citar, quero destacar a importância da comunicação terapêutica baseada em seus aspectos conscientes.

Todo o movimento psicanalítico da primeira época enfatizou os processos inconscientes, a ponto de descartar em muitas oportunidades as mensagens explícitas e conscientes. Isso dá lugar – tanto em terapia individual como grupal – a uma relação misteriosa, pouco real, na qual sempre se supõe que o importante é o que está por trás. Tal como o praticam alguns terapeutas, isso se converte em uma atitude terapêutica agressiva, na qual o paciente se sente descartado como pessoa, tendo como única saída para manter a relação submeter-se à interpretação e considerar que as coisas que ele sente e pensa conscientemente são os aspectos menos importantes de si mesmo. Assim, ele pode transferir esse modelo relacional para outras esferas da vida. Esse descarte que o terapeuta faz é uma forma de violência da psicoterapia. O contrário implica levar em conta os aspectos conscientes formulados pelo paciente, mesmo se tratando de atitudes defensivas, e poder somar a isso a investigação de aspectos não conhecidos conscientemente.

A contratransferência, em psicanálise, é um dos instrumentos mais valiosos para a formulação da interpretação. No caso do psicodrama, o conceito de transferência (ou tele) substitui a ambigüidade que encerra o de contratransferência. A relação terapêutica tem dois termos, ou seja, um que faz o papel de terapeuta e outro – ou outros, no caso de tratar-se de grupos terapêuticos – que faz o papel de paciente. Nessa relação se produzem percepções recíprocas corretas – tele – ou distorcidas – transferência. O fator tele permite ao terapeuta decifrar uma mensagem ainda que esta não seja explícita, em virtude da conexão terapêutica que é o resultado da presença do fator tele e lhe permitirá captar todos os matizes da relação.[3]

É importante lembrar que o ensino é um processo interativo, assim como também o é o processo psicoterapêutico. Começar um tratamento psicoterapêutico supõe dispor-se a percorrer um longo caminho repleto de peripécias. Nesse processo o paciente não é o objeto, mas o sujeito da psicoterapia. A ambos ocorrerão muitas coisas. Chegarão a querer-se, odiar-se, rejeitar-se, terão fantasias sexuais, poderão aborrecer-se um com o outro e, dessa maneira, vão se conhecendo mutuamente de maneira profunda. Assim como depois de certo tempo de tratamento o terapeuta conhece seus pacientes, estes também passam a conhecê-lo. A transferência terá dado lugar ao fator tele, e o resultado é que ambos chegarão a se conhecer. A diferença básica é que o terapeuta instrumentará esse conhecimento por meio do método que empregue para ajudar o paciente. Embora em menor medida, as mudanças desejáveis para o paciente também vão ocorrendo no terapeuta. Com cada situação que o paciente refira em sua sessão, o terapeuta irá revivendo situações similares. Isso lhe permitirá ver o paciente a partir de dentro de si mesmo; o contrário daria lugar a uma relação intelectualizada e indiferente, sem validade terapêutica profunda.

Por tudo isso considero importante que um terapeuta tenha um profundo conhecimento de si mesmo, pois só assim poderá compreender seu paciente sem confundir-se com ele e instrumentalizar uma técnica terapêutica para consolidar a relação, compreendendo melhor o que ocorre sem isolar-se atrás de estéreis especulações intelectuais.

Com respeito às sessões de grupo, chamo de *interpretação parcial* aquela que se dirige a um membro, embora ela possa referir-se por extensão aos demais membros do grupo. É *inter-*

---

3. Em seu livro *Problemas de técnica psicanalítica*, Otto Fenichel diz: "A técnica psicanalítica é um trabalho complicado. Seu instrumento é o inconsciente do analista, que por intuição compreende o inconsciente do paciente". O conceito *tele* substitui com vantagem a lacuna do termo *intuição*.

pretação grupal totalizadora quando atinge a totalidade do grupo. Chegar a estabelecer esse momento básico pelo qual o grupo está passando permite exprimir tudo que vai ocorrendo na sessão seguindo essa linha geratriz. Se não se encontrar esse conflito básico, as interpretações poderão chegar a *atomizar-se*, limitando-se a esclarecimentos parciais mas não integradores.

A interpretação pode não apontar somente o ocorrido na sessão, já que o processo grupal se cumpre em dois níveis: por um lado, o nível atual, isto é, o que se cumpre "dentro" de uma sessão completa; por outro, o encadeamento que se produz pela seqüência de sessões que também têm uma coerência. Esse processo poderia ser comparado com o movimento de rotação e translação da Terra.

Por último, desejo esclarecer o porquê das aspas quando me referi à cura em psicoterapia. Quando falamos de cura, estamos utilizando um critério médico de saúde e enfermidade com base em uma perspectiva cuja validade questiono muito categoricamente. Não creio que os conflitos de ordem psicológica possam ser reduzidos à categoria de "enfermidade", tal como se aplica às alterações orgânicas, sem parcializar perigosamente o enfoque.

Segunda parte

5

Psicodrama pedagógico

ELENA NOSEDA DE BUSTOS, GRACIELA BUSTOS DE ESPINOSA,
DINAH RIMOLI E RAQUEL BROCCHI DE SANGIÁCOMO

Prólogo à segunda edição

ELENA NOSEDA

Reler os textos sobre psicodrama pedagógico que escrevemos há trinta anos trouxe-me uma experiência inédita, comovedora e avaliadora do projeto a que nos propusemos naquela época. É como ouvir os relatos de um filho que regressa após uma longa viagem, observar como me olha, perceber o que estou sentindo e em que pé está nosso relacionamento. Sinto o "odor de família"; ele saiu das minhas entranhas, reconheço-o, é meu sangue.

Também me alegra saber que o concebemos em nossa juventude. Neste momento falo no plural porque fomos quatro autores na ocasião. O tempo passou e minhas inesquecíveis colegas-amigas tomaram outros rumos marcados pelo transcorrer do tempo e dedicaram-se a outras profissões. Eu era a mais jovem e hoje compete a mim comentar esta reedição. O que desejo ressaltar é que foi um projeto pioneiro. Há algum tempo, prefaciando o segundo livro de Bello[1], escrevi:

---

1. Bello, M. Del Carmen. *Jugando en serio.* Cidade do México: PAX México, 2002.

Péon, em latim, significa pessoa que inicia a exploração de novas terras. E por extensão refere-se também aos que trabalham incansavelmente de manhã à noite, construindo sua casa, arando a terra, dando de beber aos animais. Para tornar-se pioneiro é necessária uma grande dose de audácia, valentia, confiança, conhecimento e fascínio pela aventura. Quem apóia a planta do pé pela primeira vez numa região desconhecida sabe a que me refiro, conhece a estranha sensação de observar o novo.

Depois do maio francês de 1968, a Argentina viveu o ápice de uma mudança que se acelerou e difundiu por todo o meio cultural. A semente transformadora foi inevitável. Paulo Freire foi nosso mestre nas aulas. Começávamos a viver uma aceleração histórica, na qual a transformação se potencializava.

Em 1969 Moreno chega ao país, e eu o conheço, em sua única visita, na Faculdade de Medicina abarrotada de gente. Também participo de uma dramatização sobre o momento crucial da história argentina, na qual Maria Alicia Romaña inaugura oficialmente o que denominou psicodrama pedagógico. Minha vívida lembrança desse momento é que algo mágico estava acontecendo em cena e eu ia me aproximando, esvoaçante, ainda que quase rente ao chão, leve, envolta em uma beleza que me transportava. E, como boa professora de Letras, aquilo era essencial para mim.

Retirei-me comovida, com os olhos úmidos. Senti-me irmanada com as colegas brasileiras que, com seu sotaque estrangeiro, haviam colaborado na declaração da nossa independência, sem saber quase nada de nossa história. Voltei a sentir-me argentina, latino-americana, irmã do mundo todo.

Foi como um renascimento nesse mundo de que eu sentia tanta falta, onde minha cabeça e meu coração estavam simplesmente juntos, numa unificação que não me deixava dúvidas. Já não me enfastiava com palavras vazias, nem me atirava a ações impulsivas. Eu era uma ***persona***.

De longe vejo que naquela matriz estavam os vínculos que, ao longo de minha formação profissional, fizeram-me crescer como pessoa e como psicodramista: Moreno, Romaña, meus queridos mestres posteriores; Bustos e Zerka Moreno, com os quais continuo aprendendo com seu talento e sua clareza conceitual; meus colegas argentinos, brasileiros e do resto da América Latina com quem compartilho os prazeres e as tristezas desta especialização.

Rendo aqui minhas homenagens aos que abriram o caminho e levaram-me pela mão, e a tantos outros mestres latino-americanos que revitalizaram o método e o recriaram com base em sua própria cultura, de tal maneira que, na realidade, este é um caminho que está apenas começando e no qual aprendemos continuamente uns com os outros.

Algumas atualizações

Como afirmou Bustos no começo desta reedição, aprendemos primeiro a técnica para depois descobrir o método. Este só se torna compreensível porque, como diz uma canção argentina, "o caminho se faz caminhando". Seu valor é tanto testemunhal como contextual e histórico.

A releitura sintetiza fielmente o que já sabíamos sobre psicodrama naquela época, porém ilumina claramente o que nos faltava: a sociometria não está incorporada à conceitualização, ainda que na prática a utilizássemos de maneira intuitiva, "sem sabê-lo". Fomos percorrendo o mesmo caminho que Moreno em suas descobertas: primeiro o psicodrama e no fim a sociometria, que é a teoria das relações interpessoais, e o marco teórico que sustenta a prática.

Hoje, praticamente a primeira coisa que ensino aos alunos é a força e a riqueza das escolhas, dos símbolos, dos critérios sociométricos, a noção do vínculo, das teles etc. O mundo do relacionamento fica claro quando entendemos as razões dos encontros e desencontros. Ilumina a dinâmica dos grupos e as atividades que vão se originando de acordo com ela. Além do mais, é um conhecimento que nos serve fundamentalmente para a vida, como qualquer conhecimento essencial.

Fui me especializando em tornar a didática da sociometria atraente, já que, *a priori*, os alunos acreditam que só se aprende por meio dos testes. Estes, em princípio, são pouco atraentes, muito aritméticos e provocam certo receio. Estudei, então, a possibilidade de associá-los à ópera, ao cinema, a textos literários, a expressões pictóricas, ao teatro espontâneo e ao jornalismo, e os resultados foram excelentes, pois as provas se realizam num ambiente mais relaxado. Os conhecimentos ingressam na vida lúdica. Fazemos também exercícios com fios de lã coloridos que simbolizam os três símbolos da relação, a leitura de símbolos diante de cenas improvisadas etc. Trabalho também com *slides*, mostrando genogramas com problemas sociométricos, solicitando resoluções ou traçados de ação a cargo dos alunos.

Porém, emprego muita energia ainda hoje para descobrir a riqueza de certos termos morenianos que ainda me inquietam e causam admiração, porque não consigo compreender completamente a essência e a profundidade dessa riqueza: a espontaneidade, a criatividade, a noção do momento, a matriz da identidade, o modelo da relação. Fico imaginando se algum dia chegarei a captá-los integralmente. Porém, creio também ser longo o caminho que ainda tenho de percorrer e descobrir – sem um final conhecido e previsível. Melhor ainda é a aventura de conhecer seus mistérios e suas incógnitas, que me mostram que estou no *processo*, com momentos de certeza que se abrem a novos questionamentos.

O que denominávamos "unidade funcional" – o diretor e o ego-auxiliar – modificou-se de maneira substancial. Na Argentina deixou-se de utilizá-la por motivos diversos, entre os quais a impossibilidade de introduzir pessoas estranhas nas instituições educativas e, no âmbito particular, por motivos econômicos. O ego-auxiliar passou a ser às vezes interpretado pelo pró-

O PSICODRAMA - APLICAÇÕES DA TÉCNICA PSICODRAMÁTICA   121

prio coordenador ou por integrantes do grupo. A mudança foi produtiva, embora às vezes eu me recorde com saudades daqueles egos-auxiliares impecavelmente treinados que facilitavam nosso trabalho ao interpretar os papéis. Os comandos entre os dois papéis deixaram de ser em voz baixa, e tudo é dito de modo explícito, sem "técnicas secretas", tornando-se mais transparentes. Sobre os momentos do psicodrama, mudamos o nome de "comentários" para "compartilhamento", o que implica outra postura existencial, outro compromisso pessoal com nossas próprias vivências.

Pessoalmente, não defino hoje meu trabalho como psicodrama pedagógico, mas respeito o nome porque é assim que ele descreve o texto. Entende-se por psicodrama pedagógico o método educacional psicodramático que se refere a dramatizações didáticas que acompanham a seqüência organizada por Romaña: dramatizações em nível real, depois em nível simbólico e, finalmente, em nível de fantasia ou funcional. Existem no Brasil muitos livros e artigos que corroboram essa nomenclatura, a começar com os de sua criadora[2]. Reconheço seu enorme valor quanto ao método para captar o conhecimento. Meu caminho, entretanto, foi derivando para outras práticas, nas quais utilizo dramatizações únicas ou pequenas intervenções focalizadas, que considero muito úteis e economizam tempo. Denomino-as *psicodrama da educação*.

Nos últimos quinze anos venho trabalhando intensamente em cursos de graduação e pós-graduação em medicina, colaborando como psicodramista educativa no ensinamento da bioética e da medicina paliativa. Muitas vezes não há espaço físico para dramatizar. Então recorro a cenas psicodramáticas curtas, sem que os participantes saiam de seus lugares. Por exemplo, numa classe de pós-graduação de medicina paliativa, estávamos enfo-

---

2.   Romaña, M. Alicia. *Psicodrama pedagógico.* Campinas: Papirus, 1985; _____. *Abordagem coletiva de conhecimento através do psicodrama.* Campinas: Papirus, 1992; _____. *Crônicas e conversas psicodramáticas.* São Paulo: Ágora, 1998; _____. *Pedagogia do drama.* São Paulo: Casa do Psicólogo, 2004.

cando o tema sobre o paciente terminal. Usamos *slides*, depoimentos verbais, trabalhos em subgrupos sobre discussão de casos etc. Minha tarefa é reciclar emocionalmente o que foi aprendido e integrar à experiência os novos conhecimentos que estão aparecendo. Muitos se recordam de pacientes de que gostavam muito mas dos quais não puderam se despedir, outros aprenderam algo único e especial que necessitavam compartilhar, alguns permaneceram com sentimentos que continuavam gerando ansiedade, outro quer perguntar alguma coisa a um professor que teve quando era aluno e que está ligado ao tema. Então vou trabalhando com eles em breves intervenções, e, com isso, vamos fechando o círculo desses diálogos inacabados. Todos se lembram do nome de determinado paciente, mas pronunciar seu nome é como abrir a porta para um reencontro. Utilizando a mudança de papéis, eles discutem entre si. Outras vezes lhes peço que olhem a cena do ponto de vista de um objeto que há na sala, como a luminária, o relógio ou a janela. Desse ponto, terão uma visão panorâmica que costuma conduzir à chave da compreensão da cena. Essas situações comoventes servem para finalizar a história e absorver o aprendizado que ela lhes transmite – e permite a todos compartilhar a experiência.

Outras vezes desenvolvo cenas em seqüências mais longas, por meio de articulações temporais, emocionais ou racionais, à maneira moreniana tradicional. Um exemplo é meu texto "El Quixote: psicodrama com adolescentes"[3].

Em outras ocasiões, quando a ensinança se concentra na metodologia dos casos, eu a acrescento à cena psicodramática, estudando-a a partir da ação dos personagens.

Também utilizo com bons resultados a técnica de "dar vozes" aos *slides* (pode ser na primeira ou na terceira pessoa). Por exemplo: a foto de uma paciente que está na sala de espera enquanto aguarda para fazer uma sessão de quimioterapia. Com os alunos, vamos recriando a personagem, inventando seu nome, idade, o que está pensando, que tipo de vida leva, seus

---

3. Noseda, E. *Revista Momento*. Buenos Aires, Argentina, nº 3, 1995.

medos, desejos e necessidades. Por meio dessa vivência, os estudantes de psiconcologia começam a aproximar-se de seus futuros pacientes, ligando-se a eles de forma mais profunda e pessoal. Descobri a técnica de "dar vozes" em meio ao meu trabalho, que resultou numa mistura de mudança de papéis e duplos. Mais tarde soube que o psicodramista norte-americano Peter Pitzele também a utiliza muito e a denomina *voicing*.

Nos últimos dez anos, os avanços notáveis do Teatro da Espontaneidade trouxeram outras mudanças à minha prática: utilizo-o da maneira habitual, complementando minha tarefa com ele do ponto de vista técnico. Utilizo-o sempre que considero oportuno, ainda que distanciado da prática tradicional de um grupo com público, para "ver recriada a cena" por seus próprios companheiros, quando o protagonista assim o desejar.

Acrescento também ao meu método os *jogos dramáticos*, o *jornal vivo* e as *dramatizações em quadros de role-playing*.

No trabalho individual, uso com mais freqüência os elementos do teatro espontâneo como material didático auxiliar em vez dos almofadões, que são mais impessoais e indiferenciados.

Gostaria de compartilhar com os leitores o que tenho visto em muitas dramatizações educativas na Europa e nos Estados Unidos. O desempenho espontâneo da ação é o que as distingue das dramatizações latino-americanas, em especial as argentinas e brasileiras. Creio que essa revolução didática no terreno da educação ainda não está suficientemente valorizada e conhecida. Essa é a tarefa que nos espera.

Uma experiência com literatura espanhola: o Quixote – psicodrama com adolescentes

Ao longo do meu exercício como professora de Literatura em cursos para adolescentes, fiquei preocupada com dúvidas que me assaltaram. Como será que estou ensinando? Que pretendo que os adolescentes aprendam? Que será que eles querem aprender? Por que se entendiam no curso secundário? Por que nós, os professores, nos desgastamos tanto? Que acontece com a nossa escola? Os adolescentes geralmente não estão satisfeitos e se queixam dela. De vez em quando reconhecem o valor de algum professor ou de alguma matéria.

Será que é um consolo pensar que a adolescência é difícil, que nada dá certo para os jovens, que só se preocupam consigo mesmos, com o próprio mundo e com suas mudanças?

Não deixa de ser tentador achar que a causa de todos os nossos obstáculos provém sempre dos outros.

Como atuar para que o conhecimento chegue até eles? Qual seria a maneira vital e integradora de captar seu interesse e fazê-los sentir-se igualmente vitais e inteiros? E quanto a seu conhecimento? Estará vivo ou morto?

Muitas vezes sentia-os desconectados de mim, como se não pulsassem em meu interior, e isso me assustava. Se não me faziam palpitar, por que eu continuava a ensiná-los mesmo assim?

Ou o conhecimento estava morto ou a morta era eu. Acabei concluindo que eu tinha morrido de uma doença muito comum – a dissociação.

Custei a admitir. Não é uma coisa fácil de aceitar. Foi doloroso, sofri e chorei amargamente. Tinha entrado na fase da crise profissional. Passado o período de dor, decidi que havia chegado o momento de reviver, juntar meus pedaços soltos e pôr-me a trabalhar pacientemente na tarefa de reconstruir-me e integrar-me ao papel de educadora.

Lembrei-me do meu passado. Tinha aprendido muito na época da escola e da faculdade, mas poucas vezes consegui integrar o que aprendia com o que vivenciava. Mas eu não era a única culpada; com toda certeza foi isso que me transmitiram.

De um lado, a formação intelectual, metódica, sistematizada e imutável. Do outro, mais distante, a vida tumultuada, cambiante e contraditória. Poucas vezes senti que as coisas que eu aprendia tinham ligação com a vida em si! Ou, quem sabe, tudo que me ensinavam estava relacionado com a vida, mas não empregávamos nada daquilo: não havia nenhuma didática interativa.

As coisas ficavam desarticuladas: a matemática terrivelmente árida, algum romântico professor de Literatura que se exaltava ao falar de amor, com maiúscula, e os alegres trinados do idioma francês. Nada tinha relação com nada, nem em suas partes nem no conjunto.

Que outras recordações tenho da minha adolescência no curso secundário? Umas folhinhas que juntávamos para fazer o herbário de botânica. Foi divertido, era como levar vida à escola. Estudávamos no lado de dentro o que estava do lado de fora.

Ou aquela vez que pintamos uma coisa verdadeira – um casebre numa rua poeirenta – e nos sentimos como pintoras famosas, enquanto as pessoas passavam e nos olhavam.

Ou aquele coelhinho que matamos com certo sadismo na aula de zoologia, mas com grande curiosidade de conhecê-lo por dentro. Ver seu coração batendo de verdade, até que lentamente foi enfraquecendo. Foi maravilhoso e trágico ao mesmo tempo.

O que essas últimas lembranças têm em comum? Ainda hoje me fazem sentir bem. É uma espécie de memória corporal daquelas aulas, sensações, imagens, dos sentimentos, em que aquilo que eu pensava marchava no mesmo compasso do que eu sentia.

Outro aspecto que também me preocupa é o seguinte: tudo que aprendíamos serviria para o futuro, esse elemento difuso sobre o qual nossos pais e professores continuamente nos falavam: "Quando você for adulto...", "Isto será para o futuro", "Na ocasião você saberá".

E agora? O que está acontecendo neste preciso momento? Neste instante único, fugaz e maravilhoso, mas vazio?

Quando nos tornamos adultos aprisionamos o presente, pois sabemos que o "sempre" não existe. É apenas nosso desejo de eternidade porque ansiamos com essa palavra. Se aprisionamos o presente, por que não o aplicamos ao nosso trabalho?

Os adolescentes, pela idade, por seu momento particular, vivem o hoje. Mas o que aprendem servirá para o amanhã. Não é uma contradição? Está certo que sirva para o amanhã, mas não seria melhor que servisse para o hoje também?

Resumindo: de todos esses questionamentos, restaram-me pares antagônicos de reflexão, tais como:

fora	dentro
a vida	a escola
a ação	a palavra
os sentimentos	os pensamentos
o corpo	a mente
o hoje	o amanhã

Se ensino o conhecimento dissociado, ele provocará um efeito dissociador: a dissociação é a morte, a integração é a vida. Eu bem sei. O *insight* é o compromisso.

Sou uma adulta responsável perante mim mesma e perante meus alunos. Em minhas buscas encontrei soluções. Elas não respondem a todas as minhas indagações, mas respondem a algumas delas. E algumas importantes.

Há mais de três décadas dou aulas de psicodrama educativo. É uma metodologia relativamente nova. Tem por volta de quarenta anos de vida. Baseia-se na teoria moreniana de Jacob Levy Moreno, médico romeno que, no século XX, criou o psicodrama e a sociometria, que se tornou seu marco referencial.

Uma pedagoga argentina, Maria Alicia Romaña, de quem fui discípula, adaptou o método psicodramático à situação educativa, já que o método criado por Moreno deveria ser usado em psicoterapia. Posteriormente, completei minha principal formação com o dr. Dalmiro Bustos e também com Zerka Moreno.

O psicodrama educativo é um método que complementa aqueles tradicionalmente utilizados na educação. De maneira alguma os substitui. Promove a integração entre o ato e a palavra, além de propiciar a atualização do conhecimento.

Apresenta indicações precisas sobre quando e por que dramatizar, como aplicar suas numerosas técnicas, em que momentos, com quais elementos e em que níveis de realização psicodramática.

Podem ser realizadas dramatizações ou recursos dramáticos: estes são trabalhos mais curtos, com grande poder de síntese, muito proveitosos para ser utilizados com todo o grupo num breve espaço de tempo.

Alegra-me saber que os métodos de ação começam a ser usados cada vez mais assiduamente nas escolas, mas também me preocupa que muitos educadores usem-nos apenas como uma técnica isolada, desconhecendo suas bases teóricas.

A teoria moreniana é formada de conceitos como encontro, espontaneidade – criatividade, catarse de integração, matriz de identidade, teoria dos papéis etc., que um psicodramatista deve conhecer e ter vivenciado previamente em um rigoroso treinamento.

Quero relatar uma experiência para que, por meio dela, comentemos essa forma de trabalho.

Exemplo: turma de 5ª série, mista, mês de março, aula de literatura

Alguns alunos prestaram exames em março de matérias nas quais tinham sido reprovados no ano anterior. Júlia, uma das estudantes, foi aprovada em literatura espanhola, leu *Dom Quixote*, gostou do personagem e sentiu vontade de ser o próprio Quixote.

Esclareço que essa turma já havia tido experiências anteriores comigo em sessões dramáticas. É importante ficarmos atentos aos interesses do grupo, ao "seu despertar", pois é ele que vai acompanhar e conter a dramatização, além de cooperar com ela.

Os elementos básicos para uma dramatização são:

1. O cenário – O lugar previamente combinado para a dramatização em geral é o espaço tradicionalmente denominado "frente".

2. O protagonista – Que será o aluno que deseja trabalhar o tema. Outra variável é que o protagonista seja o grupo todo.

3. O diretor – Que será o professor treinado nessa metodologia e implementará técnicas adequadas, conforme o aluno for necessitando, para levar a cabo a dramatização.

4. O ego-auxiliar – Papel ou papéis que serão escolhidos pelo protagonista entre seus companheiros. Estes representarão os papéis complementares.

5. A audiência – Os companheiros que não participam diretamente da dramatização, mas a contêm.

São três os momentos da dramatização: aquecimento, dramatização e comentários.

Caminhamos juntos pelo cenário. Essa é uma técnica simples mas útil para acelerar o aquecimento (do grupo e meu próprio). Ao caminhar, os indicadores físicos e/ou mentais começam a atuar, todo o corpo entra em atividade, prepara-se para a ação, e começam a surgir imagens e sensações.

Estamos à espera do momento propício para começar, exercitando o aparecimento da espontaneidade, quando a ação passará a fluir livremente, sem obstruções mentais ou do resto do corpo.

A espontaneidade em seguida nos levará à criação, que é o momento culminante, pleno, totalizador, muitas vezes inesquecível.

Enquanto caminhamos, Júlia vai nos contando suas necessidades e sua vontade de ser Dom Quixote. Estamos recordando aquilo que denominamos contrato dramático, que será o escopo do trabalho. Júlia quer localizar Dom Quixote no momento em que ele está visitando os duques na ilha, quando Sancho se tornará governador.

Percebe-se que ela está um pouco ansiosa, que seu *timing* se sobrepõe ao meu e ao do grupo; apressa-se em falar, atropela-se, pulando as palavras.

Peço-lhe, então, que por meio da imaginação comece lentamente a transformar-se em Dom Quixote, que transforme seu corpo no dele, e vá se descrevendo na primeira pessoa, à medida que começa a senti-lo.

Eu me retiro para um lado.

Diante de nossos olhos aparece então um rosto anguloso de 60 anos, cabelo ralo e grisalho, olhos vivos embora cansados, mãos enrugadas.

É interessante esclarecer que ela, baseando-se no modelo criado por Cervantes, vai dando forma a seu Quixote particular, aquele que tem vivo dentro de si. Isso não significa falsificar a obra, mas recriá-la, dar-lhe seu próprio tom.

Estou certa, por exemplo, de que se nesse momento eu perguntasse ao grupo como era o Dom Quixote para eles cada um daria sua versão sobre o personagem, que, embora coincidente de modo geral com a versão de todos, teria um toque particular em cada caso: um o veria como um sonhador, outro como um louco, outro valorizando apenas seus sonhos, este desejando ser mais compreendido, de pele mais escura ou com sobrancelhas mais grossas.

Nesse caso, a particularidade mais intensa de Dom Quixote apareceu na barba. Ele a descreve minuciosamente, barba curta, pouco espessa, terminada em ponta, que vai escasseando em direção às orelhas. E começa a acariciá-la à medida que a descreve.

Nesse momento, todos nós, que o observamos, "vemos" nitidamente essa barba. É o exato indicador que nos permite perceber que o aquecimento do protagonista, do grupo e do coordenador estão confluindo.

A ansiedade de Júlia havia diminuído e tínhamos diante de nós a figura de Dom Quixote, com sua celada e pesada armadura.

Achei que tinha chegado o momento de abrir a primeira cena.

Primeira cena

Dom Quixote coloca-se nos jardins do palácio dos duques. Está sozinho e faz calor. É meio-dia. Ao seu redor há poucas árvores e vários caminhos convergem até a entrada do castelo. Este localiza-se a uns trinta ou quarenta metros. Escutam-se vozes e risos da reunião que está acontecendo lá dentro, onde estão os duques, seus cortesãos e Sancho, que naturalmente deve estar encantado e comendo vorazmente.

Cada elemento significativo da cena vai sendo introduzido de forma imaginária.

Peço um solilóquio.

Dom Quixote caminha agitado e, ao falar consigo em voz alta, expressa sua preocupação com Sancho. Nesse dia os duques o nomearão governador da ilha Barataria e Quixote receia que seu amigo não esteja à altura das circunstâncias, que não seja nobre e justo para governar.

Após um instante pensativo, manifesta também seus temores pela própria vida, por seus ideais que são tão difíceis de alcançar. Mostra-se contrariado, indeciso, um tanto abatido.

Em determinado momento exclama: "Preciso retornar à festa, caso contrário, os duques se impacientarão comigo".

Nessa hora intervenho e passamos à segunda cena.

Segunda cena

Os duques estão em volta de uma mesa cheia de manjares. Sancho, o pároco e os cortesãos comem e bebem.

Vários companheiros são escolhidos para representar os papéis mais significativos e, alternadamente, vou lhes indicando as mudanças de papéis com a duquesa e o pároco, com quem mantêm uma breve conversação.

Por que somente esses personagens mudam de papel? Porque Dom Quixote se dirige a eles na conversação e não tem interesse em dialogar com os demais. Isso significa que ele vai marcando a dinâmica da relação com os outros papéis e eu vou dirigindo tudo isso tecnicamente.

Introduzir outras pessoas seria desnecessário e cansativo. Não podemos esquecer que estou lidando com uma turma que tem entre 45 e 80 minutos de aula.

As mudanças de papéis devem ser efetuadas nos momentos adequados: existem indicações precisas para que os participantes aproveitem-nas ao máximo. Cabe ao protagonista vivenciar a situação da forma mais completa possível – que inclui o papel principal, os complementares e os auxiliares – para saber qual a gradação dos seus papéis.

Em determinado momento, Dom Quixote perde a paciência com o pároco, discute, diz a ele que o excesso de bebida e de comida não condiz com seu trabalho, que a sobriedade eleva o corpo e a alma.

Daí para a frente, a cena começa a tornar-se burlesca. Dom Quixote exclama aborrecido: "Estou cansado, tenho vontade de ir embora e descansar". Nesse momento, passamos para a terceira cena.

Terceira cena

Dom Quixote encontra-se num dos quartos do castelo, com paredes caiadas, uma janela austera e mobiliário sóbrio, composto apenas por uma cama e uma mesa com abajur. Lentamente começa a tirar a armadura. Sente o corpo dolorido.

Vejo-o muito concentrado e peço-lhe o solilóquio.

Dom Quixote está magoado. Não se acerta com o mundo. Tem medo por seus sonhos, tantas lutas, tantos fracassos... Vai se entristecendo cada vez mais.

Joga-se na cama, quase despido. Coloca as mãos sobre os olhos. Fica em silêncio. A cena é depressiva.

Depois de um instante, utilizando a técnica da entrevista, digo-lhe: "Sabe, Dom Quixote, o senhor está muito triste, tudo tornou-se difícil, mas vou contar-lhe algo que talvez o console um pouco. Daqui a muitos, muitos anos, o senhor será famoso no mundo inteiro. No Japão, na China, na Índia, todas as pessoas o conhecerão. Às vezes, apenas pelo desenho de sua silhueta saberão que é o senhor. A história de sua vida será famosa, representará a luta por ideais".

Dom Quixote tira as mãos do rosto e me olha. Continuo a falar com ele por mais alguns momentos.

Em determinado ponto, utilizando uma técnica chamada *atemporização* – que é a possibilidade de transpor os limites do tempo –, digo-lhe: "Agora, se quiser, terá a possibilidade de dirigir-se ao mundo vindouro. Olhe à sua volta e verá uma porção de gente que ouvirá suas palavras, porque o senhor será importante para elas".

Dom Quixote se levanta e começa a falar aos outros membros do grupo com emoção e lágrimas nos olhos: "Vocês são jovens, nunca percam a esperança, lutem por aquilo em que acreditam. Vai ser difícil, porque rirão de vocês como riem de mim, mas prossigam, lutem pelos que sonham".

Nessa hora, lágrimas surgiram nos olhos de muitos adolescentes e nos meus também. Um silêncio fraternal nos aproximou intensamente e demos por encerrada a dramatização.

A figura de Dom Quixote desfaz-se vagarosamente no psicodrama, embora continue vivo, firme, atualizado num presente incrivelmente nosso e compartilhado.

Enquanto relatava a vocês esse trabalho, aquelas cenas foram me aparecendo. Dificilmente as esquecerei. E talvez, inesperadamente e mais importante para um educador, tampouco os alunos esquecerão.

A meta principal foi cumprida: estarmos juntos, sentirmonos unidos no ato de ensinar e aprender, com todas as nossas emoções, palavras e atitudes.

Por que utilizei a *atemporização*? Para que eu mesma pudesse criar. Entregar a protagonista era minha própria entrega. Senti-me envolvida pela poesia dos sonhos loucos que todos nós queremos alcançar; senti que Quixote não poderia permanecer eternamente abatido, que naquele momento merecia a glória que mais tarde todos lhe confeririam.

Os comentários posteriores foram reflexivos. Falamos da vida, de Sancho e Dom Quixote lutando alternadamente em cada um de nós. Ninguém ficou fora da atmosfera criada.

Aos alunos estava reservada a hora importante de terminar o curso secundário. A mim, a tarefa de continuar ensinando e me mantendo fiel aos meus princípios.

Existem ainda muitas possibilidades de desenvolver o psicodrama educativo. Costumam dizer que determinadas matérias, em razão de seu conteúdo, prestam-se mais que outras para fins de dramatização, mas não creio que seja assim.

Instruindo professores das mais variadas disciplinas, descobri que todos os assuntos podem ser dramatizados: as montanhas, a célula, a gramática, a molécula, as idéias etc.

É claro que dentro de certos limites. Não é recomendável que se dramatize sempre. Tanto a ação como a reflexão precisam de um local adequado. Caso contrário, estaríamos voltando a encerrar um círculo de morte, novamente nos dissociando, só que de modo inverso. Só o emprego apropriado das técnicas psicodramáticas proporcionará a este ou a qualquer outro método os melhores resultados.

Introdução

Não é fácil escrever sobre algo que ainda não está completo; algo em que espreitamos dificuldades no caminho a percorrer. Não obstante, nossa experiência educativa em instituições rígidas nos ensinou que o regulamento é a palavra decisiva diante de qualquer problema, não só diante do estritamente relacionado com o ensino ou das relações de alunos entre si, mas sobretudo de aluno–professor, aluno–preceptor, aluno–autoridade. Sem querer desvalorizar tudo que já foi feito, sentimos necessidade de uma nova busca.

Até agora, por muito que se tenha falado de ensino ativo, o resultado obtido é a aquisição do conhecimento, descuidando do cultivo da afetividade, um saber conceitualizado, transmitido pela linguagem, isolado da compreensão. Essa educação individualizada teve outra grave conseqüência: a deterioração de uma autêntica personalidade com sérias dificuldades para integrar-se no grupo social.

Diariamente observamos que a desintegração social não é tema básico nas aulas em que os jovens são mantidos isolados no tempo e no espaço que lhes corresponde. Aparentemente, é mais fácil pô-los em contato com os clássicos, pelo menos assim o crêem ainda alguns educadores. Queremos esclarecer devidamente que, sendo como somos, saídas da faculdade de ciências humanas, sabemos muito bem quanto devemos a essa formação humanística, já que os clássicos foram nosso alimento cultural por muito tempo. Mas não é este o momento educativo, político e social para armar-se por dentro e por fora com algo que necessita muito tempo reflexivo para responder adequadamente ao presente consciente que nos reclama. Essa realidade social que vivemos, presa de um frenesi de transformação, não concorda com um ensino em que a palavra ainda tem primazia como conserva cultural primária. O que temos de entender claramente é que a linguagem é um fator formador na relação dialética indiscutível entre pensamento e palavra.

Faz-se necessário, portanto, e imprescindível, diria, situar o homem na sociedade que o rodeia e tratar de exercer uma ação coletiva para consegui-lo.

Acreditamos, primeiramente, que uma maneira de alcançá-lo seria aquela que ativasse em nossos jovens o juízo crítico e a estabilidade emocional. É justamente a *dúvida* que deve ser cultivada pela educação, já que dela surgirá a criação, e não a crença alienadora que encubra realidades que nos interessam como forças realmente mobilizadoras.

Sabemos bem que a obtenção do clima emocional e social de uma classe é responsabilidade do professor. Por tudo isso é que empreendemos um novo plano de trabalho cuja finalidade é essencialmente dar lugar à recriação com objetivos de longo alcance. Para nós, a educação é um meio de continuidade social, mas este deve ser tal que permita o enriquecimento e a liberação do educando sem ancilosamento nem mecanização instrumental. Certas teorias do conhecimento foram concebidas como anteriores à ação. Estudos de psicologia genética comprovam que a ação precede o conhecimento e esta consiste em uma composição cada vez mais rica e coerente que prolonga as ações, interiorizando-as.

Uma necessidade desencadeia a ação em busca do equilíbrio perdido por causas externas ou internas, de tal modo que a ação parte de uma estrutura mental e conduz a outra.

Indubitavelmente, e por muito tempo, se considerou a mente como um receptáculo que recebia estruturas já feitas, transmitidas sempre pela linguagem. Mas são muitos os psicólogos, médicos e filósofos que estudaram a atividade mental e nos advertem que é o próprio indivíduo quem participa ativamente da construção de suas próprias estruturas mentais.

Jean Piaget afirma em seu livro *Educación y instrucción* (Buenos Aires: Prometeo, 1970, p. 128):

As funções superiores da inteligência e a afetividade tendem para um equilíbrio móvel e mais estável quanto mais móvel é, de forma que para as almas sãs o final do conhecimento não marca de modo seguro a decadência, mas autoriza um progresso espiritual que não contradiz em nada o equilíbrio interior.

Em boa hora podemos-nos apoiar nessas afirmações.

Sabemos muito bem, porque tanto na escola primária como na secundária o comprovamos dolorosamente, que quando o adulto limita a atividade da criança ou do adolescente, conforme o caso, não só limita a formação de sua personalidade, mas ao dificultar-lhe funções intelectuais e afetivas está cultivando uma atividade passiva em total deterioração do caráter dinâmico de sua estrutura mental.

Segundo Moreno, toda instituição educativa deveria contar com um cenário de psicodrama como verdadeiro laboratório de trabalho minucioso para todos os problemas comuns ao grupo de alunos.

Para Moreno, o cenário psicodramático constitui uma verdadeira "plataforma social" que permite a atuação livre e total da personalidade. Obviamente, sua aplicação está dirigida fundamentalmente para a terapia. Por que nosso encontro com sua metodologia? São várias as razões; só enunciarei o que mais diretamente nos comunicou: em primeiro lugar, sua visão do homem com a capacidade natural própria de criar fecundamente por meio da espontaneidade; em segundo lugar, porque toda aprendizagem, no fundo, é uma terapia, já que modifica o ser até que o indivíduo encontre a si mesmo.

Partindo de sua fé total na espontaneidade, estudamos seu pensamento, cujas raízes, ele mesmo o afirma, encontra entre outras coisas o "elã vital" bergsoniano. Mas a pura reflexão filosófica não bastará para sua aplicação e explicação. Dirá: "É a espontaneidade que produz espontaneidade". Mas ainda vai mais longe quando nos diz que pode haver uma educação da espontaneidade. A referida espontaneidade, sempre seguindo o pensamento moreniano, estaria influenciada mas não determinada pela herança e pelo meio ambiente. Resulta ser realmente um fenômeno primário do qual surgem atos continuados de total inventiva e criatividade.

Em seu livro *Psicodrama* (Buenos Aires: Hormé, 1972, p. 185), que é o que estamos utilizando para fundamentar nossa experiência entusiasta e esperançada, encontramos o seguinte parágrafo:

> Não é acidental que se quisermos fazer justiça à operação de espontaneidade devemos retroceder às primeiras etapas da infância e fazer que as velhas técnicas educativas, que levam automaticamente ao instruído mas não inspirado aluno da atualidade, sejam substituídas por técnicas de espontaneidade.

O PSICODRAMA - APLICAÇÕES DA TÉCNICA PSICODRAMÁTICA   137

Embora nossa experiência não tenha sido recolhida nos jardins-de-infância nem na escola primária, sofremos talvez o pior dos confrontos com a realidade educativa de hoje: esse adolescente de escola secundária, tão vital e curioso quanto não menos infeliz por não encontrar o caminho adequado para conhecer os próprios apetites, está condenado a não "se interessar", "aparentemente", por nada mais que não seja a subversão escolar, familiar e social.

Durante as sessões do IV Congresso Internacional de Psicodrama realizado em Buenos Aires no ano de 1969, tomamos contato com Maria Alicia Romaña, pedagoga argentina que foi pioneira na investigação da aplicação das técnicas dramáticas na educação.

Durante uma demonstração que realizou, vimos algo que nos fascinou. O tema escolhido para a dramatização foi a Declaração da Independência de 1816. De repente sentimos que as letras quietas e sempre iguais dos livros de história saíam do papel e começavam a viver e logo a vibrar dentro de nós.

Assim foi que, por fim, vislumbramos claramente o caminho a seguir. No ano seguinte integrávamos o primeiro grupo de treinamento em psicodrama pedagógico, dedicado exclusivamente a docentes; o referido treinamento durou três anos. Começamos e terminamos o ciclo com a professora Romaña, mas além disso o incrementamos com um seminário com o doutor Bustos sobre a teoria moreniana e um curso de integração corporal com Mercedes Bens. A todos eles devemos o que hoje podemos trazer de renovado à educação.

O ambiente escolar tem suas características peculiares que o definem e diferenciam: as salas de aula clássicas, com suas grandes janelas e seus bancos rígidos, os pátios enormes e nus, os aventais que vão e vêm, os raros professores aceitos e os "outros", o tempo medido em atividades e recreios, em férias curtas e longas, em exames de fim de ano; as segundas-feiras cambaleantes em matemática, as sextas-feiras esmagadoras em disciplina...

É uma atmosfera especial que tem seus acordos tácitos, seus papéis, seus níveis, suas vias de comunicação. Não é um meio aberto à mudança, é antes bem reticente e inconstante em relação a ela. As modificações sempre se produziram por imposições oficiais geralmente divorciadas das profundas urgências, e quase nunca prosperaram verdadeiras buscas, de modo que introduzir o psicodrama pedagógico no ensino argentino não foi nem é tarefa fácil. Esse método pode ser utilizado por professores primários e secundários, diretores e orientadores sociais, educacionais e psicológicos.

Nós o utilizamos, fundamentalmente, nas seguintes situações:

1. Para *compreender* um conhecimento já adquirido mediante métodos tradicionais.
2. Para *avaliar* um tema.
3. Para *repassar* conceitos esquecidos.

O enfoque

É aqui que as diferenças com o psicodrama terapêutico se fazem mais notórias, já que neste a área de trabalho inclui todos os papéis do indivíduo, por exemplo: pai, irmão, esposo, amigo. É muito diferente a situação em psicodrama pedagógico, que *somente* abarca os papéis educador–aluno, excluindo sempre os papéis restantes. É indispensável que um professor psicodramatista interiorize esses limites; desconhecê-los seria invadir aspectos que não competem à atividade educativa.

Elementos

Em psicodrama pedagógico, trabalhamos com os cinco elementos clássicos. Achamos necessário explicá-los analiticamente porque estão inseridos na atividade educacional, o que provoca neles certas modificações práticas.

Protagonista

Evidentemente, será sempre o aluno; detectá-lo não é tarefa fácil, já que o verdadeiro protagonista não será sempre o que estuda mais ou o mais competitivo, mas aquele que, por intermédio de suas intervenções verbais ou corporais, traga expectativas que englobem as expectativas do grupo. Romaña explica essa investigação grupal como "um sobrevôo lento de pássaro", tratando de perceber quem realmente está aquecido para o tema. Escolher equivocadamente um protagonista pode levar-nos a dramatizações pobres ou empoladas e verborrágicas, mas vazias no fundo. Também pode levar-nos ao fracasso completo.

Quando começamos a utilizar o método na escola, geralmente os alunos que apareciam como protagonistas eram os mesmos que se destacavam facilmente nas aulas tradicionais, mas à medida que fomos nos acostumando a trabalhar periodicamente começaram as surpresas: de repente, alunos que haviam passado despercebidos comumente encontravam um caminho expressivo diferente que os motivava e lhes permitia desenvolver vivências adormecidas; outros, cujo desenvolvimento escolar se fundamentava basicamente no estudo consciencioso dos textos, observaram que "saber a lição" era apenas um passo para o verdadeiro conhecimento. Descobrir que este possui riqueza, cores, formas, cheiros e movimento criou neles rejeição, confusão e dúvidas. Isso, em vez de nos alarmar, nos animou a seguir adiante, porque, se aprender significa questionar-se, vamos pelo bom caminho. Toda mudança produz alarme, que será maior ou menor conforme a estrutura escolar do aluno, conforme sua flexibilidade e sua história.

Nossa experiência nos ensinou que o professor treinado psicodramaticamente está preparado para enfrentar essas mudanças que, inexoravelmente, aparecerão de uma forma ou outra. Também em algum momento conseguimos a participação voluntária daquele aluno da última fila que olha sempre pela janela, e para o qual a escola secundária é a lenta tortura de acabá-la. Todos os docentes sabem que essa passividade e esse tédio são produzidos, geralmente, pela pesada e alucinante estrutura escolar que condena os alunos a estar sentados e relativamente quietos, enquanto vêem passar – durante toda a manhã e como um filme mudo – um professor após outro, uma matéria após outra, tudo tão unido e tão diferente, tão perto e tão longe.

Nossa proposta é tentar modificar esse panorama frustrante para os alunos e seus papéis complementares. Quando propomos trabalhar um tema didático com contribuições corporais e mentais – ação e palavra –, os alunos aceitam com desconfiança e esperança, com enorme timidez e quase sempre com uma entrega final. Sabemos que, para que exista esse momento educativo único, *todos* os participantes, por igual – alunos e professor –, estão confluindo, unindo suas diversas linhas particulares em um ponto luminoso que é difícil esquecer.

Cada protagonista tem seu tempo, suas imagens, seu selo essencial. Com tudo isso e com a contribuição do resto dos alunos, o professor-diretor arma as diversas seqüências. Romaña afirma que as modificações ou retificações devem realizar-se depois de terminada a dramatização.

Audiência

É formada pelos alunos que não intervêm diretamente na dramatização, mas não obstante estão ansiosos e atentos ao que sucede no cenário. Não é uma audiência passiva; Romaña a define como "o eco ou a caixa de ressonância do que ocorre no cenário". Recordamo-nos de uma dramatização cujo tema eram as invasões inglesas. Vários alunos representavam o papel de habitantes de Buenos Aires que organizavam a resistência. Em dado momento, a ação se acelerou porque um ego-auxiliar enviado pelo diretor chegou anunciando que os invasores pisavam já as primeiras ruas da cidade. Foi tal o nervosismo da audiência que um aluno começou a gritar, excitado, que juntassem mais pedras e objetos contundentes, e outro se levantou e começou a dramatizar diretamente, transportando uma panela de azeite fervendo. Isso nos mostra até que ponto o grupo que rodeia a dramatização participa dela. Outras vezes a audiência ficou muito silenciosa, mas nos comentários posteriores amadureceu e analisou pormenorizadamente aspectos-chave do que foi dramatizado.

Quando a audiência é composta por um grupo de quinze até um máximo de trinta adolescentes, o diretor pode desenvolver-se com comodidade; se o número excede aquela quantidade, torna-se mais difícil a tarefa de coordenar e ordenar o auditório. Algumas vezes, também, trabalhamos excepcionalmente com turmas de mais de quarenta alunos, mas isso foi possível porque conhecíamos sua dinâmica grupal e seus interesses.

Em algumas oportunidades observamos em grupos escolares secundários que uma mínima parte da audiência permanecia indiferente. Analisamos a fundo essa dificuldade; acreditamos que depende do bom aquecimento que o professor-diretor tenha realizado, da escolha correta do protagonista, do clímax emocional alcançado e, por último, da existência de pequenos grupos fechados a novas aberturas. O trabalho com alunos adultos tem outras características; com eles a tarefa se torna mais simples, já que a atitude geral é mais interessada e os participantes se concentram facilmente.

Com respeito à situação da audiência, foi de suma utilidade a posição circular, isto é, os alunos se colocam ao redor do cenário; conseguimos dessa maneira maior calor. Quando os bancos são fixos ou a sala de aula é pequena, trabalhamos com a estrutura clássica por todos conhecida; sendo assim, geralmente ocorre que os alunos das últimas filas, por iniciativa própria, procuram diversas situações mais próximas do cenário. É evidente que todas essas mudanças formais provocam nos alunos, no começo, surpresa, risos e bagunça. No princípio nos preocupava que essa imagem externa trouxesse dificuldades com as autoridades escolares. Correntemente se entende por disciplina que uma sala de aula esteja ordenada, com os alunos em seus lugares, os cadernos abertos sobre a carteira e a voz do professor que explica ou interroga e a dos alunos que perguntam ou respondem. Mas também é disciplina "uma aula informal na qual os estudantes procuram aproximar-se corporalmente do que lhes interessa". Não obstante, as dificuldades para fazê-los entender às vezes são inumeráveis e impensadas. Recordamos uma classe de vinte alunos do primeiro ano que, quando trabalhavam psicodramaticamente, haviam se acostumado a se colocar da forma já mencionada: punham as cadeiras ao redor do cenário. Gostaram tanto da inovação que decidiram adotá-la mesmo quando se utilizassem os métodos tradicionais de ensino. Fizeram-lhe apenas uma pequena modificação: em vez de círculo, formavam um semicírculo com o quadro-negro à frente. As dificuldades começaram quando os alunos propuseram aos outros professores essa nova disposição. A maioria se negou, dizendo que a inovação era desnecessária. O "problema" chegou até a sala dos professores, onde se conversou sobre ele mas foi impossível chegar a um acordo. Os alunos decidiram então se situar tradicionalmente com "a maioria" e da forma escolhida por eles com "a minoria". Chegou então a queixa do preceptor, que dizia que com tantas mudanças os alunos faziam muito barulho ao mudar as cadeiras de lugar. A essa altura dos acontecimentos e depois de várias semanas, os adolescentes, desesperados para encontrar uma solução, conversaram com o professor psicodramatista. Estavam desanimados, não entendiam as razões de tanto alvoroço e desencontro, e lhe perguntaram por que os adultos eram tão complicados... O professor ainda recorda os olhares confusos de 12 e 13 anos que o deixaram pensativo.

O incidente terminou quando "a minoria" concordou em trabalhar da forma escolhida e depois acomodar tudo novamente para as aulas seguintes. Afastando-nos do valor anedótico dos fatos, analisamos suas causas e acreditamos que historicamente sucederam-se deste modo: 1) busca adolescente de novas formas; 2) seus desejos de generalizar o achado; 3) posições adultas opostas e rivais; 4) acordo temporário; 5) inversão de valores: a "disciplina" superior à inovação; 6) confusão adolescente diante da impossibilidade de um acordo geral.

Nossa conclusão final é que o que mexeu profundamente com todos os participantes daquele incidente foi o medo da mudança que, embora aparentemente fosse formal, estava sintetizando uma fuga da estrutura piramidal. A mudança de posição geraria mudanças na relação ortodoxa de professores e alunos e levaria a uma reformulação muito profunda dos papéis comprometidos na situação.

As rígidas posições adultas são as que mais nos preocupam; elas desanimam muitas vezes e separam caminhos que deveriam unir-se. Depois não nos assombramos diante da violência adolescente que deseja mudar até os alicerces da escola argentina.

Diretor

Este papel é cumprido pelo professor que dita habitualmente a matéria, e as funções específicas são as de todo diretor de psicodrama: aquece a audiência, detecta o protagonista, organiza as diferentes seqüências, percebe os possíveis papéis a representar, indica as ordens aos auxiliares, coordena os comentários posteriores à dramatização.

As ordens são indicações – linhas ou orientações, segundo Romaña – que o diretor expressa aos auxiliares e estes corporificam mediante papéis, atos ou imagens. Para exemplificar, relataremos uma dramatização cujo tema era o juramento da bandeira realizado por Manuel Belgrano. Esse papel – interpretado por um aluno – dirigia uma arenga à tropa com palavras vibrantes e emocionadas. Não obstante, o diretor percebia diferentes dados proporcionados pela atitude corporal dos soldados: carentes de marcialidade, inibidos, sentia-os fora do papel; então se aproximou do ego-auxiliar e lhe indicou em voz baixa que entrasse na ação, representando o papel de tambor do exército. O auxiliar compôs espontaneamente um soldado muito jovem, um adolescente quase, que ao soar seu tambor aproximou-se de Belgrano com arrogância militar. Trazia sob o braço uma suposta carta, em que as guardas avançadas do exército patriota alertavam sobre o avanço dos realistas. Belgrano comunicou a novidade à tropa. Esta, presa de desapontamento, ansiedade e nervosismo ante a iminência do choque armado, começou rapidamente a organizar-se, dando ordens, contramarchas, toques de clarim. Tudo ganhou vida, animação, realidade.

O diretor – observador atento que se coloca fora do cenário –, mediante uma ordem realizada por seu ego-auxiliar, havia conseguido mobilizar essa imagem histórica hierática e infantil que quase todos nos recordamos ter observado em nossos textos escolares.

Nossas ordens foram variando com o tempo; no princípio eram mais precisas e delimitadas e sempre em voz baixa. Atualmente, são muito gerais e amplas, e o tom de voz empregado depende das circunstâncias.

A prática assídua do psicodrama pedagógico foi polindo em nós uma das maiores dificuldades que encontramos ao dirigir uma aula psicodramática: a ansiedade do diretor. Ela não nos permitia manejar com tranqüilidade a espera das buscas preliminares e as expectativas dos alunos. É com esse material didático que devemos trabalhar – e não com o que nós fantasiamos que surgirá. Às vezes coincidem ambas as situações e, logicamente, trabalha-se com elas, mas nem sempre sucede assim. O professor e os alunos conhecem o tema educativo que se está desenvolvendo, mas as aproximações dele, as inquietações que desperta, são diversas e muitas vezes até surpreendentes. Coordenar espontaneamente tudo isso – entendendo a espontaneidade em seu conceito moreniano –, e além disso "criar" com frescor, com agilidade, com esforço cuidadoso, com respeito pelas imagens alheias, é o que produzia em nós uma situação confusa: por um lado nos paralisava e, por outro, nos aumentava a ansiedade. Evidentemente, nosso primeiro objetivo deve ter sido dirigir "magistralmente", o de agora é menos pretensioso e mais real: dirigir com maturidade. Isso configura uma ideologia do que pensamos que deve ser o papel do diretor-professor: alguém que pode combinar estrategicamente as contribuições que provenham de sua audiência – alunos, acrescentando somente os reforços necessários. O professor ortodoxo, por sua vez, tende a dar suas contribuições ele próprio, já que honestamente considera que são as únicas com valor real.

Desta maneira, o ensino provoca muito menos ansiedade porque os elementos que se conjugam são: 1) professor – traz o conhecimento; 2) aluno – aceita-o passivamente. Dinâmica escassamente ansiógena é certo, mas insuportavelmente onipotente, humilhantemente dependente e germinadora prolífera de empobrecimento e desgastes.

Outra dificuldade que nos custou vencer no papel de diretor foi a inclusão do ego-auxiliar nas dramatizações escolares. Tínhamos dois tipos de dificuldades: institucionais e pessoais.

Com respeito às institucionais, todos os docentes que lerem este trabalho conseguirão imaginar facilmente os entraves administrativos que podemos encontrar, embora seja esporadicamente outro professor que queira colaborar *ad-honorem* em uma tarefa docente. Esses entraves variarão conforme o estabelecimento e a relação pessoal que se tenha com ele.

Quanto às dificuldades pessoais, se fundamentavam, sobretudo, no manejo primário e inábil das rivalidades e da insegurança da equipe, somado às diversas ocupações e horários de cada professor, o que tornava difícil um acordo.

Enquanto as dificuldades se mantiveram, utilizávamos algum aluno da classe para que nos ajudasse. Com respeito a esta situação, analisá-la-emos mais detidamente quando falarmos especificamente do papel do ego-auxiliar.

À medida que progredia nosso treinamento, fomos vivenciando profundamente a necessidade que o diretor tem de estar acompanhado por um ego-auxiliar treinado. Havíamos hierarquizado desmedidamente um papel – diretor – em prejuízo do outro – ego-auxiliar; um equívoco corrente que vimos suceder também em outros grupos de treinamento para professores que hoje temos sob nossa responsabilidade.

Nossa experiência de equipe nos fez pensar que em psicodrama pedagógico o par diretor–ego-auxiliar é composto por papéis com a mesma hierarquia e importância; são como as pernas do ser humano. O diretor conhece os fios totais da dramatização, é quem possui a visão global da situação. Isso – que está dentro das características específicas do papel – não deve nos levar à confusão de que o diretor é mais importante que o ego-auxiliar, mas são papéis complementares. Sabemos que outros psicodramatistas pensam diferente; nossa conclusão talvez seja explicada por nossa própria história: começamos todas juntas, formávamos diferentes equipes alternando os papéis, crescemos igualmente e, hoje, quando as aulas se realizam de forma privada, dividimos eqüitativamente os honorários.

Ego-auxiliar

De alguma maneira já fomos delineando este papel no tema anterior. O ego-auxiliar é quem executa as ordens, mas também é quem interage criativamente com os outros papéis em ação.

Enquanto o diretor coordena as contribuições prévias à dramatização, o ego-auxiliar se coloca fora do cenário e mantém uma atitude atenta a tudo que se sucede. Outras vezes também participa com suas contribuições verbais, mas sempre respeitando a linha condutora do diretor.

A situação espacial do ego-auxiliar nesse momento da aula varia conforme seu número; se trabalha um só, coloca-se perto do diretor; se há dois egos-auxiliares, um se situa como na situação anterior, e o outro pode fazê-lo mais livremente. O importante é não ficar desligado do diretor.

Utilizamos um ego-auxiliar nas escolas e dois nos grupos de treinamento para professores. A razão? Obedece a causas práticas. Nas escolas, a presença do auxiliar nas aulas não é constante, já que seria impossível pedir a um professor que nos ajudasse permanentemente ocupando o cargo *ad-honorem*. Muitas vezes pudemos prever quando dramatizaríamos e então pedimos com antecipação aquela presença. Outras nos resignamos a realizar dramatizações defeituosas, nas quais o papel ausente foi coberto pelo diretor ou por algum aluno. Romaña analisou tais situações:

> Em caso de ausência do ego-auxiliar ocorre que o diretor se vê obrigado a: 1) verbalizar o que devia ser instrumentado em papéis; 2) tomar o papel da parte ou personagem que sente que deve ser atuada; 3) delegar a um aluno o papel de auxiliar para o qual não está capacitado, criando além disso uma situação de preferência que o confunde e confunde o grupo. Arbitrando qualquer destas soluções já não se pode falar de psicodrama em termos estritos.

Muito diferente é, por sua vez, a situação nos grupos de treinamento para professores: ali a presença dos auxiliares é permanente, quer se dramatize quer não. Existe um contrato de trabalho, acordado previamente com o grupo, que assim o garante.

A prática do papel nos fez sistematizar alguns conceitos:

1. Representar um papel de forma apressada pode nos levar a cometer erros; deve-se tomar o tempo necessário para o próprio aquecimento.
2. Cumprir rigidamente uma ordem tira espontaneidade à interação; essa liberdade só é obtida à medida que o ego-auxiliar começa a confiar em suas percepções corretas e a perceber e modificar as incorretas.
3. É um papel que exige um absoluto compromisso corporal, o que se consegue por meio de um conhecimento minucioso do próprio corpo, de suas perguntas e respostas, de sua linguagem. Isso permite captar, integrar e transferir as mensagens explícitas e implícitas dos demais.
4. É uma tarefa que auxilia, apóia e reforça a ação psicodramática, mas cuidando sempre de não invadi-la e de não adiantar-se a ela. Isso desencadearia uma inversão de papéis: o ego-auxiliar se transformaria em protagonista.

O diretor às vezes utiliza o ego-auxiliar para aquecer a audiência. Para exemplificar essa situação recordemos a primeira aula de um curso de treinamento para professores. A inibição dos alunos era muito grande, mas a curiosidade de saber como era o psicodrama pedagógico não ficava atrás. A conversação que se originou entre o diretor e a audiência fez com que surgisse o tema que centralizava os interesses. Os alunos decidiram situar a ação em um velho edifício pronto para ser derrubado. Quando o diretor perguntou quem se animava a passar para o cenário e realizar o papel de pedreiro, somente se ouviu um pesado silêncio. Eram claros o temor do ridículo, o medo, a vergonha. O diretor esperou um momento mais e depois deu ao auxiliar a ordem de realizar o papel tão temido. O auxiliar começou assobiando um tango entre dentes, a derrubar uma parede com sua picareta; de costas para a audiência, sentia que cada movimento que realizava com seu corpo ajudava a desentorpecer o corpo dos alunos; percebia que cada golpe que supostamente dava sobre os tijolos desfazia outros "tijolos": os do medo, os da resistência.

Depois de alguns minutos de tarefa, o diretor disse à audiência que, se outros pedreiros desejassem ajudar, que o fizessem. Lentamente foram chegando ao cenário e, espontaneamente, se dinamizou a ação. Organizou-se o grupo, uns com picaretas, outros transportando os materiais, outros descansando à sombra... O aquecimento havia sido realizado.

Nos grupos de treinamento também constatamos que o trabalho dos auxiliares começa a decrescer quantitativamente à medida que os alunos vão introjetando a metodologia e esquecendo os temores. Os papéis propostos são aceitos facilmente, e os auxiliares são reservados pelo diretor para representar situações determinadas ou certas técnicas das quais falaremos mais adiante.

Cenário

Antes da dramatização, o diretor e a audiência combinam o lugar sobre o qual se desenvolverá a ação psicodramática; a delimitação física é muito importante porque, dentro desse espaço, tudo será "como se" sucedesse realmente. Os alunos ali representarão inúmeros papéis, infinitas situações; fantasias e realidade terão a oportunidade de se mesclar ou dissociar, o conhecimento tomará mil formas e sugerirá corporificações, afetos, dúvidas. É necessário então demarcar nitidamente esse lugar tão especial para que todos saibamos onde começa e onde termina esse mundo.

Nas salas de aula o cenário é marcado com giz. Se os bancos são móveis, convém colocá-los rodeando o cenário.

Se são fixos, o único lugar disponível para assinalá-lo é a zona chamada "a frente".

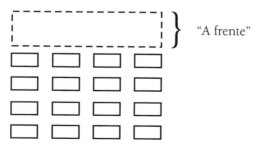

A forma pode ser variável; é aconselhável que, uma vez escolhida uma, ela seja mantida sempre, já que esse espaço se introjeta em cada participante do fato psicodramático e as mudanças contínuas provocariam confusões.

As dimensões estarão condicionadas pelas salas de aula; é preferível um cenário grande a um pequeno.

Muito diferente é a situação nos grupos de treinamento para professores, já que a Associação Platense de Psicoterapia possui uma sala de aula com um cenário retangular que sobressai dez centímetros. A audiência senta-se em bancos móveis de plástico de várias cores, formando um semicírculo.

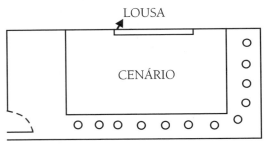

Luzes

Com respeito à utilização de luzes no cenário, trabalhamos pouco com elas; não por desconhecer seu valor, mas porque torna-se óbvio esclarecer que nas escolas é impossível contar com esse material. Em nosso treinamento observamos que Bustos as utiliza permanentemente e vivenciamos sua enorme utilidade. Talvez um pequeno exemplo possa esclarecer seu manejo: em uma classe, o tema a dramatizar resultou "a árvore". Uma aluna antecipou seu desejo de corporificar esse papel tal como ela o sentia. Acompanhada de uma luz muito tênue que predispunha à concentração, encolheu-se no chão um momento. Depois, lentamente, começou a buscar diferentes posturas, até que encontrou uma, tétrica, com os braços abertos e os dedos rígidos e estendidos. Nesse momento, uma fria luz azul banhava essa imagem – que nos comentários posteriores a audiência reconheceu como o inverno –, com toda sua obscuridade e desolação, sua falta de calor, sua nudez. Posteriormente, a aluna continuou a dramatização, mas a única coisa que quero destacar aqui são os comentários do protagonista e da audiência com respeito às luzes: elas haviam favorecido a rápida entrada no papel, os participantes puderam focalizar imediatamente a atenção, haviam sentido frio etc.

Material didático auxiliar

Nos treinamentos às vezes utilizamos diferentes elementos para diversos fins, como suprir ou reforçar a expressão verbal e distender o campo tenso para poder trabalhar em campo relaxado.

Fundamentalmente o utilizamos no primeiro caso.

Um dos jogos didáticos foi idealizado por Romaña e é um conjunto de cartolinas de diversas formas, criadas com combinações entre linhas curvas, de preferência, e algumas retas.

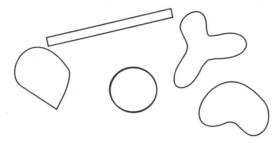

As cores são variadas; algumas cartolinas são reversíveis, com tons similares ou diferentes. Utilizamos esse material sobretudo para reproduzir imagens reais.

Exemplo: Um grupo de professores falava de seus respectivos colégios. Paula, que trabalhava em uma escola diferenciada, mostrou inquietação quanto às dificuldades que encontrava em seu grupo escolar para harmonizar idades dessemelhantes e diferentes quocientes intelectuais. Diante de reiteradas perguntas de suas companheiras, que desejavam conhecer mais profundamente a problemática exposta, o diretor ofereceu as cartolinas a Paula, pedindo que trabalhasse da seguinte maneira: seus alunos estariam corporificados pelo material didático; a forma, o tamanho, a cor e a situação do cenário seriam decididos por

Paula. Esta ficou alguns momentos sentada sobre o "como se" e rodeada pelo material. Com uma profunda atitude reflexiva (pela qual às vezes cruzava um sorriso), foi escolhendo e acomodando seus alunos no cenário à medida que contava as dificuldades, os progressos e a história de cada um. Lentamente, cada cartolina teve seu nome próprio e sua carga afetiva.

Os alunos e a equipe acompanhavam com expectativa o trabalho, solicitando de vez em quando alguns esclarecimentos.

A essa altura da aula, foi realmente notável o nível emotivo que se havia alcançado; era como se realmente estivéssemos com essas crianças e as percorrêssemos por dentro.

Paula escolheu, finalmente, com bastante dificuldade, uma última cartolina, que a representava, e colocou-a entre as outras.

Depois, olhou silenciosamente sua obra e disse apenas, entre confusa e emocionada: "Nunca havia pensado em quanto os conheço... e em como gosto deles".

Ao reforçar suas palavras, o material didático ajudou Paula a revalorizar em profundidade seu grupo escolar e sua relação com ele; tudo isso, por sua vez, pôde ser objetivado e compartilhado por seus companheiros de treinamento, os quais devolveram a Paula – em forma de comentários, de sugestões, de inquietações – o que receberam dela. Desse modo, talvez, se fechava o ciclo nutritivo que alimenta e revitaliza o mestre argentino, às vezes desanimado e sempre necessitado de comunicação.

Outro recurso didático são peças de acrílico transparente de várias cores; as formas são duas: cilindros ocos com bordas dentadas e placas lisas com encaixes. Podem encaixar-se umas nas outras, o que permite realizar infinitas construções. O material de que essas peças são feitas e suas cores possibilitam o livre jogo da fantasia e a abstração, por isso as utilizamos fundamentalmente para representar imagens simbólicas.

Momentos da dramatização

Os momentos são três e se sucedem nesta ordem: 1) aquecimento; 2) dramatização; 3) comentários.

1. Aquecimento: assim como os executantes de uma orquestra antes de interpretar uma partitura musical afinam seus instrumentos, todas as pessoas que confluirão no processo psicodramático necessitam de uma acomodação prévia.

Correntemente, no exercício da docência, muitas vezes nós, professores, sentimos essa "zona fria" que se produz no momento de começar uma aula. É como se entre nós e os alunos existisse um gelo sutil que deve ser rompido. Como? A maioria o "resolve" negando-o e compulsivamente começa a desenvolver um tema ou a avaliá-lo. É certo que vivemos aprisionados em 45 minutos e com classes superlotadas, mas saltamos por sobre essa "zona fria". Saltamos mas não a transformamos. Ela existe, se arrastará silenciosamente, dificultará o começo dessa aula, que deve ser cálida e clara, tornará mais lentas as mútuas correspondências entre o par educativo. É uma conexão forçada, é uma tensão escolar não resolvida; de tanto vivê-la assim, terminamos acreditando que não existe.

O psicodrama pedagógico contempla e assume esse momento, dividindo o aquecimento em aquecimento inespecífico e aquecimento específico.

O primeiro corresponde ao momento do início da aula, no qual o professor, mediante perguntas ou comentários de seus alunos, percebe o estado de seu grupo, suas inquietações, suas necessidades ou não de dramatizar algum tema que os tenha mobilizado. Isso pode ser motivado também pelo comentário de um texto que estejam analisando, um fato da vida escolar que os preocupe – os exames, por exemplo –, uma dificuldade grupal relacionada com um conhecimento determinado etc.

O aquecimento específico se realiza quando surge o protagonista, que assume essa necessidade de ação. Uma técnica utilizada para ativar esse momento é a de caminharem juntos – diretor e protagonista – sobre o cenário, enquanto conversam e delimitam o papel a representar, o lugar e o momento em que se desenvolverá a ação psicodramática.

2. Dramatização: abrange a ação realizada pelo protagonista e os eventuais papéis complementares coordenados pelo diretor. Essa ação morre quase por si só, quando sua motivação foi satisfeita.

3. Comentários: nessa etapa, os alunos e a equipe técnica trocam idéias sobre o que viveram, sobre o que observaram na audiência, sobre o que sentiram nos papéis. É a elaboração final e conjunta de todos os participantes, chamada por Moreno de catarse de integração.

O tempo de duração de cada etapa é muito flexível. Se trabalhamos em duas horas-aula, evidentemente teremos maior comodidade e possibilidade de extensão; nessa situação determinada nos ocorreu muitas vezes que o recreio fosse evitado por pedido expresso dos alunos.

Se trabalhamos em uma hora-aula, o diretor deverá levar o fator tempo em conta, procurando sintetizar o processo. Isso custa muito no princípio, já que se deve respeitar o tempo do protagonista. Coordenar essas variáveis requer treinamento e prática.

Níveis da dramatização

Romaña trabalha intensamente esse tema, preocupada fundamentalmente em sistematizá-lo e objetivá-lo. A autora possibilita assim que a transmissão desse conhecimento, que nós consideramos essencial, possa ser realizado.

Por níveis de dramatização entendemos os diferentes estágios em que pode desenvolver-se a ação psicodramática. São caminhos pelos quais podemos aproximar o conhecimento do aluno para sua maior compreensão.

As possibilidades são três: 1) nível real; 2) nível simbólico; 3) nível de fantasia.

1. Nível real: a dramatização situa-se no plano da experiência dos alunos; eles exteriorizarão o que *intuitiva* ou *emocionalmente* sabem do tema. Em geral, essa primeira aproximação do conhecimento carece de espontaneidade e de riqueza. As ações psicodramáticas sucedem-se "como devem ser". Aqui, sempre corroboramos a existência desse "saber quieto", "como de livro", carente de profundidade, de vida, e temeroso de modificações. O diretor então procurará dinamizá-lo mediante novas associações dos alunos ou utilização do auxiliar. Aparecerão então matizes afetivos que conotarão o conhecimento tal como o grupo o vivencia. Quando isso tiver ocorrido, o diretor deterá a ação, dando ocasião aos comentários. Posteriormente, proporá dramatizar o mesmo tema, mas no estágio seguinte.

2. Nível simbólico: aqui os alunos elaboram *conceitualmente* o que sabem, isto é, simbolizam abstraindo os elementos generalizadores do conhecimento em questão. Para consegui-lo, quase sempre utilizam imagens estáticas ou cinéticas. Esse momento é de suma importância no processo de toda aprendizagem, já que acrescenta aos estudantes o poder de sintetizar e de distinguir o fundamental do acessório. Cumpridas essas necessidades, os comentários completam a elaboração do conjunto.

3. Nível de fantasia: enriquecido e garantido o conhecimento nos momentos anteriores, os alunos poderão prová-lo, aplicando-o a situações novas ou associando-o a outros conhecimentos. Por isso Romaña diz que essa aproximação é funcional. A possibilidade de cobrir este último nível garante, evidentemente, o compromisso grupal.

O esquema seguinte representa graficamente o exposto.

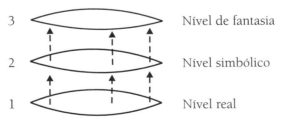

Exemplo: os alunos propõem a dramatização de um tema de física: a alavanca[4].

---

4. No tema *ego-auxiliar* explicado anteriormente, relatamos o início da aula para exemplificar o aquecimento; agora o fazemos para mostrar o nível real.

Dramatização em nível real: os alunos armam uma cena na qual se encontram vários pedreiros trabalhando, os quais derrubam uma parede. Compram víveres, fazem um assado, gracejam.

Um ego-auxiliar no papel de carrinho de mão e manipulado por outro operário aparece em cena. Carregam nele supostos tijolos que devem ser transportados até um caminhão. As complicações começam quando os pedreiros se dão conta de que o fim da jornada de trabalho se aproxima e não concluíram a tarefa. Começam então, apressados, a depositar cada vez mais tijolos sobre o carrinho de mão. Em determinado momento, o operário encarregado dele não pode levantá-lo devido ao seu peso. Vem o capataz José e lhe explica que, se o levantar utilizando outra posição corporal ou aumentar os cabos, o problema desaparecerá. Solucionado o inconveniente, prossegue a tarefa. Esta se vê novamente interrompida quando, devido à excessiva carga, o carrinho de mão tem sua roda quebrada.

Os comentários posteriores dos alunos e do professor esclarecerão diferentes problemas físicos ocorridos e vividos.

Dramatização em nível simbólico: José constrói uma imagem estática, enquanto seus companheiros corporificam os diferentes elementos que configuram a alavanca: a barra, o ponto de apoio, a potência e a resistência.

O diretor indica ao protagonista a troca de papéis e, a partir daí, seus correspondentes solilóquios. O aluno integra dessa maneira as diversas partes, o que sente nelas, as correspondências respectivas. Motivado, José desenha depois no quadro-negro diferentes gêneros de alavanca e os participantes discutem as diferenças entre umas e outras.

Dramatização em nível de fantasia: a essa altura da aula, José, que era um apaixonado pela física, dramatiza com um companheiro diferentes situações nas quais utiliza a alavanca, diferentes golpes de judô etc.

Microdramatizações

São pequenas dramatizações realizadas em nível simbólico, cuja duração oscila entre 15 e 20 minutos. Geralmente são realizadas para recordar conceitos já conhecidos e necessários para desenvolver temas correlatos; também as utilizamos para avaliar rapidamente um conhecimento.

Exemplo: em uma aula de literatura espanhola do 4º ano, um aluno foi interrogado verbalmente pela professora sobre o tema do dia: *El mío Cid*. Não soube responder, manifestando que havia estudado mas tinha dificuldade para expor o assunto.

Por instâncias da professora, que lhe solicitou que enumerasse os sentimentos mais importantes que apareciam nessa obra literária, o aluno construiu, com vários de seus companheiros, uma imagem simbólica. Nela apareceu El Cid centralizando o espaço e rodeando-o a diferentes distâncias, alturas e posturas a honra, o poder real, a amizade, a inveja, o amor, a religião. Construí-la lhe exigiu certo esforço, já que teve de sintetizar o conhecimento, corporificá-lo e fundamentá-lo espacial e verbalmente; a professora pôde, por sua vez, modificar alguns conceitos errôneos. A avaliação foi realizada em conjunto.

Técnicas psicodramáticas

É o diretor quem sempre as indica. As mais usadas são: inversão de papéis, rotação de papéis, solilóquio, interpolação de resistências e dublê. Quase não utilizamos o espelho, pois o consideramos muito persecutório.

Inversão de papéis: consiste em que o protagonista troque o papel que está representando com seu(s) complementar(es). Logo se volta à posição inicial.

 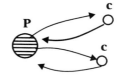

Rotação de papéis: é utilizado quando o protagonista é *todo* o grupo que está dramatizando; consiste em ir trocando de papéis sucessivamente até voltar à posição inicial.

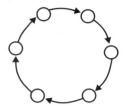

Solilóquio: realiza-se dizendo em voz alta o que se está pensando e/ou sentindo.

Interpolação de resistência: é realizada pelo ego-auxiliar; consiste na modificação inesperada da cena exposta pelo protagonista. Alguns momentos antes de sua utilização, costumamos informá-la ao auxiliar, para que ele possa se aquecer para realizá-la.

Dublê: é realizado pelo ego-auxiliar, o qual assume a atitude corporal e afetiva do protagonista, mas manifesta tudo que este não expressa.

Exemplos analíticos

Aula de geografia: 2º ano
Duração: 45 minutos
Microdramatização: 15 minutos
Aula de geografia da Europa: relevo

Em uma aula de geografia da Europa sobre relevo, observo que o grupo não se recorda das diferenças fundamentais das diversas formas de relevo (tema de geografia do 1º ano).

Proponho então, como revisão, uma microdramatização. Detecto o protagonista que, uma vez situado no cenário, constrói, com imagens estáticas, as diferentes formas de relevo do continente europeu: assim, no centro do cenário, cinco alunas, com os braços para cima, assumem o papel de montanhas novas; o espaço livre entre cada uma delas simboliza os vales entre as montanhas.

Várias alunas de mãos dadas, mais baixas que as anteriores, se situam em outro extremo do cenário, corporificando relevos mais antigos. Os lugares ocupados pelas planícies são assumidos por alunas que, inclinando o tronco, exemplificam esse relevo plano, em contraposição às montanhas escarpadas e novas.

Por indicação do diretor, os diferentes grupos realizam seus respectivos solilóquios, verbalizando as principais características do relevo que representam.

O protagonista assume os diferentes papéis, trazendo com seus comentários novos elementos conceituais.

Nessa oportunidade, a imagem estática permitiu à audiência perceber nitidamente as diferentes formas de relevo do continente europeu e, por meio de seus comentários, se enriquecer e fixar os conhecimentos apreendidos com a informação tradicional.

Aula de história argentina: 3º ano
Duração: 90 minutos

Dramatização

Em uma aula de história argentina, devia-se recapitular o período histórico compreendido entre os anos 1813-1815. Os temas dados abrangeram a criação da Assembléia até a queda de Alvear pela Revolução Federal de 1815.

Começa o aquecimento específico, quando se lê no curso uma carta de Alvear ao rei da Espanha, na qual aquele manifesta sua oposição ao movimento revolucionário de maio. Percebo nas alunas dúvida e desconcerto ante o que consideram a ambivalência de Alvear.

Surgem as perguntas: era um traidor? Por que a oposição a San Martín? Está a serviço do rei da Espanha? Por que escreve essa carta ao rei?

Diante da expectativa crescente sobre sua atuação e personalidade, proponho uma dramatização, que é aceita unanimemente.

Detecto a protagonista, a qual não só manifestou de forma verbal seu desconcerto mas também com sua atitude corporal, já que se levanta da cadeira, vai ao centro da sala de aula e discute com suas companheiras.

A aluna, por instâncias do grupo, propõe dramatizar o momento em que Alvear redige a carta.

Nível real

O diretor, pondo uma das mãos no ombro da protagonista, percorre com ela o cenário.

Ana Lia especifica que a dramatização se realizará na biblioteca de sua casa particular em Buenos Aires e propõe um diálogo entre Alvear e sua esposa, momentos antes de escrever a discutida carta.

Cecília, da audiência, se oferece para assumir esse papel.

A crescente ansiedade de Alvear faz que este percorra incansavelmente o "como se" com passos nervosos e desiguais. O cenário parece aumentado em sua pequena dimensão real.

Fala sozinho, como se ninguém o escutasse, ignorando a presença de sua esposa. Suas lembranças se sucedem, às vezes de forma desalinhada. Percebem-se em suas palavras os diferentes estados anímicos pelos quais vai passando: temor, cobiça, angústia em relação ao desconhecido, incerteza quanto ao futuro.

A aluna-esposa assume um papel secundário e fala de forma obsessiva: o que faremos? Só nos resta voltar à Espanha!

Como corolário, Alvear escreve a carta em que expressa ao rei da Espanha seu desejo de pôr-se sob suas ordens.

O diretor propõe a troca de papéis. A esposa assume o papel de Alvear e este o de sua esposa.

Repete-se a situação anterior, sem modificar-se a estrutura fundamental. Chegam às mesmas atitudes psicofísicas.

Interrompida a ação, fazem-se os comentários gerais sobre o que sentiu e pensou a audiência durante a dramatização. Viram, segundo suas palavras: "Desfilar pelo cenário, assumindo quase forma humana, a cobiça, o poder, o temor, a incerteza".

Nível simbólico

Depois de acalorada discussão, a audiência resolve simbolizar a cobiça e a coisa cobiçada, que foram consideradas os emergentes mais importantes da dramatização real.

Ana Lia assume o papel da cobiça, com as mãos estendidas para a frente, e, com uma atitude de súplica e de necessidade de possuir, procura apoderar-se da coisa cobiçada.

Nível da fantasia

O diretor pergunta às alunas em que momentos da vida real pode-se perceber a cobiça que foi o eixo da dramatização.

A audiência propõe um jogo de cartas, em um aposento sórdido. Uma aluna cria o ambiente: uma mesa, seis cadeiras, seis rapazes, uma lâmpada.

Começa o jogo em silêncio. Um deles só quer ganhar, e isso se torna uma obsessão que se manifesta em sua inquietação crescente, no movimento de suas mãos nervosas, na cobiça refletida em seus olhos angustiados. Termina assim a aula em um profundo silêncio.

Surgem os comentários da audiência. Relaciona-se a atitude de Alvear com o jogo de pôquer: nas duas situações, em momentos desesperados, jogava tudo em uma só carta.

Neste terceiro momento da dramatização, conseguiu-se aplicar o conhecido na vida real e associá-lo ao conhecimento adquirido.

O grupo de alunos pensou que a atitude de Alvear pudesse ter sido motivada por determinado sentimento.

Independentemente disso, o importante é que provocou nas alunas o sentimento de uma profunda atitude crítica e cognoscitiva que as levou, em aulas posteriores, a investigar a personalidade de Alvear e sua atuação na história argentina.

Aula de história argentina: 3º ano
Duração: 40 minutos

Dramatização

Escolhi como exemplo esta dramatização sobre o Congresso de Tucumán pelas dificuldades de elaboração que manifestaram os alunos no momento de conceituar a declaração da independência, que consideraram um fato sem importância, sem grandes dificuldades, sem compromisso da parte dos congressistas.

Detecto o protagonista que, uma vez no cenário, situa os bancos de forma circular, no salão em que se realizará a reunião dos congressistas, e escolhe os alunos que desempenharão o papel de deputados. Estes se situam nas cadeiras respectivas, dizendo seu nome e o da província que representam.

Um profundo silêncio domina a sala. Os alunos-deputados não podem decidir qual é o tema a ser discutido no Congresso. Confundem-se e contradizem-se. Cada aluno faz um solilóquio, que demonstra a ansiedade, o temor, a dúvida e a responsabilidade. A audiência acompanha interessada o processo. Os alunos dos últimos bancos se aproximam do cenário e se situam ao lado dos congressistas, para apoiar suas palavras.

A atitude física dos alunos é muito importante. A cabeça inclinada, os ombros para a frente, tornam manifesto o cansaço, a depressão que os invade. Não se enganam como no começo da dramatização.

Indico troca de papéis e solilóquios. Uma vez que decidiram por unanimidade declarar a independência, a angústia corporal anterior deu lugar a uma atitude mais livre e descontraída.

Nível simbólico

Agachados com a cabeça entre as pernas, os alunos constroem uma barreira. Esta desaparece pouco a pouco e os alunos se levantam, até encerrar a dramatização, erguidos, com a palma das mãos no alto.

Em revisões escritas posteriores, pude observar que esse grupo de alunos, que com ironia e incredulidade havia enfrentado o tema da liberdade, chegou a entendê-lo e aprofundá-lo.

Aplicação de integração corporal à nossa tarefa

Remetemo-nos naturalmente à explicação da própria Mercedes Bini sobre o sentido último desta disciplina mas, em compensação, pudemos avaliar, como alunos desse curso, seguido principalmente para nossa formação psicodramática, a importância de nos aproximarmos da referida disciplina, já que como adultos assumimos lentamente nosso corpo. Saber dele, saber de nós por meio dele e, o mais fascinante, saber do outro.

Quantas vezes depois de uma aula refletíamos até que ponto nossa educação e cultura nos havia deformado a ponto de esquecermos a maravilhosa harmonia dessa unidade impropriamente chamada de corpo-mente. E dizemos impropriamente chamada porque é a própria linguagem que nos leva também a aceitá-los como divididos. Provavelmente, e indo um pouco mais além em nossa reflexão, a aparente dicotomia foi iniciada como defesa do indivíduo ante as mil circunstâncias em que isto que é viver nos submerge repetidas vezes em suas profundezas.

Mas nós somos conscientes da alegria, quase diríamos primitiva, em que nos submergíamos uma ou outra vez durante o ano, naquelas aulas. Com esse enriquecimento pessoal pudemos realizar tarefas em que nosso corpo cumpriu um papel importantíssimo, e nas quais a comunicação teve uma nova forma, talvez mais profunda que a verbal.

Percebemos a mudança imediatamente, na convivência com nossos próprios alunos.

Assim comprovamos como, em determinado momento, uma das mãos colocada no ombro ao mesmo tempo que chamávamos a atenção sobre algo era mais amplamente recebida que um longo discurso com o mesmo objetivo. As distâncias se encurtavam e a compreensão adquiria relevos nítidos (mensagem muda).

Em uma das aulas de treinamento para professores, com Romaña como diretora, duas de nós atuávamos como egos-auxiliares. O papel que nos correspondeu representar foi em nível exclusivamente corporal.

O tema que havia surgido era a tão famosa dificuldade de aproximação e, por conseguinte, de entendimento, que existe entre os professores e a direção de qualquer escola.

Dos vários comentários feitos pela audiência, emergiu claramente que uma das dificuldades principais para conseguir uma boa e eficiente comunicação com a diretoria era que esta assume toda a responsabilidade burocrática que termina por envolver o professor e atar-lhe as mãos, impedindo-o assim de realizar algo diferente ou renovado na tarefa educativa.

Ante a pergunta de um dos professores sobre o que se poderia fazer para melhorar essa situação, fez-se um longo silêncio, mergulhados todos em reflexões talvez bastante pessimistas.

Foi então que Romaña nos fez passar ao cenário com a ordem de dramatizar, sem verbalizar, a relação de um diretor com todos aqueles obstáculos que o impediam de realizar uma verdadeira tarefa de orientação pedagógica.

Uma das auxiliares começou interpretando o papel de diretor, caminhando pelo cenário lenta e pausadamente, com ar de preocupação. O outro auxiliar, no papel de obstáculo, cruzava seu caminho, pondo-lhe primeiro um pé como entrave, depois chocando-se levemente contra ele, fazendo-o cambalear. Os corpos iam e vinham, mostrando cada vez maior rigidez e compulsão no movimento dos ombros, das pernas e dos braços, até que o ego-obstáculo enlaçou quase totalmente o ego-diretor, caindo ambos, travando uma verdadeira luta. Em meio a toda resistência conseguiram pôr-se de pé e, nesse momento difícil, o ego-obstáculo levantou no ar a diretora, gi-

O PSICODRAMA - APLICAÇÕES DA TÉCNICA PSICODRAMÁTICA 165

rando-a violentamente e mantendo-a nessa posição durante vários segundos.

É necessário esclarecer que existia uma diferença física que aparentemente não teria permitido um postura tão inverossímil e difícil de realizar. Isso surpreendeu a nós mesmas como capacidade valorativa do entendimento corporal.

Segundo os comentários que suscitou, constituía um verdadeiro confronto de forças. Para nós, foi a prova definitiva de nossa compreensão do papel realizado exclusivamente por meio do corpo.

Como, apesar de tudo, a "aparente" luta prosseguia, a ação foi cortada quando ainda nem obstáculo nem diretor podiam desprender-se, dado que continuavam tão entrelaçados quanto no princípio.

Nos comentários subseqüentes, viu-se como na vida diária da escola não é nada fácil manifestar liberdade criadora. Pelo menos tal como está estruturado, o ensino em nível ministerial – com programações feitas sem levar em consideração a realidade – se torna cada vez mais difícil, principalmente devido a infinitas novas circulares e mais regulamentações.

A nova ordem foi corporificar a situação invertida: apoio e cooperação em relação ao diretor e sempre sem verbalizar.

Os movimentos com que as egos-auxiliares começaram foram suaves e harmoniosos e com uma clara tendência a unir-se compassadamente. Assim, as mãos se encontravam no ar e se estreitavam fortemente, enquanto os corpos seguiam docemente a mensagem de companheirismo e apoio que se transmitiam, diretora e cooperação.

Os comentários tornaram a ser insistentes na sensação de plasticidade e harmonia corporal que mostrava bem claramente nossa formação nessa disciplina a que tanto devemos, dirigida por quem conseguiu o que hoje podemos agradecer sinceramente: uma nova esperança no caminho que como docentes desejamos percorrer, empenhadas como estamos em melhorar nossa condição.

O psicodrama pedagógico aplicado a dificuldades de aprendizagem

Neste campo nossa tarefa começa depois, exatamente em fins de 1971, quando uma de nossas companheiras, que agora vive na Europa, se propôs a trabalhar, como ego-auxiliar, com uma aluna que apresenta sérios problemas escolares: dificuldade (oral e escrita) para se expressar; problemas para unir-se a suas companheiras, para estudar. A proposição do trabalho havia sido dada pelo terapeuta da aluna. Começamos assim por um caminho desconhecido para nós, percebendo as dificuldades que oferecia e a necessidade de sistematizá-lo. Foi uma tarefa que se prolongou por vários meses.

Gabriela era uma jovenzinha de 14 anos, silenciosa, evasiva, não-comunicativa, como que encurralada por todas as dificuldades. Ela, que não falava quando era chamada para uma aula oral, ou que se imobilizava diante da folha de prova, foi pouco a pouco reconstruindo sua vida escolar, brincando com suas companheiras, com seus professores, com seus temores escolares. Mas, se ao finalizar nossa tarefa conseguiu rendimento gratificante no campo pedagógico, isso ocorreu porque além de nosso trabalho a terapia reforçava, antes e paralelamente, sua pessoa.

Realizamos essa tarefa de forma privada. A técnica aplicada é a de psicodrama pedagógico; as aulas em geral têm duração de 90 minutos e o total destas depende dos problemas e das urgências de cada aluno.

Geralmente trabalhamos em aulas individuais, e nossa experiência no trabalho em grupos é menor.

Nossa equipe era formada pelas mesmas quatro professoras e, anos atrás, nos sentimos presas pelo método, naquela aula sobre o Congresso de Tucumán.

As entrevistas eram realizadas em duplas, e uma de nós, posteriormente, dirigia o trabalho; nelas pedimos os mínimos dados pessoais, as inquietações e dificuldades pedagógicas, fazendo uma brevíssima história educativa. Fazemo-lo assim, já que preferimos conhecer psicodramaticamente o histórico escolar à medida que transcorrem as aulas.

Quando nas aulas fazemos *role-playing* da situação de exame, geralmente trabalhamos com três egos-auxiliares, o que nos permite maior disponibilidade para qualquer dramatização.

Sabemos que aprender significa questionar-se, mudar, e que isso produz ansiedades, temores, dificuldades; também sabemos que o complexo processo ensinar–aprender mexe com o interior do aluno, com fibras muito profundas, às quais, às vezes, estão agregadas situações conflitivas externas ao ambiente educativo que acentuam as dificuldades de aprendizagem. Se além disso levamos em consideração que o clima pedagógico da escola argentina não costuma ser ótimo, achamos que a situação educativa no presente é muito fechada à criação, à mudança, à espontaneidade, transitando – às vezes – pelas cordas do comodismo, da rotina e da ortodoxia mais tradicional. Por todas essas razões encontramos adolescentes que mesclaram dificuldades de aprendizagem com dificuldades pessoais, até chegar a uma situação muito conflitiva.

Percebemos que nesse campo de nossa tarefa, em que os limites entre o pedagógico e o terapêutico se tocam constantemente, apenas com um sério e constante treinamento é possível sobrepor o não-pedagógico e ver as dificuldades educativas do aluno diante das matérias, do grupo escolar, dos exames, dos professores, isto é, o âmbito escolar em sua totalidade.

Se o aluno no "como se" vê e vive suas dificuldades pedagógicas, vai pouco a pouco conscientizando-se delas, assumindo-as e, por fim, tratando de resolvê-las. Só colocando para fora seus conflitos educativos é que conseguirá superá-los. Se, por exemplo, o aluno não compreende seriamente como é o desenvolvimento temporal da história, terá dificuldade de captar os ritmos de mudança. Ou, se não compreendeu a abstração que supõe educação democrática, esta se lhe apresenta como um volume enorme inabordável e mal poderá compreender conceitos como cidadania, Estado, nação. Mas se ele tem possibilidade de verbalizar as dificuldades – se começar a tirá-las de si –, e além disso começa a representá-las dramaticamente, pouco a pouco adentrará a dificuldade, fazendo-a sua. E terminará compreendendo que ele também é parte da história, do tempo, da sociedade.

Recordo-me de uma aluna que devia prestar exame de várias matérias. Urgiam o tempo, o cansaço, a necessidade de ser aprovada para não repetir o curso, o tédio. A princípio, a tarefa consistiu em ligá-la a cada uma das matérias. A dramatização em nível real centrou-se na aula em que ela e os três auxiliares – que representavam o papel de companheiras – comentavam as dificuldades da matéria, o cansaço e o temor de prestar exames. Feitas as trocas de papéis, Cora compreendeu que não só ela possuía essas inquietações como estas eram comuns a todo um grupo em idêntica situação.

Cora – já no nível simbólico – começou a dialogar com as diferentes matérias, papel representado pelas auxiliares: primeiro história, depois geografia, passando por física, química e, por último, anatomia, que a ela oferecia mais dificuldades. Em todas as situações as trocas de papéis lhe permitiram abordar mais profundamente o conhecimento das matérias. Para Cora, o mais surpreendente foi descobrir em si mesma o significado de anatomia, que ela era uma parte da anatomia, e assim falaram seus dedos, seus órgãos, suas funções.

No terceiro nível, o da fantasia, dramatizou-se uma competição de ginástica, isto é, uma situação na qual o compromisso corporal é básico. Em comentários posteriores, ficou muito claro para ela que o conhecimento não é uma flecha que de fora penetra seu intelecto. Ao viver por dentro as matérias, Cora não só entabulou uma relação cordial com elas como sua maior descoberta consistiu em compreender que a riqueza e a possibilidade, isto é, o germe do conhecimento, estavam nela. Alcançar esse momento é começar a ensinar, a aprender, a criar, a mudar.

O PSICODRAMA - APLICAÇÕES DA TÉCNICA PSICODRAMÁTICA   **169**

Não é fácil consegui-lo; sabemos que são muitas as dificuldades e as resistências a vencer. Porque mudar, modificar-se, é doloroso e necessita ser compartilhado, acompanhado. Já que não é só mudar, criar, é algo mais básico e quase cotidiano: é viver.

Também trabalhamos com alunos universitários que apresentavam o mesmo problema: dificuldade para prestar exames e serem aprovados. Um dos casos era o de um aluno que estava iniciando o curso, e os outros eram alunos já adiantados em suas carreiras, os quais, diante de diversos fracassos, começaram a ter sérias dificuldades para dominar os nervos e o medo.

Em linhas gerais, trabalhamos de maneira semelhante, já que sabemos que assumir psicodramaticamente as dificuldades pedagógicas significa começar a vencê-las. Assim, trabalhamos com o temor, os nervos, os vínculos com as matérias, e além disso fizemos *role-playing* da situação de exame. As aulas foram individuais e, pelas características de cada aluno, as variantes do trabalho foram diversas. Por exemplo: com uma aluna, durante um bom número de aulas, era impossível trabalhar em outro nível que não fosse o real; pouco a pouco fomos expandindo sua espontaneidade e começou-se um trabalho que nos permitiu – às vezes – alcançar os três níveis. Com o *role-playing* ela reconheceu seus recursos e admitiu-os, modificando suas falhas. Assim experienciou uma gama variada de possíveis mesas examinadoras, compostas por professores compreensivos, indiferentes, agressivos, exigentes etc. Em todos os casos a troca de papéis lhe serviu para conhecer melhor cada um desses possíveis professores e assim modificar sua atitude e trabalhar sua espontaneidade.

Percebemos que muitas vezes os alunos, preocupados em passar no exame, esquecem a matéria. De fato, uma boa relação com os temas que se estudam, ou melhor, que se descobrem ou redescobrem, é a única maneira de incorporá-los, combiná-los com outros e, finalmente, na síntese, aparece o momento mais importante do aprender: a criação. Isso, que deveria ser naturalmente conhecido pelos alunos, costuma ser motivo de surpresa ante a descoberta. E aqui é todo um sistema educativo que questionamos, um sistema alienante, parcializado, individualista, que tem, além disso, um absurdo critério de competência e prêmio.

Mas nossa tarefa situou-se em outro nível com Daniela, aluna do curso secundário, de 17 anos, também impossibilitada de prestar exames, porém mais agudamente, pois se tratava de uma jovenzinha protegida em seu silêncio como em uma enorme muralha. Compreendemos que o nível real não poderia ser representado com ela, que nada podíamos esperar, já que diante de cada pergunta seu silêncio era a resposta. Com ela conhecemos a agressão do silêncio e também compreendemos que só representando psicodramaticamente com ela conseguiríamos nos comunicar. Assim, em sucessivas aulas, por meio do material didático auxiliar, Daniela nos contou sem palavras como era a escola, sua escola primária e secundária, como se sentia, onde se situava, quais eram seus sentimentos e suas recordações diante das companheiras, as mestras, os professores.

Trabalhamos diretor e um ego-auxiliar somente, já que as características especiais dessa aluna nos advertiram que lhe apresentar mais de duas pessoas era para ela como uma frente demasiado fechada que prejudicava ainda mais sua já tão difícil comunicação.

A tarefa do ego-auxiliar consistiu em começar os jogos fazendo o aquecimento, enquanto Daniela observava. Notamos que era muito competitiva, bastante rápida nas elaborações e que percebia muito bem as ordens.

Nesse período, várias vezes a direção colaborava na tarefa de animá-la, de apoiá-la para que começasse os trabalhos.

Os jogos consistiam na construção de imagens unidimensionais estáticas e cromáticas. Na realidade, as três primeiras aulas foram um prolongado aquecimento, até que na quarta trabalhamos com todo esse material, mais sons. O tema foram as vogais. Daniela escolheu cinco cartolinas de diferentes formas e tamanhos; o ego-auxiliar as vocalizava em diferentes tons e ritmos, até que a aluna encontrasse "seu" som interno de cada vogal. A partir daí, entabulava-se um diálogo de vogais entre o auxiliar e Daniela. Observamos que, à maior rigidez ou dureza de som, Daniela deixava de responder. Em alguns momentos, esse diálogo tinha vagas reminiscências do exame oral, no qual pergunta–resposta é como uma partida de tênis. Nesses momentos, Daniela emudecia. Levada novamente ao terreno lúdico, tornava-se a conseguir a comunicação.

Na aula seguinte, Daniela, mais protegida que nunca em seu silêncio, somente murmurou um cumprimento. A diretora propôs-lhe fazer a imagem de seu silêncio, com peças de acrílico, deixando firmemente assentado que o trabalho só dependia de sua decisão.

Havíamos aprendido a esperar, a pesquisar em seu silêncio, a encontrar suas mensagens mais além desse tão antigo meio de comunicação chamado palavra.

Daniela construiu uma imagem que lembrava um barco com um canhão preparado para disparar: a diretora lhe propôs jogar com essa figura. Daniela apontou o canhão para uma suposta professora, papel assumido rapidamente pelo auxiliar. Para isso, precisou corporificar diferentes imagens da postura da professora, até que a aluna indicou qual a satisfazia internamente. Essa forma havia sido realizada repetidas vezes, dado que a aluna se negava a expressar-se também corporalmente. Uma vez encontrada a postura, Daniela apontou o canhão de seu silêncio e começou a bombardeá-la com as peças de acrílico; o ataque foi tímido primeiro e depois agressivo. A postura da professora variou à medida que aumentava a agressão, e sua resposta foi devolver todos os projéteis juntos, demonstrando assim um poderio compulsivo ao qual chegou impelida pelo silêncio daquela. Essa atitude era similar à vivida por Daniela na escola, onde os professores só recebiam seus repetidos e similares bombardeios e respondiam com notas baixas.

Nunca pudemos fazer *role-playing* com Daniela; somente trabalhamos com imagens – utilizando o material didático ou o ego-auxiliar –, e tudo isso foi muitas vezes o objeto intermediário. Sabemos que em nossa tarefa com essa aluna atingíamos mais os limites do pedagógico com o terapêutico, mas o que ocorre é que, dadas as graves dificuldades em toda sua personalidade, era-nos impossível não trabalhar com seu papel bastante conflitado de aluna. Com ela fizemos um trabalho paciente em que, a princípio, a única coisa que conseguimos foi uma profunda comunicação sem palavras. Nessa ocasião, não obstante, Daniela foi aprovada em seus exames, maneja com certa desenvoltura os vínculos escolares, encontra palavras, gestos e algumas ações como aberturas de comunicação fluente, pesquisa as possíveis carreiras a seguir e tem com a equipe uma sólida relação docente.

No transcurso de um ano, fevereiro 1972-1973, tivemos dez alunos com quase o mesmo problema: serem aprovados nos exames. Dos dez, oito obtiveram com êxito o que procuravam e dois fracassaram.

Tudo isso nos fez refletir a respeito dessa parte de nossa tarefa, que deveria encontrar eco em um gabinete psicopedagógico escolar, já que em geral nossa escola – com seu obsoleto critério pedagógico – produz esses conflitos. O que propomos é uma mudança radical na educação, um questionamento a fundo, não só dos métodos, mas dos fins da educação e, mais além, do ser argentino. Quando a nova escola existir, essa parte de nossa tarefa já não terá objeto, felizmente. É lamentável que a alienação da cultura "adoeça" nossos alunos, mutilando a parte mais importante do homem: sua criação e sua liberdade.

Pensamos, como Paulo Freire, que "educar é libertar", e que "ninguém liberta ninguém, ninguém se liberta sozinho, os homens se libertam sozinhos quando juntos sublevam o mundo".

Epílogo

Para terminar o relato de nossa experiência em equipe, achamos conveniente narrar o que durante o ano de 1972, no mês de setembro, realizamos com nossa professora Romaña como diretora e nós quatro como egos-auxiliares.

Fomos convidadas pelo Instituto Superior de Formação Docente em Ensino Diferenciado, subordinado ao Ministério de Educação da Província, na cidade de Nove de Julho, para realizar um curso breve sobre psicodrama pedagógico para três grupos diferentes:

1. Alunas de nível universitário.
2. Professoras de escola primária, jardim-de-infância e assistentes sociais.
3. Professores.

Abrangendo os três níveis educativos, tivemos uma visão sincrônica de suas expectativas e suas dificuldades. Para exemplificar, relataremos o trabalho realizado com o primeiro grupo.

Como contávamos somente com dois dias de trabalho, dividimos da seguinte maneira: duas horas e meia diárias para cada grupo, totalizando cinco horas.

Cada um dos grupos contava com uma ego-auxiliar permanente e uma rotativa. Era formado por dezessete estudantes de primeiro e segundo anos de magistério especializado.

A aula começou com uma explicação da professora Romaña sobre os elementos do psicodrama pedagógico. Dessa maneira realizava o aquecimento inespecífico.

Sugeriu à audiência que propusesse temas para dramatizar; como, porém, esta demonstrou fortes resistências, medo do ridículo e desconhecimento do método, não surgiram iniciativas individuais nem grupais.

Para aquecê-las, os egos-auxiliares receberam como ordem representar os papéis de professores no pátio de uma escola, onde esperavam a chegada dos alunos. A finalidade dessa ação foi vencer a resistência do grupo.

Em determinado momento, uma das egos-auxiliares imitou o sinal que chamava para o início das aulas. Respondendo a ele, algumas alunas se levantaram e passaram ao cenário, integrando dois grupos escolares de segundo e terceiro graus. Para facilitar mais ainda o aquecimento, as egos-auxiliares, com a ordem da diretora, propuseram diferentes jogos. Logo se indicou uma troca de papéis: aluna–professora, professora–aluna. Mas, evidentemente, não era ainda o momento propício para a dramatização, e se explicou então a diferença entre dramatizar e teatralizar.

A diretora detectou a protagonista, que passou ao cenário, e observando a distância física que a separava da audiência modificou o contexto psicodramático, situando-o dentro do espaço que deixava livre a dupla fileira de bancos em forma de U, na qual estava distribuída a audiência. Observamos que quando se mudou o cenário o interesse aumentou e desapareceu o medo do ridículo.

O tema a dramatizar foram as vogais, e se observaram os seguintes passos:

1. Cada aluna desempenhou o papel de uma vogal, ocupando um lugar no "como se".
2. Vocalizaram-se as vogais que se agruparam segundo seu som em abertas e fechadas: a – e – o – i – u.
3. Integraram-se em palavras curtas: cama, cabe, como, ruído, uva.
4. Repetiu-se cada palavra, fazendo ressaltar a vogal que representava.

A sonorização das vogais e das palavras fez que pouco a pouco as alunas modificassem sua atitude corporal e procurassem corporificar a imagem interna que o som lhes sugeria. Assim, as alunas-palavras, ao se ouvirem, foram se agrupando de tal modo que de repente ficavam relacionadas quase como frases: cama–ruído; como–cabe; como–uva.

Tudo foi realizado espontaneamente, sem ordem, realmente como uma descoberta.

Interrompeu-se a ação dando lugar aos comentários.

As alunas valorizaram a dramatização, observando assombradas que, tendo partido foneticamente das vogais, haviam chegado a formar frases com certo sentido; haviam aprendido a falar psicodramaticamente.

Na segunda parte da aula, as alunas propuseram como tema para dramatizar a folha características e partes que a compõem.

A protagonista passou ao cenário assumindo o papel de professora que, com suas alunas, colecionaria folhas para fazer um herbário. Como conseqüência, surgiu no grupo a idéia de:

1. Criar um bosque.
2. Descrevê-lo.
3. Corporificar os diversos elementos do bosque: animais e vegetais.
4. Simbolizar a folha, assumindo a atitude corporal de suas partes (aqui se indicou troca de papéis e solilóquio).

Na segunda aula, as alunas chegaram à reunião muito motivadas e, imediatamente, propuseram temas a dramatizar. Surgiu o problema disciplinar que, com o da aprendizagem, foi considerado pelo grupo o elemento fundamental do ato educativo.

Detectada a protagonista, a dramatização se desenvolveu em uma sala de segundo grau, na qual a professora procurava em vão ditar um trecho.

Ao não ser obedecida por seus alunos, produz-se o caótico quadro de uma aula em plena desordem.

Os comentários da audiência sobre a situação criada testemunharam a insegurança, a dúvida, o medo e a falta de preparo manifestadas pelo professor, já que este procurou ser obedecido por todos os meios disciplinares utilizados por um docente sem autoridade real.

Esse material trazido pelo grupo passou a ser dramatizado em nível simbólico. Representou-se a imagem corporificada do professor inicial, acompanhada de seu medo, seus temores, suas dúvidas e sua insegurança. As alunas personificaram cada uma das partes com as quais se identificavam. O papel de professor foi simbolizado por uma aluna que, subindo em uma escrivaninha em atitude rígida, pôs em evidência a verticalidade e a distância dessa relação educativa.

O papel-dúvida se situou atrás do professor em um plano inferior.

O papel-insegurança foi construído da seguinte maneira: colocaram-se duas cadeiras que, mal acomodadas uma sobre a outra, exigiram da aluna que subiu nelas um grande esforço para manter o equilíbrio.

O papel-medo em um lado e em atitude agachada não quis olhar de frente a realidade que se lhe apresentava.

Terminada a imagem estática, rica em diversas matizes corporais, converteu-se em uma imagem cinética, a qual, mediante movimentos lentos e compassados das diferentes e temidas partes, foi se integrando em um todo.

Nos comentários finais, as alunas conseguiram compreender e aceitar as partes deficitárias que caracterizam o papel de todo professor jovem e inexperiente. Apreender as próprias limitações é muito árduo e doloroso, mas também é o ponto inicial do verdadeiro crescimento.

Assim, ficou claro que o tempo era muito escasso para esse grupo de alunas, que em tão breve curso quiseram abarcar tudo: informação, ação, participação e reflexão.

Talvez seja daqui e neste momento o modo mais apropriado de agradecer àquelas alunas sua entrega espontânea. Isso possibilitou também a nossa, completando assim o processo de alimentação de que toda experiência educativa necessita.

6

Integração corporal

BEATRIZ BUSTOS DE CHUBURU

Quem me tem por uma corda não é forte, forte é a corda.
Antonio Porchia

Dado que o homem é, entre os seres vivos, o que necessita mais tempo do outro na função de mãe, existe uma etapa de dependência durante a qual, sem ajuda, pereceria. Durante essa fase, uma criança sacia a fome e a sede porque é amada, porque há alguém que procura seu alimento e atende às suas necessidades. Isso lhe permite conformar seu ego aos poucos, desenvolver suas possibilidades, aprender por tentativa e erro, representar diferentes papéis e, fundamentalmente, marcar nele a matriz de um vínculo à qual se adequarão todos os vínculos de sua vida. Mas fica-lhe subjacente a esse andaime de vantagens sobre os outros filhotes do reino animal o medo da solidão que é definitivo (por este processo de dependência necessária infantil): o medo da morte.

Mas que tributo é suficiente para acalmar esse medo? Os antigos ofereciam a seus deuses sacrifícios humanos, de animais, mutilações, cânticos, riquezas, penitências. Nós nos horrorizamos com as cruentas cerimônias religiosas de alguns povos que queimavam jovens expressamente escolhidos por sua graça, beleza e estirpe no altar sagrado. Mas em geral permanecemos impávidos diante do tributo diário que um indivíduo faz de seus tesouros mais ricos: seus atos espontâneos, suas criações.

É uma mutilação lenta e efetiva de si mesmo no altar do outro – qualquer que seja –, sempre que possua a chave do amor, da autoridade, da dependência: "Se sou como ele quer que eu seja, o conservarei, e ele não me abandonará. Se sou como ele quer que eu seja... mas como saciá-lo?". E o dever ser se transforma em um caminho árido e cheio de espinhos que essa criatura tratará de percorrer sempre, nunca segura de que seja o correto, sempre afastando-se mais dos próprios desejos, porque seu desejo mais profundo é ser definitivamente o desejo do outro.

Se deseja correr... "Não, é melhor andar." Se deseja brincar... "Não, não é isso que se espera de mim, mas uma menina educada, uma menina quieta." Se deseja chorar... "Não, os homens não choram". Se deseja dançar... "Ah! que perigoso é isto, quem sabe aonde me levarão meus movimentos, o que expressarei com meu corpo que não deve ser expresso?" E, assim, pintar, esculpir, dançar, escrever, cantar e até desenhar convertem-se em perigos se não estão submetidos a normas, se não há uma convenção que os avalize. Então aparecem os ranchinhos solitários com algumas florzinhas, os desenhos com régua, temerosos da linha manual, as composições sem conteúdo, cheias de frases feitas, porque as frases feitas são as balizas que podemos percorrer sem nos perdermos na floresta temida de nossos sentimentos. Pois, como diz Machado: "Conceito limpo e relimpo costuma ser casca oca; pode ser caldeira em brasa".

E na caldeira em brasa deve-se jogar água, muita água, porque pode ser má, pode conter aquilo pelo qual perderíamos o amor, aquilo que desconhecemos mas, seguramente, se o recusaram, é sujo e vil. E, por fim, vencemos o inimigo. Encerramos nossa espontaneidade com grades fortes e somos vitoriosos indivíduos angustiados que marchamos com a conserva cultural sobre os ombros. E para saber quem somos recorremos à cédula de identidade. Fulano de tal, nascido em tal data. Muito prazer.

A ordem a cumprir é manter a dicotomia mente–corpo e tentar, na medida do possível, nunca integrar os sentimentos com o pensamento e a ação.

E como não temos um corpo mas somos um corpo manter essa dicotomia como defesa cria perturbações mais sérias quanto mais aguda for essa divisão.

Espontaneidade e educação

Um vínculo positivo mãe–filho permite que a espontaneidade se desenvolva. Uma educação sadia a exercita. Ambas conseguem que a criança se sinta segura de suas percepções, tranqüila com os produtos que reconhece como próprios e pode oferecer aos demais sem se confundir. Cresce um criador, um ser não mutilado, cujos atos são espontâneos e, portanto, adequados e reflexivos.

A espontaneidade não precisa ser inventada. Nenhuma técnica pode apropriar-se dessa virtude. As possibilidades para que se desenvolva são dadas por uma educação individualizada com ênfase no vincular, formadora, que permita a expressão do mundo interno em suas diferentes formas, que abra caminho para a defesa mais positiva do homem: a sublimação. A psicoterapia começa a funcionar quando aquela não pôde cumprir seus objetivos. Educação e terapia estão separadas porque houve uma falha no processo formativo. Claro que os caminhos e as técnicas são diferentes, mas o objetivo é um só: que o homem encontre a si mesmo.

A educação pode ser a melhor terapia, e a terapia é educação enquanto é aprendizagem. Mas os contextos são diferentes.

Integração corporal, contexto, enfoque, definição

A integração corporal é uma técnica e, como tal, aplicável tanto na educação como na psicoterapia. O importante é ter claro em que contextos se está utilizando e qual é seu enfoque.

180 DALMIRO M. BUSTOS E COLABORADORES

Para tanto, primeiro responderei às seguintes perguntas: o que é integração corporal? O que ocorre em uma aula de integração corporal?

Integração corporal é uma técnica que, baseada na teoria de Moreno, procura – desenvolvendo a espontaneidade criadora – integrar os três elementos dissociados: sentir, pensar, atuar.

Enfoque pedagógico

Cada aula de integração corporal se desenvolve em três tempos: aquecimento, tarefa específica e comentários.

O *aquecimento* leva o indivíduo a um estado ideal para realizar determinada ação. Se essa primeira etapa não foi bem cumprida, o resto da tarefa não poderá se realizar. Quando por pressa ou ansiedade do coordenador não se respeita o tempo de cada integrante do grupo, que dará o tempo e o ritmo grupal, não se poderá tomar o tema sobre o qual se realizará o trabalho específico. O tema cairá como uma fruta madura que o coordenador colherá e sobre a qual poderá orientar o trabalho posterior.

O aquecimento começa com uma etapa de verbalização na qual alunos e coordenador relaxarão as primeiras tensões por meio da palavra. Se é uma aula inaugural, as respostas a todas as perguntas que surgem levam a uma aproximação da tarefa e do grupo. O medo do desconhecido da técnica soma-se ao medo do desconhecido de si mesmo e dos outros. Ao contato. Ao ridículo. Ao não saber como "se deve fazer". Porém, deve-se aceitar a primeira ponte que o grupo oferece como algo mais conhecido e controlável: a linguagem falada.

A palavra, como veremos mais adiante, é acompanhada de modulações, tons afetivos, ritmo, e os alunos vão recebendo dessa maneira não somente os significados procurados, mas também partes do coordenador. Há certa tranqüilidade em cada integrante porque outro está se expondo com eles. Logo os alunos comentarão como se sentem, que tensões têm, como receberam as primeiras explicações... E o pedido de começar a trabalhar corporalmente surge deles. Partindo sempre da premissa "tomar o que se oferece, trabalhar com o que há", não se procura relaxar as tensões verbalizadas anteriormente, mas acentuar as referidas tensões e maximizá-las. Enrijecer-se, encolher-se ou mover-se aceleradamente, ou procurar os cantos para ocultar-se.

Há uma série de exercícios que permitem realizar esse objetivo, como marchas, corridas com palmas, congelamento, endurecimento, estiramento etc. E assim, então, o relaxamento aparecerá em cada um.

Nesse momento podem-se utilizar técnicas para tal fim, como a colocação da língua para trás, que primeiro produz uma distensão no aparelho digestivo e logo depois em todo o corpo. Ou ainda o contato com canos de bambu, cujas propriedades são bem conhecidas pelos orientais. Mas esse relaxamento procurará uma conexão maior consigo mesmo, nunca uma total lassidão, pois o objetivo é conseguir o estado ideal para continuar trabalhando os elementos que vão surgindo e poder expressá-los por diferentes vias.

A tarefa específica já está no grupo. Um breve comentário de cada um — como se sentiu, como sente seu corpo agora, que imagem obteve — vai trazendo dados para que surja o denominador comum, e o trabalho escolhido por todos começa a tomar forma.

Pode ser feita — e em geral sucede-se numa aula inaugural — a apresentação não-formal dos membros do grupo, e então recorre-se a jogos dramáticos que permitam a cada um mostrar-se de outra maneira, representando objetos, elementos da natureza, personagens legendários, históricos, mitológicos, literários. Ou ainda um conto em que cada um trará de si, no fragmento que lhe coube criar, múltiplos elementos que hão de unir-se com o resto, quase que de forma inadvertida.

Trabalhar com os órgãos dos sentidos dá também um campo amplo, partindo-se sempre da visão, por ser o mais utilizado e menos temido; a seguir, o contato com as mãos e expressar em silêncio com o companheiro tudo aquilo que surja no encontro.

Se a escolha do trabalho recai no movimento livre com música, a ordem básica é conectar-se consigo mesmo e permitir que o movimento flua lentamente, em qualquer parte do corpo, mesmo que seja pequeno e insignificante, mas seja sentido e assumido. Uma vez terminado o trabalho com a música, procuramos expressão em outros canais, tais como o desenho, a plástica, a escultura, a expressão literária etc.

Fiz uma resenha excessivamente breve de algumas tarefas que se cumprem nessa etapa somente como ilustração. Mais adiante desenvolverei algumas com mais detalhe.

Em todos os casos, o trabalho corporal mobiliza elementos internos que podem aflorar e expressar-se nas diferentes formas propostas, mas também pode ocorrer que o mobilizado não supere o fechamento, gerando uma situação de angústia, expressa em paralisia ou choro. A resposta a isso em um contexto pedagógico deve ser em nível pedagógico. Isto é, não ultrapassar os limites do enfoque. Em geral, o grupo percebe essa situação, e a melhor atitude é esperar a resposta, que não tarda a aparecer adequadamente. Muitos estados de crise surgem nessa tarefa quando se trabalha o contato de mãos, pela lembrança de uma carícia perdida ou nunca recebida. Os companheiros detectam isso porque já receberam dessa pessoa mensagens corporais prévias não decodificadas verbalmente, e se aproximam dela para lhe dar uma realidade suplementar, que não apagará aquela carícia ausente que continua inscrita em sua história, mas não como carência presente, pois encontrou alguém que pôde oferecê-la, alguém que realmente lhe importa.

Como também diante do deserto de não saber brincar, sempre há outro que o ensina, que está disposto a rir com ele, que lhe entrega sua alegria e o anima a que vá tirando a sua, embora molhada com as lágrimas.

A essa altura surgiram vários elementos importantes a destacar. No emergente: 1) o aparecimento de uma carência; 2) a representação de tal carência no corpo, a tensão, o isolamento, o choro; 3) o reconhecimento; 4) o aparecimento de uma saída reparadora. Há alguém que lhe oferece o que não tem e pode aceitá-lo.

Para o grupo, a possibilidade de ter percebido mensagens corporais; ter confiado em sua percepção; responder espontaneamente e corroborar a exatidão de sua percepção na aceitação de parte do outro, de sua conduta.

Todo esse material se transfere logo para a última parte da aula, ou seja, a dos comentários. Cada um expressa em palavras o que antes sentiu. Os companheiros intervêm também, e o coordenador registra e devolve em assinalamentos em nível corporal e de dinâmica de grupo; nunca com interpretações que apontem para tornar consciente o inconsciente. Assim, o que se torna é o processo pelo qual aquilo que estava oculto já apareceu no corpo, foi sentido e manifesto e, como no exemplo da carícia, resolvido no nível pedagógico de expressão.

Enfoque terapêutico

A integração é uma técnica útil para ser instrumentada em uma sessão de psicoterapia, ou como uma seqüência em uma etapa do tratamento em que, mais que a resolução de situações angustiantes (ou com elas), se faz necessário um contato com o próprio esquema corporal, um reconhecimento do ritmo interno, um saber-se capaz de produzir, de criar. Em pessoas que intelectualizam permanentemente, cortando o laço entre sentimento e pensamento. Ou naquelas que, por sua profissão – bailarinos, cantores, atores –, se protegem com a linguagem corporal aprendida para ocultar aquilo que pode fluir espontaneamente.

Nesse enfoque cumpriram-se também as três etapas necessárias: aquecimento, tarefa específica e comentários, mas, certamente, dentro das pautas terapêuticas, nas quais a interpretação acompanha o assinalamento na fase de comentários.

Como técnica de aquecimento

Antes da sessão de psicoterapia grupal, realiza-se um trabalho de uma hora com integração corporal. Então, o coordenador pode retirar-se ou permanecer, caso faça parte da equipe terapêutica. Produz-se uma mobilização de conteúdos do corpo, que surgem rapidamente no começo da sessão – na qual aparecem elementos pessoais, geralmente, vinculados ao grupo. Produzem-se ondas de rejeição, aproximações, rivalidade, inveja, medo, amor, ternura etc.

Que áreas abrangem a integração corporal

Se se procurar abrir as portas ao maior número de caminhos que permitam a expressão de tudo que se pensa e sente, teremos de trabalhar, necessariamente, com todas essas vias expressivas e, portanto, de comunicação formadora de vínculos.

Jogos e jogos dramáticos

O jogo perdido em busca dos saltos altos e do batom, da barba incipiente, da mudança de voz, se redescobre no adulto como um oásis, algo como a terra prometida na qual poderão saltar, rir, brincar de polícia e ladrão, de esconde-esconde, de estátua e de pula-sela.

O mundo animal oferece uma gama riquíssima de possibilidades. Desde a ameba, as espécies inferiores e os animais domésticos até chegar aos selvagens.

Os movimentos ameboides permitem romper uma estrutura grupal rígida nessa situação de ter de se mover como animais. O esclarecimento no momento necessário de que os animais podem ser filhotes facilita os contatos interpessoais.

As conclusões obtidas com a representação escolhida mais as contribuições dos companheiros de grupo oferecem uma via para maior conhecimento de si mesmos. Além disso, pode-se trabalhar também com música.

Alicia, jovem com características fóbicas, esquiva, temerosa de contato, que estava em terapia já há vários anos e começou a integração por indicação de seu terapeuta, nas duas oportunidades em que trabalhamos com animais, escolheu primeiro uma garça e depois uma corça. Na segunda aula um rapaz que fazia o papel de um urso grande, pesado e carinhoso lhe perguntou por que fugia. A corça respondeu: "Se não fugisse não me perseguirias". E delicadamente se escondeu atrás de uma cadeira. Era evidente pela expressão de seu rosto que estava meditando sobre o ocorrido. O urso, de sua parte, desistiu de persegui-la e se pôs a brincar com uma garbosa pantera que se movia sensualmente. Passaram-se alguns minutos e Alicia tirou a cabeça de trás da cadeira e observou que no centro do aposento todos brincavam, riam, brigavam. Incapaz de assumir outro papel, sentou-se na cadeira atrás da qual se escondera, cruzou os braços, estendeu as pernas até chegar a tocar alguns com a ponta dos pés. Sua expressão era de aborrecimento manifesto, mas havia também certo alívio.

Jogos dramáticos sonoros

Tirar som de um instrumento costuma ser, para algumas pessoas, um verdadeiro martírio. "O que vou tirar, se não tenho ouvido? Nunca me importei com a música e não tolero o baterista." Estas foram as palavras com que selou seu contrato um profissional maduro, cuidadosamente vestido, que se apresentou de terno e gravata na primeira aula do grupo. Nas primeiras semanas escolheram como tarefa específica jogos dramáticos sonoros, mas com uma modificação: que os elementos sonoros fossem eles mesmos. Isto é, cada integrante escolheria um instrumento e alguém a quem enviar uma mensagem, mas o instrumento escolhido seria formado por pessoas e os sons emitidos teriam relação com o tipo de contato, pressão ou percussão que o executante fizesse. Certamente o anticristo queria ser Cristo, e essa pessoa a quem chamaremos André foi a primeira a escolher um instrumento, a bateria. Em poucos minutos os companheiros escolhidos por ele eram a bateria e em frente havia colocado o mais jovem do grupo, com quem queria comunicar-se. Os sons sem harmonia, desarticulados e tímidos foram transformando-se em agudas estridências até atingir o clímax em uma mensagem de vitalidade e força, mesclada de pranto e alegria. Havia passado de golpear e quase machucar seus companheiros-instrumentos a pressionar com força as partes instrumentais, com força e carinho. Isso eles mesmos haviam percebido, já que no tom e no ritmo foram marcando as mudanças. Finalizado o solo, depois de estreitar em um abraço a bateria, aproximou-se do jovem que estava em pé em frente e, com palavras cortadas pelo soluço, disse-lhe: "Obrigado, amigo, me devia este encontro com você, com você que é parecido com o que eu queria ser". O jovem atua em um conjunto de música *beat*.

Em poucos meses André teve de partir para a Europa. Compareceu à aula de despedida impecavelmente vestido, mas com *jeans* muito vistosos. Depois de algum tempo recebi uma carta dele, na qual me comunicava haver começado a estudar com um famoso baterista inglês.

Em geral, o ritmo produzido pelo grupo é gravado e depois interpretado por eles mesmos com movimento e plástica.

Nos diálogos musicais aparecem as características reais do vínculo que confirmam as já conhecidas ou descobrem uma gama diferente.

Movimento livre

Pode-se trabalhar com ou sem música. Não há uma busca de perfeição ou beleza, mas uma tentativa de aproximar o que é expresso da circunstância emocional; à medida que isso vai progredindo, os movimentos vão adquirindo maior plasticidade e harmonia.

Não existe um modelo. A pessoa que coordena não se exibe para ser copiada. Muito longe da intenção da integração corporal está a cópia de modelos propostos, já que a busca deve ser de cada ritmo, cada movimento, cada palavra que tenha seu correspondente interno.

Na quarta aula de um grupo viajante, no qual todavia não se havia trabalhado com música, Mariana, de 52 anos, casada, mãe de vários filhos, diz no período de aquecimento verbal: "Eu tinha uma amiga muito querida que dançava. Formou-se professora e logo se mudou para Buenos Aires para especializar-se". Começa a estender o braço para alcançar, dentre todos os discos, *O lago dos cisnes*. "Uma só vez a vi dançar no teatro de minha cidade. Era tão forte meu desejo de dançar que acreditava, por momentos, estar sobre o cenário." Então lhe peço que observe sua postura. Tinha se abraçado com muita força e estava terminantemente tensa. "Sim, estava justamente assim naquele dia quando terminou o balé. Desde então nunca mais pude nem dançar com meu noivo, nem ver alguém dançar, e até cheguei, com o tempo, a não poder ouvir música clássica." Sua mão estava pousada novamente sobre o disco. Pergunto se gostaria de escutá-lo. Ela fica em dúvida e se perturba. Alguns participantes do grupo respondem que gostariam de dançar como "bailarinas". Ela sorri e decide que também quer, mas ouvi-lo somente. Dou a ordem de começar a caminhar e de concentrar-se no que vai despertando em cada um o estímulo musical. Mariana dá uns passos, indecisa, e senta-se em um canto do salão. Surgem cisnes por toda parte: alguns riem porque optaram – sobretudo os varões – por brincar com a música. O medo de homossexualidade é muito claro no trabalho corporal. E mais marcado nos homens.

Mariana está feito um nó, parece que ondas pequenas a estiveram sacudindo. Alguns companheiros procuram um contato, mas ao não obter resposta não insistem. De repente Mariana lança um grito surdo, abre os braços que apertavam seu corpo e começa a endireitar-se até pôr-se de pé. Nessa posição Mariana parece outra, e as ondas de soluço que a haviam feito tremer se transformaram em ondas suaves que ondulam em seus braços e em seu tronco. Os homens já não riem. Cada um procura a própria vibração. Terminam em um intenso e prolongado abraço do grupo inteiro.

Mariana conseguiu expressar-se com maior desenvoltura a partir desse episódio, e passou a sentir prazer com a música. Depois de vários meses nos confiou que sua filha havia entrado na escola de dança, desejo esse que a adolescente tinha desde muito pequena e que Mariana não havia permitido, dando como pretexto horários sacrificados.

Quando o trabalho é com música, a escolha desta é feita exclusivamente pelo grupo. Novamente é necessário lembrar que o grupo sabe o que quer e para onde se dirige, só deve contar com um bom aquecimento e o tempo necessário para a escolha.

Cada um escolhe um disco e depois todos terão de concordar para escolher o que será trabalhado. Praticar a escolha de música, de companheiro, de tarefa conscientiza os participantes sobre o significado da aula. Compreendem que ao dizer "O que quiserem" ou "Para mim dá no mesmo" já estão escolhendo de uma maneira que os leva à separação, ao ressentimento e à imobilidade.

O mundo dos sentidos

A visão, a audição, o tato, o olfato e o paladar são as janelas pelas quais entra o mundo, e é fundamental que esses receptores cumpram bem sua incumbência para que as sensações se transformem em percepções e estas configurem uma imagem que será desenvolvida e devolvida depois na expressão de uma idéia.

Sobre os sentidos, há muito que dizer. Limitar-me-ei somente a mostrar, não uma experiência comum como as anteriores, mas uma cuja exceção não consigo ainda avaliar.

Raquel tem na mão, como os demais companheiros, um pedaço de tecido. Todos têm texturas diferentes. Com os olhos vendados os percorrem suavemente com as mãos, deixando entrar os diferentes estímulos pela pele. Depois de um momento, com a ordem de criar um conto que tenha relação com o tecido, surgem histórias interessantes, e é evidente que a textura provocou imagens naturais, qualidades térmicas, estados afetivos que apareceram da seguinte maneira: a seda, como grandes massas de gelo; o veludo, como verdes pradarias cálidas e luminosas; e a flanela, uma árida montanha cinzenta de outono.

Raquel ficou para o final. Dava a impressão de não escutar o relato de seus companheiros, mas de estar absorta e entretida com o tecido. A ela eu havia entregado um retalho de seda natural com um exuberante colorido, flores laranja e amarelas, folhas verde-claras e um fundo azul brilhante. Era um retalho de um vestido meu de noite. Certamente Raquel nunca o havia visto em mim, e fazia anos que eu não o usava. Quando começou, teve de fazer como que um desligamento do tecido. "É um retalho brilhante, de festa. Sugere-me uma moça correndo livremente, com uma túnica amarela de um lado e laranja do outro, sobre um lago azul pouco profundo com recortes de ervas verde-claras." Todos ficamos assombrados; ela, comovida mas muito contente, e bastante tranqüila, disse: "Sim, tinha de ser assim. Não, nunca me aconteceu". Alguém disse: "Beatriz o transmitiu telepaticamente". Todos riram, eu me juntei ao riso que descarrega, enquanto me perguntava o que havia sucedido realmente.

Há muito para dizer sobre os sentidos, mas muito mais para investigar, corroborar e equivocar-se.

O som, a palavra, a linguagem oral e escrita, a sintaxe, a pontuação

Como se pôde comprovar com os exemplos dados, nunca a palavra está desterrada da aula. É um erro comum acreditar que uma técnica corporal deva desprezar a palavra como expressão do ideativo que perturba o contato mais pleno do corpo. Em parte, é uma realidade que a lógica aristotélica nos assinala o caminho mais conhecido. A isso se acrescenta que a palavra foi perdendo seu significado original para encher-se de outra carga falsa, como se a palavra – som – significante fosse um barco que se introduz no mar para trazer de uma ilha cálida um carregamento de plantas tropicais. As plantas tropicais seriam o significado carregado de aromas intensos e cores variadas que aspiramos e vemos como verdade ainda antes de tocar, e nos aproximamos dessas plantas atraídos por sua intensa realidade. Mas um dia, no carregamento de plantas tropicais, aparece uma de plástico, e no outro dia outra, e outra, e outra. O barco só navega até outro embarcadouro do mesmo porto, onde compra e carrega as flores artificiais e vende aos poucos que o aguardam na praia. Esses poucos pagam também com dinheiro falso.

O objetivo permanente é alinhavar o significante com o significado. Barco e plantas tropicais.

Portanto, depois de cada tarefa corporal silenciosa, devem expressar-se com uma palavra e, depois, completar seu desenvolvimento.

Também há certas tarefas que têm como objetivo principal a palavra. O conto verbal, por exemplo, cuja importância reside no desenvolvimento dos seguintes elementos: 1) imaginação; 2) união de imagem e palavra; 3) compreensão do significado das palavras mais a soma de mensagens não-verbais que as acompanham e as confirmam, intensificam ou desmentem; 4) exercitação do corpo como radar.

O conto que surge é comentado depois por todo o grupo, com as distintas oscilações de tema, personagens e paisagem. Procura-se a compreensão do tema essencial. Dá-se a pauta do estado em que se acha o grupo, e o próprio grupo o detecta e explicita.

Os temas que aparecem nos contos são os mesmos que os da literatura universal, pois são temas básicos vitais. O amor, a dor, a perda, o duelo, a alegria diante da natureza, o descobrimento do pequeno prazer, a amizade, a velhice, a morte, o desconhecido, Deus, o tempo.

Não é uma tarefa intranscendente, é mobilizadora e forte. Até mesmo para aqueles que decidem participar mas não comprometer-se demasiado. Devo dizer que prefiro essa tarefa pela riqueza de elementos que permite pôr em jogo, em nível pessoal e de dinâmica grupal.

Outro trabalho interessante é o que começa com a emissão de sons inarticulados, depois com sílabas, mais adiante sílaba mais sílaba, formando uma palavra, e chega finalmente à formação de uma linguagem. É também muito rico em derivações. Se em vez de chegar à linguagem conhecida se vai por outro caminho, criando um novo e procurando comunicar-se por meio dele, observar-se-á como as mensagens carregadas de afeto são bem interpretadas apesar dos signos desconhecidos. Isso vai acompanhado, desde o começo, de movimentos primitivos e inarticulados primeiro, e mais harmônicos depois.

A investigação da própria sintaxe descobre um campo variado e profundo que lança luz sobre alguns aspectos do participante. Teresa, advogada, 42 anos, solteira, que se havia apresentado no grupo com ânimo de briga, fustigava a todos os seus companheiros – nem tanto pelo que dizia, mas pelo modo como fazia. Em algumas das aulas referentes à linguagem, seus companheiros lhe fizeram notar seu tom imperativo permanente e a constante repetição do *eu* na oração, fato que contrastava com a ausência dos outros pronomes pessoais tu, ele, nós, vós. *Eles* era um dos pronomes que costumava aparecer uma ou outra vez. Na aula anterior, quando o grupo estava se movendo livremente com música para crianças, ela havia se colocado em pé no canto próximo à janela e estava chupando o dedo, dando as costas ao grupo. Quando me aproximei, ela me disse: "Eles se divertem com besteiras infantis, palhaços, isto é o que eles são. Ameninados". Então eu lhe respondi: "Você, ao contrário, chupa o dedo". Seu olhar foi quase uma ofensa.

Voltando à aula com a sintaxe, Teresa admitiu que nunca colocava o sujeito se não era *eu*. Que fazia o contrário dos falsos modestos.

Contrariamente ao que se possa supor de uma pessoa tão agressiva, o grupo não a rejeitava; aliás, queria cooperar com ela. Haviam detectado que a conduta de choque ia se tornando cada vez mais grosseira. Na verdade, ninguém "caiu" nas suas provocações. Até havia certa indulgência em relação a ela.

Escolheu para mover o disco que haviam trabalhado na aula anterior, ela dançava como um *eu grande,* quase um sol, segundo suas palavras, e os demais, também segundo suas palavras, eram *tu,* planetas, planetinhas.

Como eu-sol movia-se de forma grandiloqüente, esticava suas longas extremidades como raios, e os planetinhas, os tu, dançavam ao redor. Mas dentro em pouco os planetas foram se dando as mãos, fizeram uma longa fila e percorreram todos os cantos do salão. Haviam se transformado em um trem. O eu-sol aproximou-se deles e tocou-os no rosto, dizendo que entrava luz pelas janelinhas dos vagões. O trem agradeceu e seguiu sua marcha. Tornou a aproximar-se o sol e lhes disse que como estava fazendo frio não fechassem as janelinhas, pois assim poderia passar-lhes calor. Eles agradeceram e seguiram seu caminho. De repente, o eu-sol parou de mover-se e disse: "Bom, vou dormir, deixo-os sozinhos". Foi para um canto e encolheu-se. Os vagões-planetas-tu continuaram dançando. Teresa começou a soluçar. "Eu fiquei sozinha. Estou muito sozinha." Os planetas haviam deixado de se mover e a rodeavam não muito perto. Daniela, colega com a qual compartilhava o mesmo estúdio, aproximou-se primeiro, e a mão de Teresa procurou a dela. Houve um longuíssimo aperto de mãos silencioso, e depois um abraço com ela e com todos os seus companheiros. "Venha brincar conosco", lhe disseram. "Bom, vou, mas pelo menos máquina posso ser?" E colocou-se à frente de todos, posição que durou pouco, já que esticou sua mão esquerda, que estava livre, e deu a mão para o último vagão, formando uma roda.

A pontuação também analisada pelo falante pode dar surpreendentes resultados.

Márcia não era popular no grupo. Havia se aborrecido bastante quando um dos integrantes homens, de mais ou menos sua idade – ao redor dos 30 anos –, lhe disse que não podia entender bem por que lhe enfadava trabalhar com ela, sobretudo como casal, mas que acreditava ter relação com sua maneira de falar, "me deixa frustrado". Márcia protestou primeiro, mas ao comprovar que o resto do grupo tinha a mesma opinião sentiu-se preocupada e quis vê-lo mais claramente. A tarefa consistia no seguinte: Márcia, diante do quadro-negro, com um giz na mão, devia responder a qualquer pergunta que lhe fizessem, e ao mesmo tempo teria de traçar com uma linha o *movimento* da resposta. Foram cinco respostas, que deram os seguintes resultados:

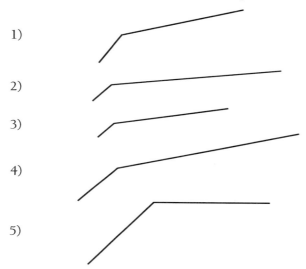

Sugeri-lhe que acrescentasse o que lhe ocorrera nos desenhos, deixando levar-se pela mão, e obtivemos as seguintes figuras:

As primeiras linhas para cima correspondem ao começo da oração, quando começa a elevar-se a voz; o que se segue é o desenvolvimento central que mantém um tom mais ou menos igual, e depois o descenso final, que representa o ponto. Em Márcia não havia ponto, não havia descenso do tom da oração, o que gerava sempre uma expectativa. Seu estilo se caracterizava por criar suspense e deixar frustrado o outro, esperando algo que nunca sucederia. Ela o compreendeu com os próprios desenhos – e mais ainda quando os comparou com os esquemas de seus companheiros.

Plástica

Na plástica consideramos desenho, pintura, datilopintura, colagem, cerâmica.

Os grupos trazem para a aula uma bolsinha como a do jardim-de-infância, com tesouras, recortes, pedacinhos de arame, latinhas, telas, folhas, caracóis, argila, cola plástica, *crayons*, têmperas e lápis pretos.

Uma senhora jovem, avó, professora de matemática, que não fez o pré-escolar, disse alvoroçada: "Por fim, agora eu tenho de brincar com as formas, manchar as mãos com pinturas, armar com mil porcarias – o que até agora era o endiabrado produto de meus netos". E trabalhou... e chorou sobre um ranchinho duro com rebordos de fibra amarela. Chorava sobre sua estereotipia, seus limites impostos, sua impossibilidade de saber o que tinha dentro. E o que tinha dentro foi saindo em datilopintura, trabalhou com formas vulcânicas semana após semana, pois o movimento estava encerrado no vulcão e não podia sair. Durante uma aula de movimento livre, e com a *Nona sinfonia* de Beethoven, ouvimos um som como o de um trovão, e Dora, a avó jovem, foi separando os braços que haviam estado unidos à cabeça, e de repente a saída violenta e a dança da liberdade e do fogo.

O jogo de papéis complementares

Dividimos a equipe em dois grupos, sendo uns os complementados e outros os complementares. Todos começam a mover-se com música; quando ouvem palmas, os complementados ficam fixos em uma posição. Os outros se aproximam e o mais rapidamente possível complementam a imagem. Por exemplo: o que ficou com a cabeça abaixada pode ser pressionado com a mão, ou também podem ser o possível objeto que aquele contempla no chão. Quando o grupo tem número ímpar de pessoas, fica sempre um complementar a mais, que terá de complementar então um par.

Esse trabalho faz que se manifestem os movimentos básicos, como os que sempre ficam em posição de súplica ou de queda. Não sendo intencional a postura, mas resultado de um movimento interrompido, pode-se considerar que em sua conduta essas posturas estejam integradas como constantes.

Diana, escritora, 35 anos, recém-casada, repetia sempre a mesma conduta, demorava a encontrar companheira e, quando o fazia, mostrava levemente seu mau humor, como esta frase: "À festa da vida cheguei tarde, e pouco me sobrou do festim". Era a última filha de nove irmãos. Também havia se casado com um homem primeiro viúvo e depois divorciado com três filhos maiores.

Sua resposta como complementar era sempre a de procurar o bem-estar dos outros ou aumentá-lo. Os companheiros lhe assinalaram isso como demasiada bondade, pois sua tensão corporal nessas posições faz que não confiem nelas. Como complementada sua postura tampouco é demasiado autêntica, pois corrige imediatamente a posição em que ficou, dando mais pontos de apoio a seu corpo.

Ela registrou – quando lhe notaram o anterior – que os personagens de suas novelas são sempre seres sacrificados, compreensivos, que mutilam sua vida em benefício da felicidade do outro. Naquele momento estava justamente escrevendo uma novela cujo protagonista principal renunciava ao amor porque o irmão também amava a mesma mulher.

Na aula seguinte comentou que havia arquivado a novela.

Nada mais. A partir daí seu trabalho resultou cada vez mais comprometido e sem concessões. Passado um mês e meio, com aulas uma vez por semana, ela pediu expressamente papéis complementares. Nesse dia eram cinco os elementos do grupo, de modo que formariam dois pares, um deles com um terceiro. Uma vez executado o golpe, Diana caminha decidida até uma companheira, mas chega no mesmo momento com um rapaz. Ela o tira decididamente do meio e, em resposta à imagem da jovem atirada ao chão com os cabelos para a frente, pega-a pelo cabelo e faz menção de arrastá-la com força.

Foi muito importante para Diana. A partir desse trabalho, ela decidiu começar um tratamento psicoterapêutico.

Sexualidade

À medida que o indivíduo vai se ligando com diferentes partes de seu corpo e com os outros, vai desfazendo os nós que atavam suas respostas. Vai deserotizando o contato e, portanto, perde o medo.

Era uma aula-maratona de seis horas de duração. Elza, professora de inglês, 51 anos, casada, com quatro filhos. Suas características notáveis à primeira vista são sua elegância como mulher e seu amor à docência. Depois de trabalhar com o contato de mãos com um par de mulheres desconhecidas escolhido ocasionalmente, teve de dizer como todos uma palavra que sintetizasse o vivenciado. Disse: "Basta".

O contato que havia tido com Sara havia sido absolutamente cuidadoso. Nos comentários Sara disse que lhe chamou a atenção a fantasia que teve em um momento – estavam de olhos fechados –, de ter contato com um homem. Elza se sentiu muito mal. Observei suas mãos pela primeira vez e adverti que eram realmente masculinas, em contraste com o resto de sua figura. A partir daí, Elza permaneceu em cada tarefa bastante aborrecida, sem comprometer-se. A resposta que dava aos comentários era: "Isso eu já fiz em tal ou qual parte. Tudo isso é conhecido para mim". Seus comentários finais foram: "Toda experiência é interessante enquanto tal, embora seja para saber que não tornará a repetir-se nunca".

É evidente que Elza não pôde tolerar a mobilização de núcleos homossexuais. Nela, o contato com uma mulher estava sumamente erotizado e, portanto, rejeitado.

É mais temida, todavia, a possibilidade de mobilização homossexual masculina. Em todos esses casos minha intervenção é apenas para assinalar de forma geral os temores da mobilização sexual. Nunca assinalo em nível individual.

Pude comprovar alguns casos de frigidez momentânea – de três a cinco anos – que chegaram a conseguir novamente orgasmo.

Em outros casos mais crônicos foi necessária a intervenção da psicoterapia para que os resultados de integração corporal fossem positivos.

Grupal ou individual

Até agora me referi sempre a experiências grupais, pois creio efetivamente que é a melhor forma de aprendizagem. As respostas dos outros integrantes do grupo são fundamentais, uma vez que eles receberam mensagens diretas corporais que podem elaborar, devolver e corroborar.

Ocasionalmente, e por diversos motivos, trabalho de forma individual, por motivos de tempo do aluno, de trabalho, de distância, ou por questões de redes sociométricas.

De qualquer maneira, sempre sugiro sua inserção em alguma aula-maratona cuja duração vá de cinco horas a três dias (sempre com o tempo estipulado claramente em cada caso).

A quem se dirige

A docentes, psicoterapeutas, fonoaudiólogos, artistas e, em geral, a todo público que necessite buscar um caminho para a criatividade.

Docentes e terapeutas precisam conhecer o próprio corpo para compreender as mensagens que vêm do outro. Não têm de ser psicodramatistas para que a indicação seja precisa. O docente que verbaliza e pede respostas somente neste nível, se não abre sua percepção aos demais elementos que igualmente lhe chegam, não pode decodificá-los. Então, aquilo que pode ser riqueza, cor, movimento e forma se transforma em peso e angústia, por desconhecimento. O educando merece que o tratem como pessoa total, e o docente que não se anima a ver-se a si mesmo dessa maneira dificilmente pode considerar o outro.

O terapeuta cuja técnica se baseia no discurso verbal, se não está treinado como radar, perde a série de mensagens paraverbais que caem tristemente na papelada de seu consultório com partes importantes de seu paciente.

Comentário final

O filósofo diz:
Para encontrar a verdade há que organizar o cérebro.
E o poeta:
Para encontrar a verdade há que arrebentar o cérebro,
há que fazê-lo explodir.

León Felipe, como bom poeta, representa claramente e com poucas palavras as duas correntes em que o homem se situa na vida com respeito à morte. Organizando o cérebro: o pensador, o cientista. Arrebentando o cérebro: o artista, o que vive sensorialmente. Ambos são extremos da mesma dicotomia: mente—corpo. Ou tomamos o cérebro e rejeitamos o corpo ou tomamos o corpo e rejeitamos o cérebro. Mas as próprias palavras desmentem essa divisão que o homem quer manter; o cérebro, parte do corpo, tem matéria, função, se desgasta.

A Idade Média foi a etapa na qual ambas as tendências coexistiam violentamente. Por um lado, na Espanha, o ascetismo de Felipe II representa a secura que levava o homem à tristeza profunda como forma de vida, já que o corpo não podia alegrar, nem gozar, nem amar-se, só devia ser coberto e castigado caso se insubordinasse. Buscava a elevação espiritual triunfante sobre um corpo ferido e esquecido. Por outro, como uma multidão vociferante, encerrada em um sótão, uma multidão vital que se reproduzia, cantava e vivia tomando estranhas formas diabólicas pelo pouco espaço, a arte arrebentava a cobertura do sótão e saía rugindo, pecadora...

Ambas tinham de conviver e o fizeram em luta. É uma luta que ainda continua. Mas é possível que não seja necessário arrebentar o cérebro para ser criador, nem mutilar o corpo para ser pensador. Moreno postula uma resposta adequada e reflexiva: a espontaneidade. A velha e esplêndida Grécia baseia sua arte maravilhosa no princípio da mente e do corpo em harmonia. Equilíbrio conseguido depois de lutas angustiantes.

Dentro da perspectiva psicológica, tanto a sociedade como o homem procuram suavizar a luta entre o id e o superego, para que não seja necessário que o ego arda no altar dos sacrifícios.

7

Psicodrama no ensino do psicodrama

MARCO ANTONIO AMATO

Entender com a alma para sentir com o intelecto.

Sou muito grato a Dalmiro Bustos pela honra de ter sido convidado para compor este precioso livro, e ainda mais por se tratar de um capítulo sobre o ensino do psicodrama, um assunto que merece muitos olhares e vários focos. Não tenho a pretensão de esgotar o tema, mas enquadrar alguns aspectos, além dos teóricos, da supervisão e do terapêutico.

Tenho focado o meu "olhar" no grupo autodirigido, desenvolvido por Bustos, que significa apreender psicodrama fazendo psicodrama, por meio da confiança gerada num grupo no qual colegas mostram-se de corpo e alma para que, entre si, possam dirigir uns aos outros, sob a regência do coordenador do grupo. Isso significa aprender a manejar um poderoso instrumental com muito cuidado – lembrando Ernesto Che Guevara de la Serna (1947): *"Hay que endurecer-se pero sin perder la ternura jamás!"* –, com os aspectos cognitivo e emocional caminhando juntos. Procurei articular, neste "olhar", a Filosofia do Momento e a Teoria dos *Clusters* no manejo e na compreensão da dinâmica da cena. Para tanto selecionei alguns tópicos:

Quem pode ser psicodramatista?

Bustos levantou esta pergunta na edição de 1980, por isso vejo relevância em manter acesa a reflexão. O "fazer" psicodrama requer uma carga de qualidade dramática que, para alguns, é nata, enquanto outros necessitam de um intenso treinamento. Esse aspecto da qualidade dramática causa comumente, no psicodramatista, uma sensação de dificuldade – ou por ser um modelo de intervenção dramática no palco para artistas, ou por ser o palco um lugar no qual o psicodramatista passa a estar em evidência, deixando transparecer aspectos profissionais e pessoais, e ficando vulnerável a críticas, além da produção plástica que é exigida na direção cênica do protagonista.

Quanto ao ensino, além dos aspectos cênicos citados, um elemento de enorme importância é o aprendizado da "presença verdadeira deste estar como o outro", verbal ou dramaticamente. Ou seja, a postura existencial, o encontro relacional "possível" e verdadeiro. Como bem afirmou Moreno (1997): "O homem adoece e se cura na relação". Comparo essa relação à música, que, quando tocada, é muito mais do que a soma da partitura com o instrumento. É como o tão simples cumprimento indiano denominado *namastê*: quando se encontram, os hindus abaixam a cabeça e dizem essa palavra, que significa "vejo a centelha divina em você" (Remen, 2001).

Sobre o talento terapêutico, Bustos comenta:

> É um talento que leva a psicoterapia a aproximar-se homologamente da arte. É óbvio que esse talento terapêutico pode ser estimulado em seu desenvolvimento, mas não se desenvolve a partir do nada [...] A propriedade, tão particular e única a que chamo talento terapêutico, indica a capacidade para um encontro existencial, unidade afetiva, flexibilidade para se situar na distância adequada, de acordo com a solicitação do paciente (*O psicodrama*, 1982).

Ensinar a inteligência emocional é algo mais minucioso. "Cada um é portador de sua própria centelha divina." Essas palavras de Moreno nos fazem entender que cada um possui dentro de si o seu próprio Deus (espontaneidade e criatividade), podendo, assim, reger seu destino, sua vida e, naturalmente, dar a resposta mais adequada à sua personalidade.

Dessa maneira, a chama em cada um é despertada conforme o seu talento. Cada pessoa tenta "adequar uma resposta nova" (função da espontaneidade) a esse fazer psicodrama. Alguns seguirão o caminho da teoria, outros o da clínica, ou ainda o da instituição/empresa. Há os que buscarão o Teatro Espontâneo na sua plasticidade, nas formas, nas máscaras. Outros priorizarão os sociodramas no psicodrama clássico. Tantas outras vertentes existem – e podem ser criadas – nesse imenso bojo da criação psicodramática, dependendo somente do "olhar" emocionalmente aprendido do profissional.

Agrada-me encontrar, num mesmo curso de formação em psicodrama, profissionais e acadêmicos de psicologia, serviço social, medicina, pedagogia, direito, jornalismo, entre outros, que "legitimam" a integração de diversas áreas. Pergunto-me sempre sobre a aplicação do psicodrama a cada uma dessas pessoas. Que transformações ocorrerão nelas? Que centelha despontará em cada classe? Que áreas, no âmbito profissional, serão redesenhadas? Ocorrerão mudanças em suas questões pessoais?

Nos estudos de Gardner (Goleman, 1995) sobre as sete inteligências múltiplas, chamo a atenção especialmente para duas: a inteligência interpessoal e a inteligência intrapsíquica, suportes importantes para profissionais das ciências e das relações humanas, em especial para o psicodramatista, que têm em mãos um instrumento poderoso, tanto na entrada da psique quanto na interferência nas relações de forma geral – casal, grupos, equipes, família etc. Exige-se do psicodramatista uma *performance* relacional e de autoconhecimento. O diretor do sociopsicodrama atravessa o ritual da dramatização numa linha tênue, que muito o aproxima afetiva e racionalmente do protagonista, seja este indivíduo ou grupo.

Dirigir um psicodrama requer desenvolver também um traço artístico, além de exigir intensa "transpiração", envolvimento, intuição e, sobretudo, talento. Gostaria de poder afirmar que esse treinamento possibilita a todos a mesma facilidade de desempenho na direção dramática, mas esta seria uma inverdade. Porém, a experiência tem demonstrado que a participação de alunos nos grupos autodirigidos, por exemplo, e no psicodrama de forma geral, propicia transformações reais nos estudantes, sobretudo no que se refere à prontidão existencial – mesmo que o seu palco de atividades seja desenvolvido em outras áreas do psicodrama ou na vida.

Sobrepor nossas dificuldades a cada dia é fato heróico, mas não perder a noção de nossos limites é de âmbito existencial.

Ensinar psicodrama fazendo psicodrama

Este é o primeiro mandamento, se assim posso dizer, da técnica do psicodrama. A prática, aqui, possui enorme importância, naturalmente por ser um método de "ação". Ser psicodramatista é participar relacional e dinamicamente da dramatização. Os alunos em formação normalmente procuram o chão firme de propostas prontas. Bustos nos ensinou que todo o método "caminho" tem de ser coerente com o seu conteúdo. "Tu és gênio, tu sabes, cria o conhecimento dentro de ti, descobre-o. Sê espontâneo." Com estas palavras, Moreno (1992) deixou impresso que, mais do que ensinar, é o ato de descobrir; mais do que passar fórmulas prontas para o aluno passivo e ensinado a "engolir" modelos e regras, é criar um nascedouro, um terreno onde possa florescer o que se tem de melhor; é dar as condições adequadas para cada um de descobrir sua sabedoria, seu conhecimento, exercitar a iniciativa.

Como levar isso a cabo sem beirar a desestruturação, o caos? Buchbinder (1996), ao escrever sobre o tema "Formação e investigação", explica que, na formação, são criados para os alunos espaços de estruturação, conceitos de planificação, modelos e teorias; mas na investigação cada um vivencia o mergulho em seu desconhecido, suas cenas conflituosas, ou seja, a protagonização.

A estruturação e a desestruturação andam de mãos atadas, são companheiras da alma da criação. Cada estrutura desencadeia uma desestrutura. O professor, quando não aproveita a oportunidade de mergulhar no caos com o aluno, deixa de apreender, reapreender e renascer a cada contato.

Aprender com as vivências é imprimir o sentimento na razão e a razão na alma. Bustos (revista *Momento*) relata, com extrema poesia, uma de suas experiências em Beacon (Estados Unidos):

> Y comenci a barrar las fronteras entre vivéncia y pensamento en un árduo processo de integración. Lloré las lágrimas de la razón y pensé mis mas profundos sentimentos. Aprendi mucho com dolor y corria o riego del ouvido porque la inscripción no entrava por lo racional.

Entender verdadeiramente o sentido dessas palavras exige tempo e treino.

No começo da minha formação, vivenciei uma cena cujo tema era a perda, para a qual eu levei minha mãe, que faleceu quanto eu contava sete anos de idade. Somente quando inverti papéis e assumi o de minha mãe pude vivenciar a sua morte e libertar a mim mesmo para a vida. Percebi, então, que até ali eu havia carregado essa morte nas costas. Nesta vivência notei quão imensa era a emoção que ainda estava engasgada. Como psicodramatista, tive a noção do que verdadeiramente representa a cena dramática, bem como as dimensões que pode atingir.

Perdas, lutos e separações são temas do dia-a-dia nos consultórios, comuns a todos de alguma forma. Não há como não enfrentá-los, e fazê-lo é como "saber com o sentimento" e "entender com a alma" que dirigir uma cena é comparável a entrar num santuário sagrado, merecedor de respeito e cuidado; algo que jamais pode ser feito mecanicamente.

No grupo autodirigido, quando se dirige uma cena de um colega do grupo, o diretor escolhido está em evidência também e se sente em sua própria cena também. Duas cenas ocorrem ao mesmo tempo, o coordenador e o grupo o estão observando, o que para muitos é extremamente difícil; enfim, existem sempre duas cenas no palco, a do protagonista e a do diretor – e por que não pensar na cena do coordenador, que em determinado momento deve entrar na cena sem atropelar o diretor mas auxiliando o protagonista? Além disso, quando o protagonista/colega de grupo está no processamento/compartilhamento, os dois vão poder se escutar, experiência única: paciente e terapeuta poderem se ouvir como foram neste momento, o cuidado é recíproco e necessário, pois os dois se expuseram bastante.

A emoção estava na sala,
Ao pisar no palco
O tempo se desmanchou
Em tempo presente.
As emoções mortas, agora
Eram visitas.
Mergulhei na pele
Como nunca antes.
O desencadear da memória,
Agora, tinha um script *original*
Escrito com lágrimas.
No palco, em câmera lenta
Volto a viver devagar,
O que antes
O tempo havia me tirado
Antes do olhar
Antes de despedida.

O grupo autodirigido

O *role-playing* do papel de psicodramatista, especificamente chamado por Bustos de grupo autodirigido, é um grupo de reciclagem, um grupo de profissionais psicodramatistas formados ou em formação que desejam treinar psicodrama ao toque da própria vivência pessoal. Não equivale à formação, mas é um vital complemento.

O grupo autodirigido, conta Bustos, acontece de certa forma nos moldes do ensino em psicodrama no Instituto de J.L. Moreno em Beacon, onde a formação de diretor em psicodrama demandava um total de 960 horas – um tempo deveras significativo –, divididas em quatro etapas de 240 horas cada uma: ego-auxiliar, diretor-assistente, diretor-associado e diretor em psicodrama. O processo tinha três bases importantes: a teoria, a habilidade e o crescimento pessoal.

Bustos conta que passava temporadas de estudo em Beacon intercaladas com a volta ao trabalho, o que ocorria com outros profissionais do mundo inteiro.

Fonseca (1990) esteve um tempo em Beacon e conta a sua experiência:

> Realizam-se três sessões psicodramáticas diárias: das 10h às 12h30, das 15h às 17h30 e das 20h às 22h30. É um ritmo violento que o passar dos dias vai cansando. O grupo reúne-se, escolhe o protagonista e este o seu diretor, que é qualquer membro do grupo, independentemente da experiência em psicodrama. Privilegia-se a escolha télica e não a profissional. Todas as manhãs faz-se o processamento técnico das sessões do dia anterior. Todos opinam sobre as direções realizadas, especialmente o protagonista, que relata como se sentiu dirigido. Não são permitidas interpretações psicodinâmicas [...]

O desenvolvimento de diretor em psicodrama se dá por meio do contínuo aprender "fazendo e vivendo" psicodrama no exercício dos diversos papéis: protagonista, ego-auxiliar, diretor e processador, e posteriormente o papel de coordenador do grupo autodirigido.

Cada papel tem sua particularidade, seu mistério, que guarda por trás de cada experiência, nas quais várias funções necessárias serão desenvolvidas em cada papel vivenciado.

A experiência no papel de protagonista guarda em si, em sua vivência, a entrega e a confiança no método, condição *si ne qua non* para incorporar emocional e cognitivamente a filosofia, a teoria, o método e as técnicas. É, a meu ver, o papel fundante do psicodramatista, mergulhando em várias de suas próprias cenas, temidas, conflitantes ou de compreensão de "si mesmo". Cenas que vão permitir a entrada nas cenas de outros protagonistas.

O papel de ego-auxiliar tem no seu bojo a proximidade com o protagonista, integrado à alma da cena, e o manejo de sua "qualidade dramática", indispensável para o aquecimento da cena de sua produção e para a atuação dos papéis complementares do protagonista. O ego-auxiliar tem a característica de "combate" ou de "dança " no que se refere à dinâmica da relação. Nesse papel ele está muito próximo, misturado às vezes pela própria dinâmica do vínculo. No exercício desse papel se apreende e desenvolve a tele, a produção dos papéis complementares, o tom emocional das falas e o desempenhar do ator terapêutico.

O papel de diretor é o de um "maestro que rege" o ritmo de toda a produção, o aquecimento geral, a produção das cenas, suas articulações, teoria/método/técnicas, os egos, o assunto/argumento – não interferindo na execução do protagonista, mas na co-produção. O diretor reúne as funções de produtor, ego-auxiliar, líder de grupo e terapeuta.

O papel de processador tem como função registrar cada fala e movimento, realizado simultaneamente por um membro do grupo e pelo coordenador. Cada cena é registrada para posterior reflexão e compreensão do grupo na presença de todo o processo operacional da dinâmica da cena. O processamento é uma fase que se segue após a etapa de compartilhamento, podendo agora articular a teoria e o método na ação dramática das diversas cenas, passo a passo – o que seria, na música, "a partitura" do projeto dramático.

O coordenador é o último papel a ser desenvolvido, é o papel central, que dirige toda a dinâmica do grupo autodirigido. Este passa por diversos momentos e fases, cada um tem seu ritmo e há diferenças entre os grupos. A função do coordenador é igual à do psicoterapeuta. Precisa primeiramente ouvir, como em um grupo terapêutico: "Vamos em direção ao que o grupo marque", cita Bustos como regra básica para não opor ao grupo o desejo e uma programação de atividade distante de suas prerrogativas.

Etapas do grupo autodirigido

Assim como em qualquer grupo de psicodrama psicoterápico, as etapas seguem semelhantes. Aquecimento inespecífico, aquecimento específico e compartilhamento; depois vem a diferença, que é a etapa de processamento. Antes das etapas há um trabalho sociodramático do grupo. Procurarei citar cada momento e suas dificuldades.

Ouvir o grupo é, além de conhecer a demanda grupal, analisar o clima protagônico para o exercício da atividade; é olhar o contexto grupal, a dinâmica do grupo, os possíveis conflitos entre os membros ou entre um deles e o coordenador. Não se pode passar para a fase psicodramática se houver uma questão sociodramática anterior: o contexto grupal é a base anterior ao contexto psicodramático.

Havendo interferências sociométricas, o passo é abrir espaço para ouvir, para a reflexão e os confrontos, utilizando por exemplo o Teatro Espontâneo como espaço de produção do imaginário e da fantasia do co-inconsciente grupal. Essa etapa anterior, que denomino *sociodramática*, abre espaços de confiança e "limpeza" relacional. Perazzo chama-os de "curto-circuitos relacionais", que eventualmente surgem em todos os grupos e devem ter espaços para sua elaboração.

Simultaneamente ao desenvolvimento de todos esses papéis existe um *role-playing* do papel de sociodramatista que acontece naturalmente, pois antes que aconteça o psicodrama como contexto psicodramático o diretor está atuando no contexto grupal, e tal contexto tem conflitos individuais e subgrupais, interferências sociométricas, axiodramáticas, com espaços de confrontos reais, presentes e de recontratos – enfim, um olhar sociodramático que se desenvolve antes do olhar psicodramático.

Após a etapa do aquecimento inespecífico, havendo clima emocional e protagônico, encaminhamos a etapa de aquecimento específico para o aparecimento do protagonista. Aqui a criatividade e a sutileza do diretor são vitais. O comando, a consigna, a dica têm função de um "iniciador". Existem vários iniciadores para a cena dramática – racional, corporal, ideativo, afetivo. São exemplos destas consignas: "Se eu fosse protagonista hoje, trabalharia o tema da..."; "Se eu fosse uma emoção, seria... e diria que..."; "Se eu revisse minha vida, em que cena pararia?"; "Que filme falaria de mim hoje, e qual cena?" Estas são algumas das possibilidades que abrem portas psicodramáticas.

A cada momento o coordenador pode e deve procurar variações no tema. A criatividade sempre proporciona aquecimento, pois o inusitado, o inesperado da criação abre espaços psíquicos de muita energia. Certa vez, pedi ao grupo que escolhesse um filme que houvesse marcado sua vida, e depois de um tempo escolhesse uma cena desse filme. A cena escolhida foi representada no palco como no filme, com o mesmo texto, e depois perguntei: "Você está em qual lugar nesta cena e com quem?". Naturalmente, para melhor visualização do papel do diretor, dirigi primeiro o protagonista e o próximo escolheu o colega/diretor que o dirigiria em sua cena. A novidade para esse grupo e para mim trouxe uma riqueza na dramatização.

A escolha do diretor pelo colega do grupo é um dos momentos mais ricos, pois a sociometria está em jogo – "quem eu escolho com o critério de ser meu diretor" –, além da ansiedade natural que produz em todos os colegas o papel de diretor, papel desejado e temido. O diretor escolhido deve ficar à vontade para perguntar ao coordenador algo relevante durante a cena, como forma de caminhar com segurança até que se sinta no seu limite de produção e passe a direção para o coordenador.

Ao fim da dramatização é vital a etapa de *sharing*, de compartilhamento, fase que horizontaliza todos do grupo – diretor, protagonista, coordenador, egos-auxiliares e platéia –, momento em que todos poderão ser protagonistas com o protagonista. O compartilhar é um ato que deve ser espontâneo, verdadeiro e não forçado, deve atender às necessidades de trocar com o protagonista suas identificações com o tema trabalhado, nunca analisar a vivência e o protagonista, mas compartilhar com ele.

Somente depois da etapa do compartilhar, dependendo do contrato – se este especifica um tratamento de uma vez por mês, seis horas mensais ou uma vez por semana –, será possível aproveitar o mesmo dia para fazer o processamento. Alguns grupos preferem um intervalo de tempo para voltar a falar da dramatização.

A etapa que eu chamo de processamento/compartilhamento é feita com os dados do processador e do coordenador. Nessa fase, estudamos e repensamos cada passo, cada cena da dramatização, olhando muito mais para a operacionalidade da cena do que para a psicodinâmica. O nome processamento/compartilhamento se dá porque o protagonista/colega de grupo está presente, e para este nunca deixa de ser uma dramatização de sua vida, mesmo que agora o foco esteja no intelectual da cena. É preciso estar atento ao protagonista o tempo todo.

O processamento tem um caráter de supervisão, de estudo e reflexão, e pode ser produzido de várias formas. Em minha experiência no Instituto J.L. Moreno, em São Paulo, a leitura do processamento era realizada passo a passo, revendo as intenções do diretor, suas dúvidas e outras possibilidades, pois a cena dramática não tem uma só direção e uma só forma: cada psicodramatista vai buscar o seu estilo e ritmo, naturalmente com base em uma estrutura e em uma lógica existencial da cena dramática. Por isso, o processamento tem de ter em sua forma a aprendizagem com os erros e as buscas, e não um caráter punitivo.

Procurei criar com essa forma de processamento uma estrutura que me ofereceu uma chão para o entendimento das cenas e do caos da dramatização e que chamei de *dinâmica da cena*:

Cena 1 (número de cenas)

Locus: a montagem do lugar, o espaço físico e seus detalhes, o clima afetivo desse lugar e entre as pessoas.

Tempo: o momento exato em que estamos, a idade, o instante existencial do protagonista.

Papéis: os integrantes da cena reais ou imaginários.

Argumento: representa o roteiro, o mote da cena.

Matriz: ou resposta existencial. Primeiramente vem como a queixa, a matriz é o foco para o qual devemos dirigir nossas atenções operativas. Muitos confundem-se e dirigem-se para as pessoas da cena – os pais, companheiros etc.; estes fazem parte do *locus*, dos papéis. Em outras palavras, nosso foco é para "o que eu fiz com o que me fizeram" e não para quem me fez algo.

Tive o prazer de ouvir Márcia Karp em um *workshop* em São Paulo no qual ela utilizou, para o processamento, a divisão da dramatização em várias funções do papel de diretor, forma que ela diz ter sido proposta e desenvolvida por Peter F. Kelerman. Para isso, Márcia dispôs no palco quatro cadeiras que representavam o líder de grupo, o terapeuta, o diretor e a platéia, o que significam respectivamente:

Líder de grupo: é o coordenador grupal, o mobilizador desse grupo no que se refere ao aquecimento.

Terapeuta: agente de mudanças para o protagonista.

Diretor: produtor dos recursos psicodramáticos, co-protagonizando os anseios do grupo.

Platéia: ecoa a voz do grupo, pois está vendo toda a produção dramática e participando dela.

Assim, as pessoas do grupo colocam-se nas respectivas cadeiras e fazem um duplo de cada aspecto apresentado, falam de como se sentem no papel da direção: "No papel de terapeuta fiz isto neste momento para atingir tal objetivo" ou "Quando líder do grupo, senti a platéia distante, um pouco aquecida ou não envolvida com o tema. Foi uma experiência muito interessante que me fez refletir sobre a tentativa de ramificar as funções de diretor de psicodrama com algumas alterações e focos".

Funções do papel de diretor em psicodrama

Pensar em funções do papel de diretor abre um leque de atitudes que compõem o fazer psicodrama e exigem uma prontidão existencial deste e olhares diversos para a cena dramática. O psicodramatista sabe que não pode tender à passividade na cena: esta pede envolvimento. No olhar como diretor, no tempero da qualidade dramática – em que o corpo todo pede presença –, acredita-se no método para que o jogo tenha a veracidade necessária. O terapeuta sabe o que está investigando mesmo que outros caminhos novos peçam espaço. É interessante pensar também na função de protagonista que o psicodramatista deve ter à luz de sua conduta no "compartilhar" ao fim da dramatização, trocando de lugar com este durante o processo com o conhecimento de quem trilhou caminhos semelhantes e sabe como é importante ter cuidado com carinho e respeito no "estar protagonista".

O diretor é o analista do processo grupal e pessoal, atento às leituras do grupo, de suas interferências relacionais, da continência grupal, do aquecimento e da detecção do clima protagônico. Comparo essa função à de um maestro atento a cada nota emitida pelos instrumentos da orquestra, articulando as funções de terapeuta e de produtor e o aquecimento da cena, mantendo a platéia atenta e cúmplice do protagonista. A superatuação de uma delas sobre a outra pode tornar o cenário bem distante da emoção do protagonista ou gerar uma catarse solitária distante e sem continência da platéia.

O aprendizado do papel de diretor também comporta, além do papel de psicodramatista, o de sociodramatista. Esses papéis se alternam o tempo todo, tanto no contexto grupal como no contexto psicodramático. Essas funções são indissociáveis, mesmo quando o foco está no indivíduo em dado momento e no coletivo em outro; como figura e fundo, o indivíduo e o grupo sobrepõem-se em vários momentos diferentes, dependendo do objetivo que é focalizado. Muitas vezes trabalhamos em uma cena individual uma questão grupal, e numa atividade grupal, cenas individuais.

O palco pede ação
Envolvimento, intimidade
Relação e respiração
Um ritmo é desenhado
O sonho abre portas
Cada ator
Uno por instantes
Faz os passos
Seus passos.

O produtor tem, além da função plástica da cena, a de transformar os sinais advindos do protagonista em produções cênicas. Como cenógrafo do imaginário, dispõe queixas, sintomas, lembranças e associações do protagonista em imagens e cenas no palco. Concretizando o imaginário no palco, o produtor articula as técnicas psicodramáticas às necessidades avaliadas pela função terapêutica em relação ao espaço cênico e à participação dos egos-auxiliares e, principalmente, da platéia como caixa de ressonância do drama do protagonista. Perazzo (1994) aborda esse assunto da seguinte forma: "Costumo dizer que o psicodramatista deve exercitar a sua capacidade cinematográfica, imaginar a cena que está contida no discurso de seu cliente. [...] Ser terapeuta é um eterno recomeçar".

O terapeuta atua como agente de mudanças, de escuta e de ação. Procura adequar a queixa, o sintoma – o dito e o não-dito –, objetivando o drama e abrindo as fronteiras para a reflexão sobre o mito pessoal. Ele focaliza a matriz (modelo de conduta que integra uma resposta, um movimento, uma ação, a palavra e o gesto), resposta existencial que foi concebida em algum momento da vida e hoje se encontra inadequadamente representada na conduta repetitiva e angustiante do protagonista. O terapeuta é quem vai revelar os aspectos defensivos e compreender a dinâmica instalada, criando condições para a reflexão até que haja a reparação na catarse integrativa.

Essa função tem merecido muita atenção no que tange ao psicodrama psicoterápico, já que a intervenção processual não era proposta de Moreno. Este foi, é e será um campo de muitas criações teóricas e escritos. Ler tudo sobre o tema é uma exigência; a vastidão de grandes autores dentro e fora do país é imensa. Também é importante conhecer outras teorias, já que o foco de atenção é o mesmo, o ser humano.

A Filosofia do Momento e a Teoria dos *Clusters* têm me ajudado muitíssimo, tanto na articulação das cenas quanto na leitura existencial desse pedido e do que é exigido no papel do psicodramatista.

Sobre essa função terapêutica, Bustos (1992) afirma que

[...] todas as alternativas deste vínculo constituem a matriz essencial, promotora de mudanças. Denomino estas alternativas, no aqui e agora, de drama terapêutico e, dentro disso, encontra-se a análise da transferência. No drama, o outro real está presente: companheiro de grupo, terapeuta; no psicodrama, o outro a que se refere é um outro interno, não presente.

Entendo o encontro terapeuta e paciente no psicodrama, consciente de todas as limitações e condições, como um encontro existencial e verdadeiro, mesmo que isso se dê, por vezes, coberto de projeções e transferências. Assim, o olhar do terapeuta psicodramatista poderia ser sintetizado da seguinte forma:

Estou ao seu lado
Sou seu ego
Sou seu outro
Seu espelho
Duplo sua alma
Grito seu desejo
Choro suas lágrimas
Entro no seu labirinto
Concretizo o imaginário
Unos e separados.

O ego-auxiliar é a primeira matriz fundante do papel de psicodramatista. Por meio dele, o contato com as técnicas, os papéis complementares e a proximidade com o protagonista deixam uma marca do que, posteriormente, é ser diretor.

A função de ego-auxiliar para o diretor de psicodrama está presente o tempo todo, num duplo, por exemplo, que merece treinamento delicado, pois é uma técnica com enorme poder de *insights*. Muitos conhecem o duplo como somente se aproximar do protagonista para expressar algum sentimento ou pensamento não dito e pronto, mas há quatro etapas para o duplo que poucos conhecem (aquecimento, imitação, interrogação e resolução) e que ajudam a abrir outras brechas e portas de investigação.

Na técnica do espelho o diretor está tão próximo quanto um ego-auxiliar na cena psicodramática, como ator e antagonista. Na outra cena concomitante, sociodramática, o protagonista sabe que está vivenciando, e por instantes vê este diretor como cúmplice e complementar a algo que lhe falta. O diretor está intimamente ligado ao ritual dramático; diretor e protagonista aparecem envolvidos na dramatização, enquanto protagonista e ego-auxiliar interagem na cena. Fonseca (2000) escreve:

O terapeuta conduz-se pelo princípio do duplo (estar em sintonia télica e expressar ou realizar aquilo que o paciente necessita e não consegue por si só) e pelo princípio da entrega. [...] Desta forma flui tudo o que ele capta, consciente e inconscientemente, do paciente, um jogo de ação no qual se intercalam o tempo todo, o papel de ego-auxiliar e o de diretor. O interterapêutico é o caldo da cultura necessária para o desenvolvimento do processo de ser (em contraposição ao parecer). A qualidade de saber criar essa condição é mais um dom inato do que um aprendizado do psicoterapeuta.

ALMA TERAPEUTA

Entro nesta sala à procura de mim
Te dou a história de meu filme
Trágico cômico
Onde sou ator
Mas nem sempre autor
Busco ainda ser o feitor
De minha história
Aqui, do outro lado, escuto seu filme
Recortado em cenas
Procuro contigo as cenas perdidas
Os personagens, entrevisto cada um
Cada época entra em seu palco
Duplo sua alma espelho do espelho
Apresento teus eus
Eu paciente ainda paciente
Saio intrigado
Com seu olhar, no meu olhar
Esta alma nunca vista
A alma agora sente-se nua
Sente-se viva
Eu, para olhar sua alma,
Visitei a minha
Por vezes e vezes

Olho com os olhos
Da minha alma
A teoria me veste para te ver
Me dispo cada vez
Saio diferente
Dançamos e lutamos
Tu me vês no seu palco
Ao seu lado
Cada lágrima sua
Lava as minhas...

A qualidade dramática aglutina em si muitos aspectos: presença de espírito, dramaticidade, técnica, emoção, sensibilidade, razão e um tanto de amor. Ingredientes que não podem estar à parte desse "ser psicodramatista". Ouço o termo *qualidade dramática* nos bastidores psicodramáticos com alguma freqüência. Ele é usado em conjunto com características tais como vocação, visão estética, gosto pela plasticidade, que, embora possam ser treinadas, também precisam de inspiração do diretor para surgir no cenário psicodramático. "Expressar-se sobre qualidade dramática no psicodrama é falar também da formação de psicodramatista, da sua identidade", afirma Bustos.

É evidente que qualquer diretor precisa utilizar-se de sua veia artística e dramática para relacionar-se com o palco, as cenas e a platéia, e dar, assim, visibilidade do imaginário do paciente. A questão aqui colocada refere-se à facilidade com que alguns diretores alcançam a qualidade dramática, como se ela lhes fosse inerente, enquanto outros precisam de muito treinamento para desenvolvê-la.

Moreno dizia que há pessoas com mais ou menos espontaneidade. Seguindo o raciocínio moreniano, poderíamos dizer que o psicodramatista com menos espontaneidade terá no cenário psicodramático uma atuação mais estática, menos dinâmica, presa às imagens e ao controle da situação. Outro, com mais espontaneidade, vai arriscar-se mais na produção cenográfica, mergulhando com maior agilidade no universo de imagens do protagonista. Assim, segundo Moreno, o diretor deve ter "a presença de espírito e a coragem de colocar em jogo toda a sua personalidade no momento preciso para preencher o âmbito terapêutico com seu calor, empatia e expansão emotiva".

Após ter adquirido experiência com o uso das máscaras no psicodrama, percebi que a riqueza visual integrada com o significado das máscaras-personagem fez-me reiterar a idéia de que é função do psicodrama permitir àquele que está no palco a experiência de voltar a sonhar. A ênfase inicial no teatro espontâneo dá aos alunos em formação uma dimensão dessa liberdade para sonhar, pois dá-se a introjeção da liberdade, da espontaneidade da cena, do jogo grupal, para depois enveredar-se pela operacionalização da cena conflitual. Parece-me um caminho mais seguro para uma formação.

Fazer psicodrama não é uma compulsão por dramatizar como sinônimo do fazer psicodrama. Não se trata de trocar o verbal pela ação, mas de utilizar-se da ação dramática em que a palavra se faz bloqueada para depois retomá-la. Sobre a ação e a palavra, Bustos cita Moreno: "É um erro acreditar que o psicodrama é uma cura da ação em oposição à cura da palavra da psicanálise; não é a atividade em si que produz o resultado".

A palavra dentro da ação é muitíssimo diferente de quando a consideramos o único meio de comunicação. Ambos os caminhos terapêuticos são complementares. De acordo com Bustos, "o homem tem capacidades expressivas que não se circunscrevem somente à palavra ou à mímica corporal".

Naturalmente, quando verbalizamos um conflito, estamos objetivando-o e tomando distância dele. Falar é interatuar com ele, e não confundi-lo com o conflito.

A qualidade dramática dá credibilidade à ação. Devido a ela, grupo e protagonista podem enxergar um castelo, um relógio ou um cavalo alado onde só existe uma cadeira.

Muitas vezes estas características se constituem no fio de Ariadne que guia o diretor por estados caóticos cuja única certeza é a de que se está num estado espontâneo/criativo. Essas características podem ser reconhecidas por efeitos que produz no criador, nas pessoas à sua volta e no produto (Mascarenhas, 1995).

A dinâmica da cena

O que é uma cena, como se estrutura, quais são os seus componentes? Como articular essa produção? Por que e quando vamos à cena? Que dificuldades encontramos? Quais as etapas, a seqüência, a função terapêutica da cena na formação de psicodramatista? O que é pensamento em cena, cena manifesta, cena latente, nuclear, e que funções o psicodramatista precisa treinar para a sua execução? Esta e outras questões estão presentes do dia-a-dia de quem procura ingressar no campo psicodramático. A cena é o principal palco desse aprendizado. Para Moreno, "psicodrama é a ciência que procura a verdade através da ação dramática".

O ensino do psicodrama tem como base a ação dramática, a cena em todos os contextos: a que se estabelece com o psicodramatista terapeuta, a que está no palco psicodramático, a do grupo com o psicodramatista, a intergrupal; todas trazem para o aprendizado um detalhamento, um treino, uma especificidade. O aqui-e-agora é o foco. Ensinar uma prontidão que deve ser adequada a cada momento é o ponto mais difícil. Estamos viciados em coisas prontas e regras estabelecidas, o que não existe quando se lida com grupos nem na cena sociopsicodramática.

A CENA
Num instante fora do tempo
num espaço imaginado
confronto os eus velhos e novos
Pedaços meus.
O espelho é o palco

por instantes sou o avesso,
o produto e o produtor
Ator e autor.
Enquanto platéia
aplaudo, vaio
e caio em riso.
Algo... pesado...
fica no palco.

Existem, no projeto moreniano (socionomia), vários focos de atenção no que se refere ao estudo da cena:

1. Na sociodinâmica
   Role-playing – A cena para o desenvolvimento de determinado papel.
2. Na sociatria
   a) A cena sociodramática como foco relacional; seja de casal, de família e de grupo ou grupos, em instituição ou outro lugar.
   b) A cena psicodramática individual e em grupos como foco interpsíquico e, naturalmente, a sua operacionalidade.
3. Na sociometria

O teste sociométrico – medida das inter-relações, sociograma, índice de coesão grupal, leitura grupal, o teste da mirada.

Naturalmente, na prática vemos que há uma interação entre todos os focos e que a medida mais correta possível está relacionada com a necessidade, com o contrato e o recontrato. Em alguns momentos de um foco psicodramático passamos ao foco sociodramático e vice-versa; o cuidado é essencial.

E a cena psicodramática, aquela com foco dirigido para o paciente e seu mundo interno? Naturalmente, no psicodrama, ir para a cena não é um ato isolado, sem função e sem entendimento terapêutico. Por isso, chamo a atenção para o foco operativo, para como "desenvolver" essa cena e "articulá-la".

Na física tradicional, a dinâmica estuda o movimento, relacionando-o com as forças que o produzem. No psicodrama, a dinâmica da cena é, no meu entender, o estudo dos movimentos e das forças que produzem e interagem na cena. Que movimentos e forças alimentam a cena? Que direção tomar em cada cena e quais os seus procedimentos técnicos?

Para responder a essas perguntas é necessário descrever os componentes da cena e como eles se articulam, depois é preciso dar movimento à cena e dominar o gancho teórico que fará a ponte de uma cena para outra.

A cena compõe-se, como citei anteriormente na etapa de processamento, de argumento (roteiro), queixa, conflito (matriz), tempo, espaço e papéis (personagens) em interação.

Existem duas forças no centro da manutenção dos movimentos da cena, uma que vem do interjogo dos papéis/personagens em ação (denomino força interna) e outra que surge da intervenção do diretor com todos os recursos técnicos e metodológicos psicodramáticos que conhece (força externa).

O equilíbrio dessas forças produz a cena operacionalmente falando. A força interna da cena acontece na produção imaginária do protagonista, a intervenção do diretor (força externa) com as técnicas e o método adequado à proposta. Às vezes, o protagonista tem a queixa, mas não consegue produzir a cena (força interna); em outros momentos, a produção é tão intensa que engole o diretor.

A dinâmica da cena é, então, todo esse conjunto operativo no manuseio da cena psicodramática, a movimentação (força externa e força interna) que produz a ação dramática; o entrelaçamento entre etapas, técnicas, funções do papel de diretor, iniciadores, instrumentos; os construtos teóricos que fundamentam a ação dramática e o suporte filosófico que alimenta o "encontro" psicodramático.

Para a cena sociodramática as forças são as mesmas, mas a força interna agora é a do grupo e dos subgrupos que necessitam ser ouvidos constantemente (força interna) e sofrer as intervenções necessárias do sociodramatista com o método e a atitude mais adequada: sociodrama, *role-playing*, jogos, teatro espontâneo e intervenções sociométricas (força externa).

De acordo com Mario Buchbinder, "a cena refere-se aos eus concretos, aos eus encarnados em um determinado lugar". Assim, a cena é a unidade de ação dentro da produção dramática. Se entendemos drama como ação, podemos inferir que a dramatização ocorre quando se dá a ação na cena, quando o que era antes uma imagem mental agora se transforma em ação no palco. A dramatização dá-se no interjogo, na simultaneidade de cenas.

A cena está para a dramatização como a bola está para o futebol. Não há jogo de futebol sem bola, não há dramatização sem cena. A dramatização ocorre no interjogo de cenas.

A cena dá a estrutura dramática para o psicodrama. Moreno traz para o espaço terapêutico um aspecto da nossa psique de intenso valor – a cena – e o descreve, ao citar o instrumento do método psicodramático: "O palco, este que proporciona ao paciente um espaço vivencial que é flexível e multidimensional ao máximo". Sugere o *setting* objetivo, um teatro terapêutico em que seria mais adequada a produção psicodramática, mas não deixa de apontar que esse *locus* do psicodrama, o palco, pode ocorrer em qualquer lugar: casas, hospitais, salas etc., naturalmente com suas devidas limitações.

Moreno (1992) refere-se à cena propriamente dita quando escreve sobre o palco e o espaço cênico: "[....] O espaço cênico é uma extensão da vida além dos limites do teste de realidade da vida em si. A realidade e a fantasia não estão em conflito, sendo ambas as funções pertinentes a uma esfera mais ampla, o mundo psicodramático de objetos, pessoas e eventos".

Na dramatização, nós, psicodramatistas, produzimos na tela de nossa obra a arte, a psique, a ação, o corpo, os gestos e a fala que fazem a metodologia psicodramática aproximar-se dos rituais e de nossas mais antigas raízes. Ao transportarmos os papéis imaginários para o espaço cênico, nós os transformamos em papéis psicodramáticos, e o fazemos a partir de cenas. A cena faz parte da estrutura do pensamento humano, pois pensamos em cenas, instrumentamos até mesmo nos momentos verbais de uma terapia. O pensamento em cenas é parte essencial da dinâmica psicodramática.

A Filosofia do Momento

A Filosofia do Momento na cena dramática tem sido para mim uma estrutura segura para a montagem e articulação das cenas. O caos e a quantidade de aspectos dentro da cena dramática e seus desdobramentos pedem um ponto de apoio teórico e estrutural.

Moreno (1992) escreve, sobre a Filosofia do Momento, que em determinado "momento" três fatores devem ser enfatizados: *locus*, matriz e *status nascendi*, que representam três ângulos do mesmo processo. Nenhuma "coisa" existe sem seu *locus*, não há *locus* sem seu *status nascendi* nem *status nascendi* sem sua matriz. Bustos direciona esse conceito para a queixa do paciente. Dessa forma, a queixa, o sintoma (a matriz), a dor existencial, a resposta existencial devem ter seu *locus* (lugar, situação relacional, familiar) ou vários *locus* que foram estruturando tal resposta em determinada cena e em diversos momentos (*status nascendi*, valor temporal), já que essa resposta (matriz) aparece repetidamente na vida do paciente (transferência). Bustos nos presenteia com uma seqüência para essa investigação:

1. Uma determinação específica, clara, sobre o que está errado e deve ser corrigido.
2. Uma investigação do *locus* ou do grupo de fatores condicionantes em que esse "algo" foi criado.
3. Uma investigação da resposta específica pela qual a pessoa optou ante os estímulos que estavam presentes, isto é, a matriz.

4. Uma investigação do momento específico em que essa resposta emergiu, isto é, *status nascendi*.

A cena nuclear pode ser uma aglutinação de várias cenas no imaginário do paciente.

A resposta existencial é a matriz; segui-la é procurar nas cenas que vierem (*locus*) o "para que" houve a estruturação dessa resposta. Encontrar uma resposta nova para uma situação antiga é o ato espontâneo, é a adequação de respostas.

A função da cena é propiciar uma saída libertadora do conflito, uma resposta nova. O *status nascendi* oferece uma visão dinâmica e temporal, essa capacidade em que tal resposta vai se estruturando pela vida. Essa coisa em crescimento (*status nascendi*) está sempre se recriando. Usar essa capacidade dentro da cena psicodramática é utilizar o potencial espontâneo e criativo para sair do drama que aprisiona tal resposta (matriz) e criar uma nova.

Quanto ao número de cenas, é relativo. O alvo que nós, psicodramatistas, perseguimos na cena é a queixa, o conflito, a resposta existencial que vem repetida (transferência) e constante, e da qual o paciente não consegue livrar-se sem saber por quê. Essa resposta ou equivalente transferencial nem sempre vem claramente nas primeiras cenas. Com que transferência estamos lidando? Algumas vezes, a resposta aparece atrás de um sentimento, de sensações e de valores. Cada cena está ligada a outra cena. Identificar claramente a queixa em cada cena nos dá uma diretriz do "para que" tal resposta foi gerada. Usamos os articuladores temporais, ideativos ou corporais, que nos direcionam para outras cenas que começaram a estruturar tal resposta.

Solidão é um vácuo no tempo
Espaço entre o eu e o fora
É sólido, é lida, é um silêncio
Um encontro no espelho
Vazio de uma saudade
Um vazio não sei que vazio

Um encontro de heróis
Um estar inteiro
É o tudo e o nada, um verso, uma praga
Uma dor,
um amor, é o solo piso do meu eu
É o que resta quando tudo se vai
São meus ais
Um dia após o outro
O outro que se vai
um esperar a espera
Um chão fértil da alma
semente da identidade
Solidão é trabalho, é descanso
É silêncio.

Dinâmica operacional da cena

Sob este título procuro selecionar os passos que enfatizam o "olhar" psicodramático exigido na função de terapeuta psicodramatista. São alguns itens que podem nos auxiliar no entendimento da dinâmica do paciente antes de ir para a cena e na própria cena. Assim, levantei uma série de perguntas que podem ser úteis para o estudante, por exemplo, antes da cena psicodramática:

- Quanto ao clima afetivo grupal. Clima protagônico.
- Com relação à clareza da queixa do protagonista.
- A reação contada no episódio do protagonista está de acordo com o estímulo? (A inadequação da resposta faz suspeitar que há uma transferência em jogo.)
- Há dificuldade de expressar seus conteúdos (sentimentos, emoções e pensamentos)?
- Os desejos e ambições pessoais são plausíveis? (Pesquisa do ideal de ego e ego idealizado.)
- Quais papéis estão comprometidos?

- A angústia (que sempre se opõe à espontaneidade) mostra-se em qual momento? Em qual papel ou situação? Onde cessa a espontaneidade?
- Há alguma manifestação corporal (tiques, gestos, tensões no corpo) que abre um universo de pesquisa?
- Há uma divisão interna (conteúdo × impedimento)? Qual é o impedimento?
- Que estímulos dessa família (matriz de identidade) ficaram registrados? Que fase da matriz de identidade está presente no discurso?
- Como estão as escolhas (sociometria)? As suas escolhas são mútuas? Sabe a sua posição no social? A percepção e a emissão de mensagens são claras? Há dificuldade de expressar seus conteúdos?
- Que papéis estão em desequilíbrio (*clusters*)?
- Os papéis passivos (*cluster* 1 – de dependência e de entrega)?
- Os papéis ativos (*cluster* 2 – de decisão e de autonomia)?
- Os papéis fraternos (*cluster* 3 – de compartilhamento e competição)?

Depois dessas perguntas, teremos uma queixa mais clara, uma hipótese, um argumento. Para começar uma cena não é necessário que tenhamos o controle total do que vamos trabalhar; às vezes começamos no escuro: "Deixa que apareça uma cena livre, não escolha, deixa que a cena o escolha". Aos poucos uma estrutura vai nascendo, a queixa antes obscura vai tomando corpo. Com uma queixa nas mãos, vamos para uma seqüência de raciocínios em cena, que nos exige a função de produtor:

- Montagem e manutenção da cena psicodramática. Aquecimento (do diretor, do protagonista e da platéia) inespecífico e específico.
- Limpeza do espaço dramático, tanto visual quanto operacionalmente: tirar o excesso de almofadas, cadeiras e obje-

tos; a posição ereta do diretor, principalmente, pois mantém uma disposição para a ação, enquanto ficar sentado leva ao acomodamento e à reflexão; a montagem espacial e o detalhamento dos objetos da cena favorecem o aquecimento e a percepção do clima afetivo do *locus* da cena.

O protagonista é sempre o autor e sabe até onde ir, como também sabe o seu limite. O aqui-e-agora é o tempo real. Vamos para a primeira cena que surge, mesmo que nos pareça sem sentido e um tanto pueril. Vamos do superficial ao profundo. Para isso necessitamos delimitar o contexto, o argumento (roteiro), a queixa e para onde esta nos leva. Protagonista e diretor são como co-produtores da cena.

É preciso também manter os papéis em interação e delimitar tempo e espaço (focalizando a cena lembrada dentro de um tempo e de um espaço definidos).

Também se faz necessário o cuidado com a utilização e a extensão de uma entrevista, com a clareza do conflito e a extensão na montagem da cena: o importante é priorizar seus elementos mais importantes.

O diretor deve, ainda, usar comandos como o articulador temporal (quando aconteceu?), ideativo (a que cena de sua vida se refere a queixa?) e corporal (a tensão, a dor, a angústia já são velhas conhecidas? Concentre-se na dor).

A concretização do discurso em ação é fundamental: produzir e textualizar os personagens na cena; deixar os personagens interagir; entender o *locus*, as condições emocionais do ambiente, com a entrevista e o discorrer da cena; tomar cuidado com a proximidade do psicodramatista em relação ao protagonista (nem tão perto que lhe tire a função operativa de diretor nem tão longe que não se permita exercer um "duplo" com certa urgência; em suma, o diretor precisa manter uma distância "existencialmente" presente).

Nunca é demais repetir que devemos nos ater à resposta-matriz (Filosofia do Momento), pois é onde se dirige a prontidão terapêutica, nunca no *locus*. A matriz (resposta) é o foco de atenção para a articulação de uma cena para outra, de um *locus* para outro, onde se repete a mesma matriz.

O diretor também precisa ficar atento aos seguintes aspectos:

- A postura psicodramática e o enfrentamento de resistências. A intimidade do psicodramatista com os personagens nas cenas. A concisão de linguagem do psicodramatista, a clareza no pedido. A harmonização de movimentos do diretor e do ego-auxiliar. O cuidado com os equívocos da co-direção (um diretor de cada vez, cada um tem um ritmo, um *modus operandi*). A liberdade de ação do ego-auxiliar, sem chocar com a direção do diretor. A função de ego-auxiliar do diretor. A função duplo, respeitando suas fases: aquecimento, imitação, questionamento e resolução. O duplo se dá com e para o protagonista, e não com os seus antagonistas; é importante fazer um duplo de cada vez.
- A remoção do entulho das cenas, ao passar de cena para cena. A percepção de que a resposta está desproporcional ao estímulo (quando isso ocorre, supõe-se que outra cena latente está por vir [transferência] por trás da cena manifesta). O enfrentamento das forças internas que causam a divisão interna do paciente (conteúdo × impedimento).
- A cena nuclear tem sempre um forte tom emocional e pede resolução, a leitura estrutural das cenas e a articulação dos equivalentes transferenciais ou da resposta existencial – matriz na ação reparatória.

A utilização da Filosofia do Momento

Que respostas (matriz) foram produzidas em determinada época (*locus*) e hoje não estão mais adequadas ao momento (Filosofia do Momento e espontaneidade)? A resolução, ou melhor dizendo, a reparação, pode pedir, na cena, dependendo da ferida de que estamos cuidando, uma direção a uma cena de acolhimento, de dependência, de continência (*cluster* materno), ou uma resolução de tomada de decisões, de direção na vida (*cluster* paterno) e/ou de confronto relacional, de conscientização de limites (*cluster* fraterno).

Perazzo (1994) descreve uma seqüência do trabalho psicodramático focalizado na questão da transferência.

Delimitação da transferência é a caracterização do que este autor passa a chamar de primeiro elo transferencial de uma cadeia ou percurso transferencial.

1. A fase de pesquisa dessa transferência, ou seja, desse primeiro elo. Quando a situação do protagonista de um grupo ou do sujeito em sessão é vivida nas sensações, o psicodramatista não sabe com que transferência está trabalhando; a dramatização que ele propõe, pelo menos em sua primeira fase, é uma dramatização diagnóstica da transferência.

2. Encadeamento dos elos transferenciais; quando podemos correlacionar as respostas percorridas em várias cenas, entendendo-as como aspectos da mesma transferência que, ao relacioná-las, proporcionam o *insight*.

3. Fase de reparação; é quando se dá a busca de uma resposta nova (espontaneidade) para a situação, quando nos despedimos de nossos mortos, quando integramos nossas partes, refazemos nossos planos de vida.

Correlação dos elos transferenciais com o aqui-e-agora

Na dinâmica da cena pontuamos uma série de "olhares" psicodramáticos, e muitos desses olhares não foram tratados aqui. Essa seqüência mostra a infinidade de aspectos e variáveis existentes quando pensamos numa cena *socio*psicodramática. Digo *sócio* não esquecendo o foco sociodramático, socioeducacional e anteriormente pedagógico ou aplicado, que naturalmente merece um estudo profundamente detalhado. Aqui me refiro ao psicodrama psicoterápico porque é essa minha maior experiência.

A cena na formação do psicodramatista

Focalizar a cena na aprendizagem é essencial, pois é o palco em que desenhamos nossas intervenções, nossas técnicas, nossos métodos, e onde se estabelece a Filosofia do Encontro. Em que consiste uma cena, seus objetivos, por que ela tem efeito terapêutico, os mecanismos de dramatização, a cena sociodramática, seus efeitos pedagógicos e relacionais. "IR PARA A CENA" é um dos maiores conflitos que encontramos na formação. Provavelmente pode estar relacionado com a matriz de ação que tivemos no decorrer da vida. Pode ser uma barreira imensa, de árdua transposição, em que os exercícios com o grupo, os jogos, o aquecimento, a supervisão, o teatro espontâneo, o psicodrama e o grupo autodirigido são caminhos para a jornada de liberação, para o ato do drama, da ação na cena propriamente dita. É necessário resgatar a confiança do ir para a ação, permitir-se errar para aprender, conhecer o universo do drama.

No cenário dos grupos em geral e do grupo autodirigido, por exemplo, temos pelo menos três cenas concomitantemente: a cena do protagonista-colega de grupo, a cena do diretor-colega de grupo, que está desenvolvendo seu papel de diretor em psicodrama, e a cena do coordenador-diretor, que assiste pronto para interceder se necessário. Cada um destes relaciona-se com os outros. Protagonista e diretor vivenciam suas cenas superpostas no mesmo instante.

De acordo com Población Knappe, configura-se uma situação metadramática (a dramatização de uma dramatização):

A dramatização da sessão na supervisão é o metadrama. Se na primeira dramatização se tratava de compreender, explicar e reestruturar o conflito da cena do que podemos chamar de primeiro protagonista, na segunda dramatização perseguimos os mesmos objetivos, porém referidos ao segundo protagonista, que é o formando em supervisão (1991).

No universo do grupo autodirigido vivencia-se a situação metadramática na simultaneidade de cenas durante a dramatização, e no contexto do processamento focamos as duas cenas simultaneamente, sob o olhar do diretor, do protagonista e do grupo, a fim de que compartilhem suas impressões.

Formação
tem um quê de fôrma,
de forma
tem um jeito, tem ação.
Em nossa poética
é formar-ação.
O pincel está no drama
verso pessoal esculpido
na ação desta atitude
Tem investigação
Onde percorrem-se espaços
desconhecidos
Escrevem-se os eus
Cada eu
filho de tantas vivências
surge do nada
do tudo.

Conclusão

Para concluir minhas idéias sobre o ensino – espaço que nunca finda –, existe algo que eu gostaria muito que ficasse como alvo no ensino do psicodrama: o desempenho na cena, tanto sociodramática quanto psicodramática e, principalmente, o espírito de humanidade nas relações, o treino, o estudo e a humildade, em oposição à arrogância e ao desrespeito aos mais velhos e aos que tanto já nos ensinaram.

Posso jurar que atuar no papel de professor tem sido um dos melhores momentos para a compreensão do psicodrama, papel docente que nos faz voltar sempre à estaca zero e construir um caminho de conhecimento com os alunos que nunca é igual aos outros. Cada grupo é um, com sua identidade e suas perguntas novas ou antigas, que sempre fazem repensar as respostas e também estimulam novas perguntas. No papel do coordenador de um grupo autodirigido tenho o prazer de ver movimentos novos dos alunos, incompreensíveis no primeiro momento, mas com certeza uma saída nova, interessante, que me permite olhar com olhos curiosos a aprender também.

O psicodrama é um espetáculo de emoções, de plasticidade e de vida. O homem é ação antes do verbo: ir para a cena é também ir para a vida, para as relações. Desenvolver o papel de psicodramatista é atravessar e mergulhar nos nossos próprios entraves, é refazer as respostas e pensar nossa identidade, é rever nossos papéis de filho, de pai, de mãe, de irmão e também a nossa qualidade dramática, principalmente a nossa capacidade de encontro.

Todo modelo deve ser repensado, reorganizado para determinado lugar e situação, respeitando principalmente as condições e o perfil do psicodramatista.

É vital que, no treinamento do psicodramatista, independentemente da escola, seu papel seja vivenciado, reciclado e repensado, pois esse profissional precisa desempenhar várias funções. Todos esses papéis juntos dão a dinâmica necessária para a produção da cena psicodramática. Tantas variantes e tantos aspectos dão ao psicodramatista a semelhança de um artista plástico da psique humana. Esse é, sem dúvida, o presente que Moreno nos deixa, presente que não cessa de pedir novas e novas reflexões.

Fazer psicodrama exige que se assuma o papel de sociopsicodramatista. Para isso, é necessário um estudo sistemático e "inesgotável", um treino *role-taking* (tomada de papéis), um *role-playing* (desenvolvimento de papéis), para que com a calma de um monge alcancemos o *role-creating* (criação nos papéis).

Morihei Ueshiba (1883-1969), fundador da arte marcial *aikido*, definiu-a como "a via de realização da paz pela ação do amor" (Bull, 2003). O praticante é ensinado a buscar a expressão do amor em seus movimentos, não fazendo parte do seu repertório qualquer movimento de ataque, somente de defesa. É treinado para repetir continuamente os movimentos e desenvolver a paciência com o corpo, que por sua vez necessita de tempo para se adaptar e "in-corpo-rar" cada gesto, para pensá-lo e torná-lo íntimo. Em psicodrama, o exercício da paciência se faz tão essencial ou mais, porque cada cena é única e todas pedem calma, envolvimento, sabedoria e espontaneidade. Em conjunto com a paciência, isso só pode ser alcançado com o tempo e a tolerância consigo e com o outro. Estar na cena de alguém significa adentrar a sua psique, tocar a sua alma.

O Bushidô – Código dos Samurais – contempla a lealdade ao líder e a necessidade de purificar os defeitos da alma e do corpo, diminuindo a arrogância natural do samurai e desenvolvendo o Bushi no Nasaki, ou seja, a ternura de um guerreiro. A flor de cerejeira, o símbolo utilizado pelos samurais, traz esse significado em sua natureza, pois, ao se desprender do galho, permanece com seu vigor e esplendor (Bull, 2003).

Referências bibliográficas sobre o ensino de psicodrama que abordam o grupo autodirigido

AMATO, M. A. P. *A poética do psicodrama: grupo autodirigido e a dinâmica da cena*. São Paulo: Aleph, 2002.

BARBERA, E. L. "A formação a partir da implicação pessoal". II Congresso Ibero-Americano de Psicodrama, Águas de São Pedro, 1999, pp. 503-10.

BUSTOS, D. M. "O ensino no psicodrama". In: BUSTOS, D. M. e colaboradores. *O psicodrama – Aplicações da técnica psicodramática*. 1. ed. São Paulo: Summus, 1982, pp. 222-6.

CONTRO, L. "Uma experiência singular – Grupo autodirigido: como e por que fazê-lo". II Congresso Ibero-Americano de Psicodrama, Águas de São Pedro, 1999, pp. 407-13.

CUNHA, A. "A conquista da singularidade no papel de diretor. Atualizando a cena através do grupo autodirigido". II Congresso Brasileiro de Psicodrama. Campos do Jordão, 1998 (trabalho não publicado).

KNOBEL, A. M. C. "O eixo básico dos currículos dos cursos de psicodrama". Publicado originalmente em http://www.jlmoreno.com, 1999.

MASCARENHAS, P. "Currículo básico na atualidade". VI Encontro de Professores e Supervisores da Febrap, São Paulo, 1999.

Bibliografia geral

BUCHBINDER, M. *A poética do desmascaramento: os caminhos da cura*. São Paulo: Ágora, 1996.

BUSTOS, D. M. *Actualizaciones en psicodrama*. Buenos Aires: Editorial Momento, 1997.

_____. *Novos rumos em psicodrama*. São Paulo: Ática, 1992.

_____. *Novas cenas para o psicodrama*. São Paulo: Ágora, 1999.

DUTRA, D. B. *Inteligência emocional*. Texto não editado.

FONSECA FILHO, J. S. *Psicoterapia da relação: elementos do psicodrama contemporâneo*. São Paulo: Ágora, 2000.

_____. "Memórias de Beacon e outras memórias". In: AGUIAR, Moisés (coord.). *O psicodramaturgo J. L. Moreno, 1889-1989*. São Paulo: Casa do Psicólogo, 1990.

KNAPPE, P. P. *La función de la dramatización* (mesa redonda). IV Encontro Internacional de Psicodrama, São Paulo, 1991.

MASCARENHAS, P. "Multiplicação dramática, uma poética do psicodrama". Trabalho apresentado na SOPSP, para professor-supervisor da Febrap, em maio de 1995.

MERENGUÉ, Devanir. "Leituras". X Congresso Brasileiro de Psicodrama.

MORENO, J. L. *Psicodrama*. São Paulo: Cultrix, 1993.

_____. *Fundamentos de psicodrama*. São Paulo: Summus, 1983.

_____. *As palavras do pai*. Campinas: Editorial Psy, 1992.

PERAZZO, S. *Ainda e sempre psicodrama*. São Paulo: Ágora, 1994.

REMEN, Rachel Naomi. *As bênçãos do meu avô*. Rio de Janeiro: Sextante, 2001.

8

Psicodrama com crianças: algumas reflexões sobre a prática

ROSALBA FILIPINI

Atividades com crianças costumam ser sempre muito prazerosas e ao mesmo tempo exigentes, seja pela disponibilidade dos adultos para com elas, pela capacidade de compreender e suprir suas demandas, pela *energia* que emana delas etc. Quando se trata de psicoterapia, cabe ao profissional ser um conhecedor desse universo infantil, ter recursos para compreendê-lo, bem como se interessar por ele a ponto de, além de conhecê-lo, também ter *o gosto de estar com*. Acredito que esse *gosto* ou *desejo* seja um pressuposto básico para os que desejam enveredar nesse caminho, pois tal qual compreendemos o homem moreniano a construção do EU dá-se por meio da inter-relação.

No Brasil, encontramos alguns psicodramatistas – aos quais me referirei ao longo deste capítulo – que têm longa experiência e muitas produções sobre psicodrama com crianças. Eles certamente contribuíram e contribuem para trazer à nossa comunidade o conhecimento dessa modalidade de trabalho ainda tão discutida e às vezes até controversa no meio psicodramático. No meu entender, o psicodramatista que trabalha com crianças percebe na sua atuação as peculiaridades dessa prática, a qual, acredito, esteja muito mais voltada para seu sujeito de trabalho – a criança – do que apenas para a metodologia desse trabalho.

Quando buscamos a origem do psicodrama é impossível desvinculá-la da *brincadeira de ser Deus* do jovem Moreno, bem como de seus jogos de improviso com as crianças nos jardins de Viena na década de 1910. Dessa forma, para que Moreno construísse sua metodologia, ele inicialmente vivenciou, co-participou, observou e dirigiu diversos jogos infantis de faz-de-conta – daí também a sua concepção de homem como um ser potencialmente criativo e espontâneo. Toda a experiência teatral e os procedimentos que se pretendiam científicos foram os fundamentos que Moreno apresentou para a teoria, segundo a qual o *desempenho de papéis* favorece a *espontaneidade* e a *criatividade*.

Buscando especificamente produções com crianças nos escritos de Moreno, encontramos em 1922 um trabalho em que ele realizou um tratamento psicodramático do comportamento neurótico infantil, intitulado *O método do psicodrama simbólico* (Moreno, 1974, pp. 235-7). Por sua data de realização, sabe-se que a teoria do psicodrama ainda estava em pleno desenvolvimento. Nesse período, em Viena, já funcionava uma clínica psicodramática que tratava crianças em grupos de doze a vinte, com idades entre cinco e dez anos. É uma pena que a experiência dessa clínica não esteja descrita, salvo o trabalho com Karl, um garoto de cinco anos que tinha acessos de raiva com a mãe e foi tratado individualmente pelo diretor, por egos-auxiliares e no final também com a mãe. Moreno chamou-o de psicodrama simbólico porque o princípio do tratamento foi sempre representar a situação traumática central em numerosos ensaios e versões para reduzir a um mínimo a tensão angustiada da criança. As sessões eram planejadas anteriormente com o objetivo de que a cena no palco fosse, em cada detalhe, semelhante à situação real. Fonseca (2000, p. 278) afirma que Moreno dramatiza inspirado pela teoria comportamental (behaviorismo), buscando *dessensibilizar* a criança, utilizando-se de interpolação de resistência. Iniciou-se o tratamento com a representação com personagens simbólicos – rei, rainha e príncipe –, culminando com a presença da mãe no palco, no seu papel real. Nesse trabalho ele não aborda a história do vínculo mãe–filho ou da família, ataca somente o sintoma. Mas, levando-se em conta os conhecimentos que se tinha, foi um belo trabalho para a época.

Moreno estava experimentando sua teoria e inclusive não titubeou em brincar, com sua mulher, Zerka, de inverter papéis com o filho Jonathan, de apenas três anos de idade (Moreno, 1983). Há longos relatos sobre esse *treino*, bem como questionamentos de psicodramatistas contemporâneos sobre a possibilidade da inversão em tão tenra idade, e até mesmo de fazer psicodrama terapêutico com crianças pequenas. Gonçalves (1988), movida por esses questionamentos, relata que em 1977 teve oportunidade de conversar com Zerka sobre suas dúvidas e obteve como resposta a insistente necessidade do *"treino"* da *espontaneidade* e da *inversão de papéis,* o que não a convenceu, pois essa técnica exige, por parte da criança, um grau de amadurecimento intelectual e emocional bem maior do que o requerido pelo simples *desempenho.* Diante disso e da necessidade de a criança reconhecer na fala do terapeuta o sentido latente e inconsciente de seus jogos espontâneos, a autora denomina psicodrama analítico[1] o seu trabalho com crianças, porque incorpora nele pressupostos da psicanálise. Por sua vez, Petrilli (2000), baseada na relação entre criança e psicoterapeuta, intitula seu trabalho de *psicoterapia através da relação*, e afirma que, para que possamos empregar o método do psicodrama clássico com crianças, é preciso que ele passe por adaptações profundas.

1.   "Todos os psicodramatistas conhecem as catilinárias morenianas contra a noção de 'inconsciente'. Mas o fato é que o próprio Moreno *interpretava* verbalmente as fantasias do protagonista, das quais este, por assim dizer, não se dava conta. [...] Quando me refiro ao trabalho que realizo como *psicodrama analítico*, quero destacar a idéia de que procuro o método que permita à criança reconhecer, em minha fala, o sentido latente e inconsciente de seus jogos espontâneos. Penso que só o alívio, produzido pelo reconhecimento do material inconsciente, permite o crescimento na terapia" (p. 120).

Tal como as autoras citadas, também considero que é impossível realizar o psicodrama "clássico" com a criança pequena, porque ela não é capaz de realizar a técnica da *inversão de papéis*[2] da forma como o método psicodramático a pressupõe, pela não conclusão do seu processo de maturação sociocognitivo-emocional. Porém, se considerarmos que não só as crianças têm a impossibilidade ou dificuldade de realizar a inversão[3], podemos afirmar então que é de fato necessário compreender como funciona o trabalho psicodramático com crianças, sem necessariamente deixar de chamá-lo de psicodrama, dado que sabemos que atualmente há uma multiplicidade de formas de trabalhar com essa metodologia. Miriam Tassinari (1990), também movida por algumas inquietações, apresentou no VII Congresso Brasileiro de Psicodrama suas contribuições[4] sobre como compreende esse trabalho, desenvolvendo conceitos sobre a teoria da prática.

Com o objetivo de somar idéias, trago a minha forma de pensar e fazer psicodrama com crianças, que certamente contou

---

2. "Técnica da inversão de papéis – Sua mais sucinta definição é que o indivíduo A torna-se o indivíduo B e vice-versa. No palco psicodramático, esta troca significa uma realidade, pois para certos pacientes com distúrbios mentais ela realmente o é. Não é nem ficção nem 'como se'. Ilustra o aspecto revolucionário da lógica psicodramática. Uma forma abreviada desta técnica seria A assumir um dos 'papéis' de B e vice-versa." "Quem sobreviverá?", v. 3. *In*: CUKIER, R. *Palavras de J. L. Moreno.* São Paulo: Ágora, 2002, p. 218.

3. Sabe-se que nem todas as pessoas (nesse caso, adultas) têm a possibilidade de realizar uma inversão de papéis, ou a realizam de forma *satisfatória e/ou completa* (se é que de fato isso seja possível). Isso porque a *inversão* pressupõe um desenvolvimento da capacidade *télica*, que por sua vez independe somente da idade cronológica do indivíduo. "A inversão de papéis é perigosa e, eventualmente, contra-indicada quando o eu de uma pessoa é diminuto e o da outra é altamente estruturado. Um exemplo disso oferece o tratamento de pacientes psicóticos. Tais pessoas autoritárias, policiais, enfermeiros, médicos ou de pessoas ideais, por exemplo, dramatizam, com prazer, Deus. Quando estão, entretanto, em contato com a pessoa real que corporifica a autoridade, recusam o contato íntimo e a inversão de papéis." *In*: *Psicoterapia de grupo e psicodrama*, p. 109. *Apud*: CUKIER, R. *Palavras de J. L. Moreno.* São Paulo: Ágora, 2002.

4. Tassinari, M. "Psicodrama com crianças: uma introdução à teoria da prática". Anais do VII Congresso Brasileiro de Psicodrama, Febrap, 1990, pp. 94-112.

com a colaboração das autoras já citadas, bem como de alguns outros. Não pretendo discutir a teoria, mas mostrar como faço meu trabalho, e para isso narrarei algumas sessões de psicodrama com crianças[5].

Primeiramente, retomo o fato de que ser diretor de psicodrama com crianças exige, como bem colocou Petrilli (2000, p. 357):

> [...] o fascinante *estado de disponibilidade, o estar pronto* para *estar junto* e aquecido para a improvisação. [...] Não é simples, nem fácil. Requer maturidade psicológica, talento, humildade e bagagem significativa de conhecimentos técnicos e teóricos.

Baseio-me no fato de que o trabalho com crianças se dá por meio do brincar, que pode ocorrer espontaneamente ou favorecido pelo diretor. Para que esse pensamento fique mais claro, discorro um pouco sobre alguns autores que desenvolveram teorias sobre o *brincar* infantil.

O brincar: algumas contribuições teóricas e suas possibilidades de ação

Brincar é um comportamento universal que faz parte da natureza humana. A criança brinca quase sempre e é assim que ela pode se comunicar e expressar o seu mundo interno. O jogo infantil existe já na mais tenra idade, quando a criança sorri e mexe as mãozinhas, pega objetos e leva-os à boca; assim ela começa a conhecer o mundo e o seu jeito de expressar prazer, desprazer, enfim, a surpresa presente a cada descoberta.

Winnicott (1975), reconhecido como um dos grandes conhecedores do desenvolvimento infantil, desenvolveu uma teoria da brincadeira, na qual estabelece quatro fases do brincar: pri-

---

5. Os nomes citados são fictícios, seguindo critérios éticos do Conselho Nacional de Saúde e do Ministério da Saúde, Resolução nº 196/96, a respeito de pesquisas envolvendo seres humanos.

meiro, o bebê e o objeto estão fundidos um no outro e é a mãe que orienta e possibilita o brincar do bebê; depois, o objeto é repudiado, aceito novamente e objetivamente percebido. Novamente a figura materna é essencial para o surgimento desse brincar e é nesse momento que, segundo Winnicott, surge o *playground*, porque a brincadeira começa aí: no espaço potencial entre a mãe e o bebê, ou que une mãe e bebê. O terceiro estágio ocorre quando a criança já pode ficar sozinha na presença de alguém, pois ela já tem introjetada a segurança do amor materno e o brincar é como se refletisse sua volta. Na última etapa do brincar encontra-se a superposição de duas áreas de brincadeira: primeiro apenas com a mãe, que possibilita o lúdico, e depois quando o bebê descobre a própria capacidade de brincar e abre caminho para um brincar conjunto num relacionamento.

Dessa forma, é o brincar que facilita o crescimento e, portanto, a saúde; o brincar conduz aos relacionamentos grupais. Observa-se uma evolução: do brincar para o brincar compartilhado e deste para as experiências culturais. Isso nos dá a certeza de que não somente é possível como necessário para a saúde do homem manter o *brincar* durante todo o decorrer da vida.

No trabalho de Gonçalves (1988, p. 114) enfatizam-se também os escritos de Winnicott, afirmando que o autor nos permite aprofundar o estudo de temas que são centrais na obra de Moreno, pois ambos consideram o *ambiente* (que inclui as inter-relações) como fator essencial para o desenvolvimento emocional do indivíduo:

> Sem dúvida, os *estilos terapêuticos* de Moreno e de Winnicott, que estão relacionados, respectivamente, com teorias sobre o *desempenho de papéis* e sobre o *brincar,* pressupõem a dependência do fator ambiental. Por exemplo, imaginando que o bebê não tenha encontrado com quem contracenar, nem um "ego-observante" favorável a seu *brincar*, podemos supor que seu impulso criativo para a vida foi prejudicado.

O PSICODRAMA - APLICAÇÕES DA TÉCNICA PSICODRAMÁTICA   243

Parece haver unanimidade entre os teóricos, bem como entre os profissionais que atuam nessa área, que a atividade de *brincar* não só está presente no universo infantil como é o *meio* ou *instrumento* utilizado para compreender as crianças e trabalhar com elas.

Quando pensamos no *brincar* como *meio* ou *via de relação*, podemos compreender a concepção de desenvolvimento para Moreno. A criança é vista como um "gênio em potencial" na teoria moreniana, e o bebê, ao nascer, traz consigo toda a potencialidade para um desenvolvimento satisfatório, sem perturbações. Assim, a criança é a expressão do alto grau da capacitação humana para obras criativas, daí os seus conceitos de *espontaneidade* e *criatividade*[6].

Porém, como podemos verificar em sua obra, Moreno diz que o EU se forma por meio dos *papéis*[7], e dessa forma é na interação mãe–bebê (ou com aquele que exerce o papel de primeiro cuidador) que o *desempenho de papéis* pode ocorrer inicialmente, propiciando o desenvolvimento da formação da identidade social ou o EU. Os conceitos do psicodrama estão sempre articulados entre si, sendo difícil explicar um sem falar dos outros; assim, passo agora a falar da função do *ego-auxiliar* que tem a mãe como a "número 1" na vida da criança, dentro da configuração da família tradicional.

Tassinari (1990, p. 104) desenvolve muito bem o seu pensamento sobre a criança e sua relação com a mãe na teoria moreniana e diz:

> Como ego-auxiliar, a mãe vai acompanhando e fornecendo subsídios para a independência do novo ser. Com o correr do tem-

---

6.   "[...] Espontaneidade (em latim, *sua sponte* = do interior para o exterior) é a resposta adequada a uma nova situação ou a nova resposta a uma situação antiga. Através do 'teste de espontaneidade' pode-se observar e medir o grau de *adequação* e de *originilidade*." *Psicoterapia de grupo e psicodrama*, p. 51.

7.   "O desempenho de papéis é anterior ao surgimento do eu. Os papéis não emergem do eu; é o eu quem, todavia, emerge dos papéis." "Psicodrama: Introdução à 3ª edição". *In*: CUKIER, R. *Palavras de J. L. Moreno*. São Paulo: Ágora, 2002, p. 25.

po, a unicidade com o mundo vai dando lugar a um estranhamento e a um reconhecimento da contraparte. Delineia-se uma divisão entre o "eu" e o "outro". O bebê identifica o alimento, o calor, o afago, vindos de uma outra fonte que não o seu próprio corpo. Alguém isolado dele lhe provê as necessidades. Outras pessoas vão surgindo aos olhos do recém-nascido e ocupando lugares de maior ou menor proximidade.

A esse período inicial da vida do bebê Moreno chamou de 1º Universo. Sucintamente descrevo as outras fases do desenvolvimento segundo a teoria moreniana, com o único objetivo de dar coerência ao meu pensamento, pois outros autores já o fizeram de forma mais detalhada, inclusive realizando comparações com outras teorias (Jardim, R. A. R. J. *in* Gonçalves, 1988).

Moreno explica que no 1º Universo, que vai até o terceiro ano de vida da criança, há duas fases: a Matriz de Identidade Total Indiferenciada (0-dez meses), na qual a criança não diferencia pessoas de objetos, nem fantasia de realidade; e a Matriz de Identidade Total Diferenciada (11 meses a três anos), período em que a criança começa a diferenciar objetos de pessoas; as relações começam a ter certa distância, tendo início aqui os rudimentos do que chama de *tele-sensibilidade*. Como última fase, ou 2º Universo, correspondente ao período de três a sete anos, a Matriz de Identidade da Brecha entre a Fantasia e a Realidade. Nessa fase ocorre a diferenciação e, segundo Moreno, pode haver concomitância na troca de papéis entre a criança e a outra pessoa – a inversão de papéis.

Retomando a questão da mãe como seu primeiro ego-auxiliar, fica claro que o *desempenho do papel* de filho está diretamente associado ao *desempenho do papel* de mãe (o seu contrapapel), e assim sucessivamente, no desenvolvimento dos outros futuros papéis. Dessa forma, a Matriz de Identidade de um indivíduo inclui o lugar determinado do seu nascimento, o *locus nascendi*, que compreende todos os elementos constituintes do meio, ou seja, aspectos afetivos, socioculturais e geográficos. As

O PSICODRAMA - APLICAÇÕES DA TÉCNICA PSICODRAMÁTICA   245

condições específicas desse lugar e do momento do nascimento imprimem no indivíduo uma marca única, o seu *status nascendi*. Tudo isso nos encaminha para o sistema familiar e para o seu funcionamento, ou seja, a família como o "átomo social"[8] da criança – com *quem* e *como* ela se relaciona emocionalmente.

Exatamente por isso, quando inicio um trabalho com uma criança, seus pais necessariamente farão parte do processo psicoterápico e assim permanecerão até o final deste, considerando que as "queixas" apresentadas se formaram e estão sempre inseridas nesse contexto familiar.

Ainda em relação ao desenvolvimento, conforme o tempo passa e a criança amadurece, o seu brincar vai se aprimorando, e de simples movimentos como o de atirar e recolher objetos, ela passa a se expressar das mais diversas formas, porque vai desenvolvendo a capacidade de *desempenhar papéis* (dos primeiros, chamados de psicossomáticos, aos sociais e finalmente aos psicodramáticos). Moreno (1959) propõe uma forma de jogo especializada, denominada *role-playing* ou jogos de papéis, nos quais os jogadores podem assumir papéis da vida cotidiana, papéis imaginários, jogando-os sob a forma de papéis psicodramáticos num *setting* apropriado.

Seus medos, suas raivas e angústias são muitas vezes representados em histórias de vampiros, bruxas, monstros e bandidos numa sessão de psicoterapia. Jogar esses papéis oferece tensão e alegria e propicia, por meio da espontaneidade e da criatividade, a personificação de outras formas de existência, a exploração e a expansão do EU num universo muitas vezes desconhecido.

Sobre o *brincar,* Wechsler (1999) contribui para o psicodrama quando o correlaciona com o construtivismo, trazendo para o conhecimento a classificação de jogos para Piaget (1946)

---

8.   "A configuração social das relações interpessoais que se desenvolvem desde o instante do nascimento é chamada 'átomo social'. Esse átomo engloba inicialmente a mãe e a criança. Progressivamente, estende-se às pessoas que entram no círculo de familiares da criança, que lhes são agradáveis ou desagradáveis ou, ao contrário, a quem ela é agradável ou desagradável." "Psicoterapia de grupo de psicodrama" *In:* CUKIER, R. *Palavras de J. L. Moreno*, São Paulo: Ágora, 2002, p. 330.

e Caillois (1958). Por meio da classificação desses jogos é possível "visualizar" as mais diversas brincadeiras infantis, o período de desenvolvimento em que elas ocorrem e seus objetivos. Wechsler diz que Piaget classifica os jogos em quatro categorias: de exercício, simbólico, de regras e de construção. O jogo é compreendido por ele como um representante da estrutura em curso, desempenhando, portanto, determinadas funções[9]. Fazendo um paralelo com Piaget, a autora apresenta Caillois (1958), que também define quatro categorias de jogos, as quais são determinadas pelas atitudes básicas ou pelos papéis predominantes dos jogadores: 1) de competição; 2) de sorte; 3) jogos de simulacro; e 4) jogos de vertigem[10].

9. 1. O jogo de exercício é uma estrutura construída durante os primeiros dois anos, tendo a função de gerar prazer pela própria repetição, constituindo um fim em si mesmo. Seu fim maior é o prazer, o divertir-se.

2. O jogo simbólico, construído a partir de mais ou menos dois anos, expressa o início da representação, ou seja, a possibilidade de a criança inventar ou imaginar objetos que estão ausentes, garantindo função de apreensão do real, ainda que de maneira deformante, pois a criança subordina-o às suas próprias necessidades. São os jogos de "faz-de-conta", os que possibilitam o "espaço para pensar".

3. Os jogos de regras e os de construção se atualizam a partir dos sete ou oito anos, quando a construção da estrutura de reversibilidade dá condições para o entendimento das regras que regulam os fenômenos físicos e os interindividuais, por via da compreensão da correspondência e transformação. Eles possibilitam experimentar os seus limites e sua real potência, e reconhecer os limites e a potência do "outro".

10. 1. De competição, chamado de Agôn: traduzem um combate em que a igualdade de oportunidades é criada artificialmente para que os adversários se defrontem em condições ideais, resultando num triunfo do vencedor. Ele tem um sentido de reconhecimento e superação de limites, condição para qualquer competição.

2. De sorte, do tipo Alea – em latim, é o nome para um jogo de dados – baseiam-se numa decisão que não depende do jogador, tratando-se mais de vencer o destino do que o próprio adversário.

3. De simulacro, do tipo *mimicry*, que consistem na encarnação de um personagem ilusório e na adoção do respectivo comportamento, destituindo-se o jogador, temporariamente, da sua personalidade e permitindo-lhe fingir outra. Nesses jogos, o prazer se instala na possibilidade de ser outro: a mímica, imitação, faz-de-conta e disfarce são os elementos fundamentais dessa classe de jogos.

4. De vertigem, chamado de Ilinx, os quais reúnem aqueles que buscam na vertigem uma tentativa de destruir, mesmo que por um instante, a estabilidade da percepção, impingindo à consciência lúcida uma espécie de pânico.

Diante desses dois autores e as respectivas classificações de jogos, a autora identifica as raízes do jogo para Moreno, os quais se enquadram na classificação de jogos de simulacro ou *mimicry*, segundo Caillois, e na do jogo de regra, segundo Piaget, e justifica:

> [...] Mimicry porque os jogos dramáticos podem ser desempenhados desde o pólo da Paidia, os jogos sem o verdadeiro compromisso com a representação do papel do outro, tal qual este se apresenta, até o do Ludus, o qual marca o compromisso com a verdadeira representação teatral. Jogos de regra porque essa classificação abrange os de exercício, simbólicos e os de construção, na medida em que podemos ler os jogos como atrelados à construção do desenvolvimento, a qual é "majorante". Ora, jogar dramaticamente com adultos é dizer que estes, ao desempenhar papéis do seu cotidiano, por exemplo, podem apreender as "regras" ou padrões de relação que antes não lhes foi possível apreender! (p. 71)

Optei por trazer essa classificação de jogos porque, compreendendo o processo do psicodrama com crianças por meio do *brincar* e sabendo que a técnica da *inversão de papéis* pressupõe uma maturação sociocognitivo-emocional da criança – o que só é possível em estágios avançados do desenvolvimento –, é importante saber quando a criança está apta para realizá-la e quando não, o que ela está fazendo ou o que podemos fazer com ela. Para isso, apenas com o objetivo didático, discuto um pouco algumas características do trabalho com crianças pequenas (até mais ou menos seis anos) e com as maiores (a partir dos sete ou oito anos). Dado o limite desta explanação, não abordarei o trabalho de grupo, nem de sessões vinculares [que contam com a presença de mais alguma(s) pessoa(s) que faz(em) parte do átomo socioafetivo da criança].

A prática do psicodrama com crianças até 6 ou 7 anos

No meu trabalho, para qualquer faixa etária, realizo sempre o primeiro contato com os pais, com o objetivo de, além de colher dados sobre a história da criança, conhecer o casal. Nesse contato costumo solicitar uma *inversão de papéis* para que esse casal se apresente (um jogo de apresentação), bem como para que, um a um, *desempenhem o papel* do filho e interajam entre si. Utilizar técnicas do psicodrama no trabalho com os pais possibilita ampliar o conhecimento sobre eles, que são parte importante do átomo social da criança, bem como favorece, por meio do *desempenho de papéis*, a espontaneidade, o que certamente contribuirá para o relacionamento pais–filho. O objetivo do psicoterapeuta é sempre o de favorecer ou incrementar relações verdadeiras, télicas, entre as pessoas dessa microssociedade que é a família.

O contrato de trabalho é feito com os pais quanto aos horários da sessão, sua duração (geralmente de 50 a 60 minutos para o trabalho individual ou bipessoal e de uma hora e meia para grupo), sua freqüência (uma ou duas vezes por semana, dependendo da idade da criança e do caso clínico), os honorários, a participação deles no trabalho com a criança e a necessidade de algum outro encaminhamento (pediatra, neurologista, psiquiatra etc.). Além da primeira sessão de atendimento com os pais (às vezes duas), é realizado um contrato no qual é acordado que eles comparecerão periodicamente para sessões de orientação ou o que chamo de sessões vinculares pais–filho ou pais–filhos (com a presença de irmãos), ou com a presença de outras pessoas significativas para a criança (avós, babás, amigos, tios etc.), sempre com o objetivo de possibilitar o desenvolvimento de recursos que ajudem a criança e as suas inter-relações. Outro contrato é realizado com a própria criança, no qual explico o porquê daquele trabalho[11], a freqüência com que nos encontraremos e as possíveis sessões vinculares.

A sala de atendimento deve possibilitar um trânsito livre razoável para a criança, ou conter móveis facilmente removíveis, ou pelo menos que possam ser integrados numa produção dramática. Os materiais que utilizo são brinquedos de uso comum, alguns mais, outros menos estruturados: casinha; família de bonecos; bichos em geral, fantoches; alguns jogos; material gráfico e de artes plásticas em geral (papel, canetas, lápis, giz de cera, cola, fita adesiva, tesoura, barbante etc.); e principalmente máscaras e utensílios de fantasia (capas, chapéus, lenços, tecidos de cores variadas, objetos de adorno etc.). A utilização desse material segue o mesmo padrão já descrito por Alegre (1982), segundo o qual o brinquedo pode ser utilizado como aquecimento, como objeto intermediário durante a dramatização, e como parte da dramatização com personagens "reais". Esse material fica disponível para a criança, o que não significa necessariamente que ele será usado por ela.

Observamos na prática com crianças que algumas vezes passamos semanas a fio realizando histórias com os mesmos personagens e o mesmo cenário. Um mesmo tema da dramatização se repete com pequenas diferenças até que o material que contém seja suficientemente elaborado. E assim a criança revela o seu mundo e o sentido que ele tem para ela, ou o revê por meio de papéis de fantasia que é capaz de reconhecer, criar, imitar ou interpretar (Perazzo, 1994). Já outras crianças dispensam qualquer espécie de brinquedo e partem diretamente para a ação dramática. Outras se dirigem ao jogo dramático utilizando objetos que as auxiliam no desempenho do papel dramático: são capas de Zorro, Batman, vampiros, monstros ou fadas e princesas, máscaras e chapéus que compõem os mais diversos personagens e suas

---

11. O que é dito à criança é semelhante ao que Gonçalves (1988) colocou: "Você virá aqui toda semana para trabalharmos juntos; vamos conversar sobre você e sobre as coisas que estão difíceis para você. A gente vai fazer isso usando este material e também fazendo representações 'como se fosse em um teatro', de histórias de 'verdade' ou inventadas" (p. 66).

diferentes expressões. O jogo ou a brincadeira pode ocorrer das mais variadas formas, cabendo ao terapeuta infantil estar disponível para o que a criança ou grupo ali presente necessite.

Quando se trata de um trabalho com criança pequena, que considero até mais ou menos seis anos (tenho como critério o seu próprio desenvolvimento, seja ele dado por Moreno: crianças pertencentes ao 1º e 2º Universos; ou pela psicologia evolutiva de Piaget: crianças do período pré-operatório), algumas etapas do psicodrama dito clássico ou tradicional ocorrem de forma específica. A seguir dou exemplos de casos para ilustrar essa temática e discuto suas peculiaridades.

Pedro era um garoto de cinco anos que apresentava dificuldades em estabelecer vínculos de forma geral; tinha uma irmã de um ano que, segundo os pais, era ignorada por ele. Na escola não conseguia interagir com os colegas nem com a professora. Seu pai tinha uma profissão que o obrigava a ausentar-se do convívio familiar com freqüência, o que desagradava profundamente sua mãe, que ficava sobrecarregada com os afazeres domésticos e com o cuidado com os filhos. Ela se sentia desamparada e tornava-se amarga, muitas vezes impaciente e com pouca disponibilidade para as crianças. Por um período do processo psicoterápico uma personagem – ursinha – esteve presente repetidamente nas sessões:

"Quando a psicoterapeuta chega à porta da recepção e Pedro a vê, rapidamente se esconde no sofá, como se estivesse envergonhado, e em seguida vem correndo, olha-a com expressão de entusiasmo, abraça-a e corre para a sala de psicoterapia.

Na sala, antes mesmo de fechada a porta, Pedro vai dizendo:

Pedro: Hoje vamos fazer a história da ursinha apaixonada que encontra o seu grande amor! (*Quando chegou à sessão a criança já estava aquecida, o que dispensou essa etapa inicial do psicodrama.*)

E continua:

Pedro: Eu sou a ursinha e você é o médico. (*Pedro distribui os papéis a serem desempenhados na cena psicodramática. Ele é quem fornece o conteúdo da história [é o protagonista]; porém, ape-*

sar de parecer que é ele mesmo quem dirige, cabe ao psicoterapeuta ficar atento para as suas duas funções: ego-auxiliar e diretor.)

Rosalba: Está bem, e onde vai se passar essa história?

Pedro: Fica ali daquele lado e faz de conta que você está passeando.

R: Então vamos fazer de conta que estamos numa praça e o médico vai passear nela, tudo bem? (*O psicoterapeuta aceita desempenhar o papel, auxilia na montagem da cena e faz a demarcação de contexto, ou seja, dirige.)*

Pedro: Tá bom, então vai para lá! (*Nesse momento entramos no contexto dramático e a cena se inicia.)*

A psicoterapeuta no papel de médico vai passeando distraidamente pela praça...

Ursinha (P): Nossa, mas que médico mais bonitinho, sabia que estou apaixonado por você?

Antes que a psicoterapeuta no papel de médico responda qualquer coisa, Pedro a orienta:

Pedro: Diga que você também está apaixonado por ela! (*Aqui há um corte na cena; a criança tem o* script *pronto nessa história e para cada papel; o diretor é seu ego-auxiliar e funcionará como seu duplo.)*

R: Mas eles nem se conhecem ainda, R. questiona.

Pedro faz cara de bravo e diz impaciente:

Pedro: A história é assim! Vai, fala logo! (*Diretor compreende que é importante seguir as instruções da criança; caso contrário, poderia fazer uma interpolação de resistência.)*

Médico: Oh! Eu também estou apaixonado por você, ursinha.

(A ursinha olha para o médico com olhar enternecido e este também lhe retribui o olhar.)

U: Vamos passear?

M: Vamos.

U: Então me dê a mão.

Os dois dão-se as mãos e ficam passeando pela praça, comentam sobre as flores, os pássaros e depois procuram um banco para se sentar.

U: Estou tão apaixonado por você, eu te amo.

Pedro: Vai, fala logo que você também ama ela. *(Novamente orienta sobre o papel do outro e pela sua reação é como se pensasse: 'Você não está acertando, como é possível que não saiba o óbvio?'.)*

De volta à cena:

M: Oh! Ursinha, eu também te amo.

Ursinha abraça o médico e diz:

U: Quer se casar comigo?

M: Quero.

Pedro: Agora você vai ser o padre que faz o casamento. *(Outro corte na cena para solicitar que o psicoterapeuta desempenhe outro papel – é comum a criança assumir e desempenhar um papel enquanto o diretor desempenha todos os outros.)*

Monta-se a cena do casamento; ursinha e médico entram na igreja fazendo o som da marcha nupcial. R. vai para o lugar do padre e nessa cena assumirá concomitantemente os dois papéis.

No papel de padre, muda o tom de voz e faz um sotaque diferente:

Padre: Meus caríssimos irmãos, estamos aqui reunidos para celebrar o casamento da ursinha e do médico. Ursinha, você aceita se casar com o médico?

U: Sim! (Ri com muito entusiasmo.)

Padre: Médico, você aceita se casar com a ursinha?

R. se posiciona ao lado da ursinha.

M: Sim.

R. volta ao lugar e papel de padre:

Padre: Então eu os declaro casados!

Ursinha e médico se abraçam.

U: Agora vamos viajar para Roma e vamos ser felizes para sempre!

A ursinha e o médico fazem a viagem; em seguida a psicoterapeuta avisa que o tempo está se acabando e solicita a cena final. *(Quando é preciso falar a partir do papel de diretor, faz-se um sinal – pode ser com as mãos, solicitando tempo igual ao do esporte, ou falando com voz mais baixa – e em seguida retoma-se a cena e o papel anterior. Avisamos sobre o tempo para que a criança dê um desfecho à cena e vá se desaquecendo do papel psicodramático.)*

Ursinha, abraçando muito o médico, diz:

U: Oh! Eu estou tão feliz!

Acaba-se a história e eu digo:

– Agora voltamos a ser Rosalba e Pedro novamente. *(Saímos do contexto e papel psicodramático para o social.)*

Pedro sai correndo da sala. *(Não ocorreu a etapa do compartilhar.)*"

Essa história, que a princípio parece muito *sem sentido*, pertenceu a um período do processo psicoterapêutico dessa criança no qual a personagem ursinha esteve presente muitas vezes. Por meio da função de ego-auxiliar do psicoterapeuta no papel do médico, aquele que amava a ursinha, Pedro pôde vivenciar uma relação de amor (EU–TU, segundo Fonseca, 1980) que até então não havia ocorrido. Uma relação de exclusividade em que não há espaço para mais ninguém. Essa relação de amor vivida no processo psicoterápico propiciou o aparecimento de comportamentos afetivos em relação à mãe (apego, solicitações de beijos e abraços, perguntas como: "Você me ama?"), os quais pareciam ser dificultados por ela, pois estava sempre ansiosa, frustrada, insegura e com sentimentos de abandono. Nesse período Pedro jogou papéis alternados o tempo todo: o que ama, o que é amado, não há inversão nem reciprocidade, mas pré-inversão de papéis. O vínculo positivo estabelecido entre psicoterapeuta e criança favoreceu o funcionamento do psicoterapeuta como ego-auxiliar, agindo como seu *duplo* e sendo assim um agente terapêutico.

Observa-se que nessa sessão os personagens foram representados pela própria criança e pela psicoterapeuta (não utilizamos brinquedos), e a própria sala foi o cenário da história, que recebeu demarcações imaginativas conforme o desenrolar das cenas. Numa psicoterapia bipessoal, o terapeuta quase sempre funcionará como ego-auxiliar da criança, fazendo o contrapapel na cena psicodramática, sem que isso descaracterize o seu papel na direção. Como diretor ele pode fazer *duplo*, solicitar um es-

pelho, solilóquio[12], avisar sobre o tempo e qualquer outra intervenção que se faça necessária para a construção dramática. Porém, é imprescindível que o diretor deixe claro a partir de que papel está falando (diretor ou personagem), pois quanto mais nova é a criança mais difícil é para ela distinguir o real do imaginário, ou o contexto social do dramático. É também uma função do diretor ajudá-la nessa discriminação.

Ainda com o intuito de ilustrar o trabalho com crianças menores, relato outra sessão de psicodrama, de uma menina chamada Ana, também de cinco anos de idade. Seus pais são advogados, muito ocupados com trabalho e estudo (a mãe concluiu recentemente um curso de pós-graduação e ingressou em outro). Tem um irmão menor de um ano e meio do qual tem ciúmes, e a queixa maior dos pais era que ela tinha verdadeiros acessos de raiva em algumas ocasiões, principalmente com a mãe, chegando a expulsá-la de casa. A estratégia dos pais era a punição (batiam e castigavam), mas não obtinham êxito algum. A mãe era muito mais enérgica, ansiosa, controladora e preocupada do que o pai, que por sua vez considerava-se mais tolerante e afetivo com os filhos, porém com muita dificuldade de exercer autoridade.

Numa sessão anterior à que será apresentada, representamos uma história em que Ana está em seu quarto e não consegue dormir porque começam a aparecer fantasmas que a assustam. Com a ajuda dos pais, expulsa-os de casa, joga-os no lixo, bate, chuta e xinga esses fantasmas, que depois ela verifica serem bebês, ou seja, "bebês-fantasmas". Sobra apenas um, que é o seu irmão e não um fantasma.

"Ana entra correndo na sala e se esconde para me dar um susto. Eu me assusto (*essa era a brincadeira*) e nos cumprimen-

12. Na técnica do *duplo* (associada à primeira fase do desenvolvimento da criança – Matriz de Identidade Total Indiferenciada), semelhante ao que faz o dublê de cinema, alguém faz pela criança aquilo que ela ainda não pode fazer por si mesma, ou seja, o ego-auxiliar expressa aquilo que o protagonista não está conseguindo expressar. No *espelho* (técnica associada à segunda fase da Matriz de Identidade Total Diferenciada), a criança vê seu comportamento por meio de um ego-auxiliar. *Solilóquio* é uma das técnicas verbais utilizadas para tornar expressáveis níveis mais profundos do "mundo interpessoal" do protagonista.

tamos. Depois ela quer olhar o armário com os materiais e eu sugiro que façamos uma história, mas ela se recusa e escolhe um jogo, um quebra-cabeça da Mônica (personagem de gibi). Diz que ela é a Mônica. Comento[13] que a Mônica é uma menina que quando fica brava bate nos amigos e que ela também fica brava em alguns momentos. Pergunto[14] que momentos são esses. Ela responde que é quando quer alguma coisa e não recebe (relata um episódio em que queria doce de leite e tinha acabado). O jogo de quebra-cabeça é concluído e aí ela quer fazer a história da casinha. *(Esse período inicial foi o aquecimento para a dramatização, que foi recusada quando sugerida inicialmente – Ana não estava aquecida para tal. Foi feito um assinalamento: ela se identificou com a personagem Mônica: ambas ficam muito bravas quando contrariadas.)*

Ela escolhe bonecos para representar a família e distribui os papéis: ela é os irmãos (serão dois) e a irmã mais velha, e eu serei o pai e a mãe. O boneco que representa a filha mais velha é o maior de todos, e eu aponto isso para ela, que responde que vai ser assim mesmo.

(Início da dramatização) Depois da casa arrumada eles vão fazer um piquenique. Todos saem da casa e vão para um gramado (grande almofada verde). Nesse momento, a filha mais velha começa a provocar os pais comendo toda a comida; pega o carro (representado por um barco) e vai com os dois irmãozinhos para outro lugar. Diz que não vai mais morar com os pais, que quer ir para outra casa. Os pais a questionam e insistem para que volte para casa. Ela mantém sua decisão e começa a roubar coisas da casa (comida e móveis). O pai continua tentando persuadi-la a mudar de idéia e parar com aquilo, mas em vão. Nesse momento

---

13. "As intervenções coloquiais podem ser qualquer intervenção dialogal, informação que se proporciona, perguntas, confirmações. Nesse caso considera-se que foi um *assinalamento*, que consiste em "chamar a atenção a respeito de algum signo (sinal) que o paciente emite". *In*: BUSTOS, D. *El psicodrama*. Buenos Aires: Paidós, 1975.

14. Uma pergunta enquadra-se na técnica da *entrevista*, na qual o terapeuta se dirige à criança, ou ao personagem que ela representa, colocando-lhe questões diretas a respeito dela mesma.

ela deixa o boneco e passa ela mesma a *desempenhar o papel* de filha. Coloca a mão na cintura, empina o nariz e diz em tom impetuoso, autoritário e até mesmo arrogante:

– Eu é que mando nessa casa, olha o meu tamanho, eu sou o chefe!

Os pais se assustam com o tamanho da filha e comentam:

– Uau! Parece um monstro!

Ela diz para os pais que é ela mesma e confirma que quem manda lá é ela. O pai vai dizendo que aquilo não é certo, que ele é o pai e ela é a filha, e dessa forma quem decide algumas coisas são apenas ele e a mãe. Ela ri com sarcasmo e repete sempre a frase:

– Quem manda aqui sou eu! (*Essa frase é muito utilizada pela mãe no dia-a-dia familiar.*)

Os pais dialogam entre si e a filha presta bastante atenção:

Pai: Minha querida, o que será que está acontecendo com a nossa filha? Ela está tão brava com a gente, o que fizemos pra ela? Será que ela não percebeu que a gente a ama muito, que queremos ela morando com a gente? (*Solilóquio dos pais.*)

Filha: Vocês vão ficar aí nessa casa sozinhos! Nessa casinha! Eu nem caibo nessa casinha, olha aí seus pequenininhos, podem ficar aí que eu vou para outro lugar. Seus pequenininhos, olha só o meu tamanho!

Pais entre si: Nossa, será que ela pensa que não tem lugar para ela na nossa casa, na nossa vida?

Pai: Acho que eu preciso ficar do tamanho dela para dizer essas coisas para que ela compreenda. (*Diretora anuncia que o pai vai crescer e desempenhará esse papel.*)

O pai cresce e fica bem grande e imponente. Ela o olha num misto de admiração (até sorri) e receio, porque o pai está muito grande agora. Ela mantém sua postura e o pai fala com ela:

– Filha, o que está acontecendo, por que você está tão brava? Fala pro papai...

Ana não responde e em seguida começa a atacar a mãe (ainda boneco). (*Diretor assume papel da mãe – fica grande – e vai interagindo com a filha.*) A filha grita muito com a mãe e é solicitada uma *inversão de papéis.*

Ana no papel da mãe começa a olhar para o diretor no papel de filha e fica com uma expressão quase de espanto. (*Diretora espelha o seu papel.*) Ela, no lugar de mãe, fala mais calmamente, mas continua bastante enérgica e depois começa a bater na filha.

Filha (diretor): Pode bater que eu nem ligo, nem doeu.

Filha vai provocando a mãe cada vez mais. Diz que nem liga, que quem manda lá é ela etc. (*Repete cenas anteriores ocorridas com o pai.*)

Ana, no papel de mãe, se mantém enérgica com a filha e diz que vai colocá-la de castigo. (*Solicito a inversão novamente.*) A filha enfrenta a mãe dizendo que quem manda é ela e a expulsa de casa. (*Diretor, nesse momento, quando desempenha o papel de mãe, faz uma interpolação de resistência com o objetivo de verificar que resposta a criança teria caso se 'quebrasse' esse comportamento repetitivo de ambas – já considerado uma conserva cultural nessa relação.*) A mãe está afetuosa nesse momento, fala carinhosamente com a filha, acalma-a e chama-a para perto. A filha vai parando com as provocações, senta-se no colo da mãe e aninha-se; a mãe vai falando que agora elas podem se acalmar, que ela está ali só para ela, que não vai embora, vai ficar e cuidar dela. As duas permanecem assim por um tempo: há um clima tranqüilo e afetuoso, e a mãe dedica-se aos cuidados da filha.

Logo depois a diretora avisa sobre o tempo e solicita um final para essa história.

Ana: Já sei, a mãe vai ficar no quarto brincando com a filha!

As duas (mãe e filha) vão para o quarto e brincam juntas.

A história termina, ambas guardam os materiais e arrumam a sala."

Diferentemente de Pedro, Ana estava no início do processo psicoterápico nessa sessão. Certamente há muito que refletir sobre essa sessão (a onipotência de Ana, a relação com seus pais, suas necessidades e seus medos); porém, o intuito foi apenas o de mostrar como outras técnicas foram utilizadas. Por exemplo, a necessidade do *aquecimento* inicial, que ocorreu por meio do jogo; como foi solicitada a *inversão de papéis* em algumas ocasiões, e verificar que a *inversão* propriamente dita não ocorre nessa idade, é na verdade uma *tomada de papel* do outro (interpretação de papel ou imitação que permite uma aprendizagem), o que possibilitou ao diretor fazer um *espelho* da criança. A partir do contrapapel (aqui de pai e mãe) o diretor fez *solilóquios* trazendo alguns conteúdos a mais para a cena e para a criança; poderia tê-lo feito também no papel da criança, funcionando assim como um *duplo*.

A técnica da *interpolação de resistência*[15] pode ser utilizada muitas vezes, possibilitando uma modificação na situação dramática sem interromper a ação, ou seja, os personagens, propiciando a mudança. No caso de Ana, a mãe carinhosa, oposta à mãe mais enérgica que estava presente até então na cena, fez com que ela manifestasse fantasias que reprimia e das quais se defendia por meio da idealização (de "grandona" e poderosa passou a pequena e "aninhada"; em vez de expulsar a mãe de casa, coloca-a dentro de seu quarto).

Começamos a dramatização utilizando bonecos, que no decorrer da cena tornaram-se dispensáveis. O mesmo ocorreu com o cenário, que inicialmente estava circunscrito à casinha e à almofada e depois se ampliou para a sala toda.

Segundo Piaget, as sessões de Pedro e Ana classificam-se como jogo simbólico, pois possibilitaram à criança imaginar situações e objetos conforme suas necessidades: foram histórias de "faz-de-conta". Outros estudos sobre essa atividade lúdica de natureza dramática, o "faz-de-conta", categorizam-na em faz-de-conta projetado ou personificado. Para Peter Slade (1978), um estudioso inglês do jogo dramático infantil, o *faz-de-conta projetado* (o jogo dramático com bonecos) é uma modalidade mais primitiva, isto é, um tipo de ação lúdica que precede o *faz-de-*

---

15. Na *interpolação de resistência* o objetivo é "contrariar" disposições conscientes e rígidas do protagonista. Ela permite acessar novos pontos de vista, mais flexibilidade em suas posições relacionais e buscar caminhos mais produtivos. O terapeuta também pode introduzir um personagem inesperado, colocando o protagonista diante de uma situação nova.

conta com personificação. Ele afirma que o jogo projetado é mais evidente nos estágios mais precoces da criança pequena, a qual ainda não está preparada para usar o corpo totalmente.

Para Japiassu (2001), pesquisador brasileiro preocupado em compreender a atividade lúdica da criança pré-escolar, há outra categorização, que é o *faz-de-conta com personificação e projeção*, o qual reúne procedimentos representacionais dramáticos característicos tanto de um como de outro. Ocorrem necessariamente em um estágio intermediário entre eles, caracterizando o período de transição entre essas duas modalidades de conduta lúdica. É o caso de Ana, que utiliza inicialmente os bonecos (projeção) e depois os abandona (personificação). Considero que utilizar o corpo na representação dramática, no psicodrama, é sempre mais rico, porque é na ação que desenvolvemos nossa espontaneidade e criatividade.

A prática do psicodrama com crianças a partir dos 7 anos

Crianças maiores já alcançaram um estágio de evolução sociocognitivo-emocional (fase da Matriz de Identidade da Brecha entre Fantasia e Realidade) que lhes permite incrementar o seu papel psicodramático com outros recursos colhidos no meio social, com base na observação do desempenho de papéis sociais pelos adultos e pelos conteúdos culturais à sua disposição. Se por um lado isso permite a elas aprofundar suas questões pessoais, por outro a sua imaginação é mais tolhida por críticas e juízos de valor sobre o que está sendo feito. Tassinari (1990, p. 109), falando dessa sua experiência, afirma:

> O mundo real, com as suas conservas culturais mais arraigadas, tem uma forte presença, obrigando a criação dramática a subordinar-se mais rigidamente a elas. Quanto mais velha a criança maior é, por isso mesmo, a necessidade de um aquecimento

260 DALMIRO M. BUSTOS E COLABORADORES

mais longo, detalhado, nos moldes de uma sessão com adultos. O cenário, mais do que nunca, precisa ser demarcado e os personagens bem definidos.

Com o intuito de continuar discutindo o trabalho com crianças maiores, relato uma sessão de uma menina de nove anos. Renata foi trazida para a psicoterapia porque tinha alguns medos, entre eles o de viajar de carro. Nas situações de medo tinha todas as sensações de um quadro de ansiedade: taquicardia, tremor, sudorese, palidez, falta de ar e sensação de desfalecimento. Evitava ao máximo essas situações, porém, em alguns momentos, isso se fazia impossível, e os pais estavam preocupados com ela. Renata era filha única; seu pai era um homem muito controlador, tenso, preocupado e um pouco deprimido. Sua mãe era uma mulher mais alegre, porém extremamente ansiosa, insegura, e compartilhava alguns dos medos da filha.

"Chegou para a sessão como de costume: um pouco tímida, meiga, calada, muito ansiosa e afetiva. Começamos a conversar e um dos assuntos era que aquela semana precedia um feriado. Eu lhe pergunto o que faria naqueles dias. Conta que sua mãe queria viajar para visitar sua avó que estava doente. Pergunto o que estava achando disso e ela diz que tinha medo, não queria ir, porém os pais insistiam muito. Proponho que a gente 'olhe' um pouco mais para isso e façamos uma história. Ela se recusa inicialmente e fica perguntando:

– História de quê?

E eu respondia:

– Pode ser de viajar, o que você acha?

Ela não se mostra muito entusiasmada, mas eu insisto:

– Vamos lá, Renata, vamos ficar em pé e pensar juntas. Do que vocês costumam viajar?

– De carro, mas dessa vez meu pai não vai, minha mãe não dirige na estrada, então a gente tem que ir de ônibus.

– Muito bem, então que tal a gente trazer o ônibus aqui?

– Pode ser..., mas o quê?

O PSICODRAMA - APLICAÇÕES DA TÉCNICA PSICODRAMÁTICA 261

– O que a gente quiser. Vai, vamos começar.

Arrastamos uma poltrona e uma cadeira e fizemos o ônibus. Nós o localizamos num cenário que não ocupava a sala toda, apenas parte dela. Pergunto quem fará parte dessa história e ela diz que é ela e a mãe. Ela será ela mesma e eu, a mãe. A história vai começar com elas entrando no ônibus. É noite. *(Toda a preparação para o cenário, a escolha dos papéis e da cena constituem um aquecimento para a ação dramática.)*

Faço um sinal de começar (muitas vezes um estalar de dedos).

Mãe: Vamos, filha, vamos entrando para achar o nosso lugar. *(A filha a acompanha com certo desdém.)*

M: É aqui, quer ficar na janelinha?

Filha: Pode ser, quero.

Mãe e filha acomodam-se nas poltronas e a mãe lhe pergunta como está. Ela diz que tudo bem. A mãe comenta que também tem um pouco de medo de andar de ônibus, mas que tudo bem. Peço para trocar de papel com a mãe. No papel da mãe, ela adormece em seguida, e começa a roncar. Diretora no papel de filha:

– Ei, mãe, acorda, já dormiu? Poxa, e eu agora, o que vou fazer? *(Troca de papéis.)*

A mãe continua roncando e a filha começa a gritar alto e despreocupadamente:

F: Eu estou com sede! Onde é que tem água aqui?

M: Filha, fala baixo, você me acordou e pode acordar outras pessoas!

F: Ah, vê se dorme aí.

Levanta-se e sai perguntando alto se alguém tem água. Aproxima-se de uns bancos à frente e conversa com um passageiro (um homem que fica imaginário na cena).

F: Ah, obrigada.

Não volta para o seu assento e fica perambulando pelo ônibus.

M: Filha, volte já pro seu lugar!

F: Não vou, não, e vê se não me enche!

M: Mas que história é essa? Volte já pra cá!

F: Não!

Mãe fazendo *solilóquio:* Mas o que será que está acontecendo com essa menina? Eu não estou entendendo...

Mãe levanta-se e aproxima-se da filha, que rapidamente a empurra para o seu lugar e manda-a ficar quieta. A mãe começa a reagir, ela vai ficando mais brava e amarra a mãe à poltrona. A mãe protesta:

M: Pára com isso, filha, me tira já daqui!

A mãe não pára de reclamar e a filha coloca uma mordaça nela. A mãe fica resmungando e fazendo expressões de reprovação. Enquanto isso a filha começa a "aprontar" no ônibus: sobe em todas as poltronas, vai buscar água o tempo todo, fala alto, senta-se de qualquer jeito, com pernas abertas, pernas para cima, deitada nos encostos etc. (realiza essa cena sobre duas poltronas da sala). A mãe continua amarrada e amordaçada. A diretora solicita *inversão de papéis,* mas a criança se recusa. A cena se mantém assim por mais alguns minutos: uma verdadeira bagunça no ônibus e a mãe amarrada e amordaçada. Em seguida o diretor pede "tempo", perguntando o que aconteceria em seguida. Ela diz que elas chegariam. A mãe já está desamarrada e, enquanto as duas descem do ônibus, comenta:

M: Não gostei nem um pouco do que você fez comigo.

Ela não responde à mãe e continua com seu ar de desdém e arrogância. Anda meio se requebrando e vai deixando a mãe para trás.

Em seguida, Renata diz que agora vai acontecer uma coisa diferente. Ela começa a passar mal, cai no chão, diz que não pode respirar e que está morrendo. A mãe vai ficando desesperada, abana a filha, pede para ela respirar, mas é em vão: ela morre. A mãe, inconformada, chora a perda da filha, falando de seu sofrimento por não saber salvá-la e de como estava desesperada pela morte súbita da filha.

A diretora pede 'tempo' novamente e pergunta se a história seria assim mesmo, ou se teria alguma outra possibilidade. Ela diz que não e se mantém caída no chão, imóvel.

Mãe: Não é possível que isso aconteça, eu acho que ela só está desmaiada. Vou procurar um médico.

A diretora assume o papel do médico:

– Deixe-me examinar essa garota... Ah, ela está de fato só desacordada, vamos dar a ela esse remédio... Hum, vejamos... Acho que já está ficando melhor. (*Aqui introduzi uma interpolação de resistência inserindo um novo personagem que pudesse propiciar uma mudança na cena: tinha o objetivo de que alcançássemos um final menos trágico.*)

A filha vai acordando aos poucos, está pálida, calada e meio 'mole'. A mãe a abraça mas não é correspondida, pergunta-lhe o que aconteceu e ela diz que não sabe. Levantam-se e voltam a caminhar. A filha já está bem novamente e assim se encerra a história.

Já de volta aos papéis sociais, pergunto-lhe o que achou da história e ela diz que achou legal. *Compartilho* que também achei legal e surpreendente. Continuo compartilhando a partir do papel de mãe, dizendo que ela 'maltratou' bastante a mãe e parecia ter se divertido muito com aquilo. Ela só deu uma risadinha, mas não disse nada. Pergunto se ela imaginaria uma viagem assim de ônibus com sua mãe e ela respondeu que não, jamais. Pergunto também como se sentia com a viagem real próxima, e ela responde que mais ou menos. Comento que a cena em que ela passa mal parece ser bastante parecida com as sensações que já foram descritas por ela e pelos pais, quando está mal. Ela confirma. Digo que na nossa história ela não passou mal no ônibus, ao contrário, estava bem disposta, passou mal depois. Ela concorda e não comenta mais nada. Acabamos a sessão com um acordo: quando ela estivesse no ônibus, pelo menos se lembraria das partes 'engraçadas' da nossa história – poderiam ajudar a diminuir a tensão."

Essa história tinha inicialmente para mim o objetivo de ser semelhante à cena real, mas pareceu não ter nada que ver com a realidade. No entanto, nessa dramatização, Renata pôde expressar alguns aspectos seus muito contidos: o seu lado mais "mauzinho", que briga com a mãe, compete com ela e a maltrata. Expressar esses sentimentos dramaticamente (no faz-de-conta) foi importante, embora suponha que sua "morte" na cena seguinte estivesse associada a uma culpa pelos feitos anteriores, bem como deixar claras a impotência e a ineficiência da mãe em ajudá-la. Além disso, penso que Renata havia estabelecido uma relação transferencial[16] comigo, pois nas sessões que se seguiram fizemos muitas outras histórias nas quais ela era a linda, inteligente, meiga e doce menina e eu, uma garota feia, invejosa e ladra. Jogar esses papéis foi importante, bem como a disponibilidade do terapeuta de ocupar esse lugar nas histórias. Logo depois, Renata começou a escolher jogos de competição[17] e esforçava-se ao máximo para me vencer. Quando isso ocorria ficava exultante, caso contrário, ficava mal e inconformada. Essa "cisão", ou a vivência dos seus aspectos *bons e maus*, pôde ser expressa, e aos poucos ela foi elaborando-a.

Certamente essa compreensão e/ou leitura que faço da sessão é parcial e sugere outras possibilidades, mas fica aqui um esboço do que possa ser uma sessão com uma criança mais velha. Verifica-se que, ao contrário das crianças anteriores, o *aquecimento* mais específico foi necessário porque havia uma recusa da criança em dramatizar. Algumas técnicas foram utilizadas, como a *inversão de papel*, que, apesar de ter ocorrido por um curto período de tempo, é um recurso de extrema valia para ser usado nessa idade. Quando a criança se recusou a trocar de papel com a mãe, não insisti muito porque ela estava tão mergulhada em seu papel

---

16. "[...] A transferência não acontece em direção de uma pessoa em geral ou de uma Gestalt vaga, mas sim em direção de um 'papel' que o terapeuta representa para o paciente: papel paternal, maternal, papel de um homem culto que sabe tudo, de amante, de cavalheiro, de indivíduo perfeitamente ajustado, de um modelo de homem, etc.". "Fundamentos do psicodrama". *In:* CUKIER, R. *Palavras de J. L. Moreno.* São Paulo: Ágora, 2002, pp. 22-33.

17. Conforme Callois, jogos de competição, chamado de Agôn, traduzem um combate em que a igualdade de oportunidades é criada artificialmente para que os adversários se defrontem em condições ideais, resultando num triunfo do vencedor. Ele tem um sentido de reconhecimento e superação de limites, condição para qualquer competição.

que considerei importante mantê-la assim (considerei a possibilidade de que toda a "bagunça" fosse uma "atuação" e de que um desaquecimento talvez fosse importante, porém, diante de todo o seu comportamento contido, não me pareceu ruim ela experimentar uma Renata "diferente"). O *solilóquio* foi utilizado especialmente para trazer novos conteúdos à cena dramática, e a *interpolação de resistência* no final da história teve o objetivo de propiciar outra "resolução" para aquele final. Pela minha experiência, quando um novo personagem é introduzido na cena e a criança não o considera importante ou apropriado, interrompe rapidamente a cena dizendo que não é nada daquilo. Renata aceitou bem a presença do personagem médico assim como a sua "não-morte". Na verdade, todas as técnicas do psicodrama podem ser utilizadas. Sua escolha dependerá exclusivamente da criança em questão e da história que será dramatizada: algumas permitirão ou exigirão mais o uso das técnicas, outras menos.

As etapas do psicodrama ocorreram tal como numa sessão com adultos: aquecimento, dramatização e compartilhamento. É claro que o compartilhamento não se dá tal qual numa sessão de adultos; muitas vezes fica restrito a um "foi legal", outras vezes ocorre por meio dos personagens ainda durante as cenas, e às vezes não acontece nem com as crianças maiores. Quando o diretor faz uma associação da história ou de aspectos dela com situações da vida real da criança, proporciona a reflexão e a elaboração desses conteúdos. Diferentemente das crianças menores, essas já distinguem realisticamente os fatos e podem fazer associações importantes das histórias de faz-de-conta com a sua história real; a criança maior já pode conversar sobre suas dificuldades.

Considerações finais

Trabalhar com crianças ou escrever sobre elas nos faz refletir sobre o que é ser criança. Responder a essa questão não é tarefa fácil, pois implica sempre buscar contextualização do *lugar* e da *época* em que a resposta vai se embasar, que referências serão usadas para descrever tal conceito, incluindo a sua classe socioeconômica, sua raça, e tantas outras variáveis do sistema desse contexto (do micro ao macro) no qual ela se insere. Ser criança na sociedade contemporânea é muito diferente de ser criança nos períodos históricos anteriores, o que amplia suas possibilidades de atuação profissional.

Neste capítulo abordei o trabalho de psicodrama com crianças na psicoterapia, trabalho esse quase essencialmente localizado nos consultórios particulares. Pensei inicialmente em trazer algumas outras contribuições do psicodrama com crianças realizado em escolas, porém considerei que tinha ficado descontextualizado diante da ênfase dada ao trabalho psicoterapêutico. Uma criança diria que aquilo estava "meio torto". Bem, torto ou não torto, pelo menos cito que há alguns psicodramatistas brasileiros realizando trabalhos de psicodrama com crianças fora dos consultórios.

O valor dessas contribuições diante do nosso contexto atual é muito grande, por isso quero deixar registrada as que eu conheço. Quem se interessar pode buscar referências: Dalka Ferrari (1980), uma das pioneiras do psicodrama com crianças, trabalha atualmente em instituições com o tema violência, auxiliando grupos de crianças e famílias vitimizadas; Cláudio Pawel (2001) desenvolveu um trabalho de *playback theatre,* batizado como teatro de reprise, com grupos de crianças na escola que o possibilitou discutir os benefícios dessa modalidade de ação; Mariângela Wechsler (1998, 1999), utilizando jogos com grupos de crianças nas escolas, trabalhou e sistematizou a correlação entre psicodrama e construtivismo, produzindo duas publicações; não poderia deixar de citar Antonio dos Santos Andrade (1996, 1997 e 1998), que trabalha nas escolas com grupos de crianças com dificuldades de aprendizagem ou portadores de deficiência mental; e, por fim, cito a mim mesma, que construí e desenvolvi uma intervenção de promoção da saúde para crianças em situação de divórcio ou separação parental, também realizada na escola, com o intuito de auxiliar as crianças e seus pais a passar por essa transição familiar da melhor forma possível (Filipini, 2003).

Crianças no consultório, na escola ou nas instituições – não importa se hoje ou ontem – trazem em comum a capacidade de brincar. *Brincadeira de criança é coisa séria!* Gosto dessa frase porque ela explicita as múltiplas funções do brincar. Com certeza é sempre muito bom se divertir, mas nem sempre a finalidade da brincadeira é somente essa.

Como expliquei no início deste capítulo, o *brincar* é uma atividade que oferece à criança a possibilidade de se comunicar e expressar o seu mundo interno, muitas vezes povoado por medos, angústias, culpas e tantos outros sentimentos difíceis nos quais alguns adultos não acreditariam caso já não tivessem sido crianças um dia. Também devido a isso é que o trabalho com os pais se faz tão necessário. É comum ouvir: "Que tratamento é esse em que as crianças só ficam brincando?". Espero que a descrição das três sessões possa ter esclarecido o leitor um pouco mais sobre a *finalidade* do brincar no psicodrama com crianças e sobre *como* ele pode ocorrer.

Optei por dividir este capítulo em trabalho com crianças pequenas e depois com as maiores, porque uma das grandes discussões que temos é sobre a *inversão de papéis* e a impossibilidade de usar essa técnica com as crianças menores, levando-nos a questionar se o que fazemos é psicodrama. Ao longo do texto discuti essa questão, porém em nenhum momento me dispus a teorizar sobre o assunto ou a criar uma metodologia de trabalho. Ao contrário, mostrei minha prática. E pela minha prática verifico que as etapas de uma sessão de psicodrama, o cenário e os contextos têm suas "particularidades" no trabalho com as crianças menores, porém considero-os psicodrama. As técnicas psicodramáticas utilizadas com crianças praticamente são as mesmas que usamos com os adultos, mas elas ocorrem muitas vezes por meio do *contrapapel* que o diretor desempenha na história. Muitas crianças usam o termo *fingir* para discriminar que estão em outro papel – não gosto desse termo, mas parece que ele tem sido muito empregado atualmente nas escolas. Digo a elas que "no meu tempo" a gente falava em "faz-de-conta" ou "imagina que", mas isso não tem surtido o menor efeito. Mas, independentemente do termo, é no faz-de-conta (ou no "como se" para os adultos) que tudo ocorre, levando criança e diretor a desempenhar os mais diversos papéis psicodramáticos, que articulam o imaginário e o real (ou vivido simbolicamente).

Considero, tal como outros autores já o fizeram, a necessidade de mais exploração sobre o psicodrama com crianças, contribuindo para uma teoria e metodologia específicas para os diversos estágios de desenvolvimento. E ainda mais premente é a ampliação dos trabalhos de psicodrama com crianças em contextos sociais diversos. Essa era a proposta socionômica de Moreno e sem dúvida, mesmo nesse estágio "inacabado", o psicodrama com crianças tem alcançado espaço e colhido frutos.

Referências bibliográficas

AGUIAR, M. *Teatro espontâneo e psicodrama*. São Paulo, Ágora, 1998.

ALEGRE, C. A. "Psicodrama para crianças". *In*: BUSTOS, D. M. *O psicodrama – Aplicações da técnica psicodramática*. São Paulo: Summus, 1982, pp. 182-91.

ANDRADE, A. S. "Psicodrama moreniano com alunos portadores de deficiência mental". *In*: GOYOS, A. C.; ALMEIDA, M. A.; SOUZA, D. (orgs.). *Temas em educação especial* III. São Carlos: Editora da UFSCar, 1996, pp. 568-74.

_____. "Uma abordagem psicodramática moreniana para o atendimento de crianças com dificuldades de aprendizagem nas séries iniciais da escolaridade". São Paulo, *Revista Brasileira de Psicodrama*, ano 5, n. 2, 1997, pp. 93-106.

_____. "Psicodrama aplicado a grupos de crianças com dificuldades de aprendizagem". *Temas em Educação e Saúde* I. Araraquara: Gráfica FCL/Unesp, 1999, pp. 33-42.

BUSTOS, D. M. *O teste sociométrico: fundamentos, técnica e aplicações*. São Paulo: Brasiliense, 1979.

_____. *Actualizaciones en psicodrama*. Buenos Aires: Editorial Momento, 1997.

CUKIER, R. *Palavras de J. L. Moreno*. São Paulo: Ágora, 2002.

FERRARI, D. C. A.; LEÃO, H. M. G. "Psicodrama infantil: teoria e prática". *Revista da Febrap*, ano 6, n. 2, 1984, pp. 50-64.

FILIPINI, R.; FERREIRA, I. B. "Psicodrama na infância e na adolescência". *In:* ASSUMPÇÃO JR., F. B. *Psiquiatria da infância e da adolescência*. São Paulo: Maltese, 1994, pp. 533-42.

FILIPINI, R. *Grupo de apoio para crianças na situação de divórcio ou separação parental*. Dissertação de Mestrado em Psicologia Clínica, PUC-SP, 2003.

FONSECA, J. *Psicodrama da loucura: correlações entre Buber e Moreno*. São Paulo, Ágora, 1980.

_____. *Psicoterapia da relação: elementos de psicodrama contemporâneo*. São Paulo, Ágora, 2000.

GARRIDO MARTIN, E. *J. L. Moreno: psicologia do encontro*. São Paulo: Duas Cidades, 1978.

GONÇALVES, C. S.; WOLFF, J. R.; ALMEIDA, W. C. (orgs.). *Lições de psicodrama: introdução ao pensamento de J. L. Moreno*. São Paulo: Ágora, 1988.

GONÇALVES, C. S. (org.). *Psicodrama com crianças – Uma psicoterapia possível*. 2. ed. São Paulo: Ágora, 1988.

JAPIASSU, R. O. V. "O faz-de-conta e a criança pré-escolar". Artigo publicado no *site* www.educacaoonline.pro.br, 2001.

KNOBEL, A. M. "Estratégias de direção grupal". *In:* FONSECA, J. *Psicoterapia da relação*. São Paulo: Ágora, 2000, pp. 338-51.

MORENO, J. L. *Fundamentos de la sociometria*. Buenos Aires: Paidós, 1954.

_____. *Psicodrama*. 2. ed. São Paulo: Cultrix, 1984.

_____. *Psicoterapia de grupo y psicodrama*. Cidade do México: Fondo de Cultura Económica, 1966.

PAWEL, C. *Teatro de reprise com crianças: esta história merece ser contada*. Trabalho apresentado na SOPSP para obtenção do título de Terapeuta de Aluno, Febrap, 2001.

PERAZZO, S. *Ainda e sempre psicodrama*. São Paulo: Ágora, 1994.

PETRILLI, S. R. A. "Psicoterapia através da relação". *In:* FONSECA, J. *Psicoterapia da relação*. São Paulo: Ágora, 2000, pp. 355-89.

SLADE, P. *O jogo dramático infantil*. São Paulo: Summus, 1978.

TASSINARI, M. "Psicodrama com crianças: uma introdução à teoria da prática". Anais do VII Congresso Brasileiro de Psicodrama. Rio de Janeiro: Febrap, 1990.

WECHSLER, M. P. F. *Psicodrama e construtivismo: uma leitura psicopedagógica.* São Paulo: Fapesp/AnnaBlume, 1999.

_____. *Relações entre afetividade e cognição: de Moreno a Piaget.* São Paulo: Fapesp/AnnaBlume, 1998.

WINNICOTT, D. W. *O brincar e a realidade.* Rio de Janeiro: Imago, 1975.

9

Clínica psicoterápica na adolescência

HERVAL G. FLORES E IRANY B. FERREIRA

Ao aceitarmos o convite para participar do livro de Dalmiro Bustos, o Maestro, contando nossa experiência com adolescentes, tivemos a idéia de escrever este capítulo em parceria. Como seria difícil escrever a quatro mãos – porque como bons irmãos brigaríamos muito –, inspiramo-nos no texto "Fundamentos de psicodrama", de J. L. Moreno, no qual o criador do psicodrama apresenta suas idéias na forma de palestras escritas e convida outros autores a comentá-las. E, para terminar cada palestra/capítulo, replica os comentaristas com o título "Resposta". As palestras ganharam forma de correspondência que pedia um posicionamento do outro e uma réplica de quem tomasse a iniciativa. Assim, separamos nossas idéias em dois blocos: as cartas do Herval (primeiro ato) e as cartas do Irany (segundo ato). Depois, para fazer valer o que acreditamos ser uma ausência, as cartas ganharam a forma de fala teatral. Queríamos muito que o texto fosse um *sharing* e não somente uma reflexão.

Prólogo

Adolescentes desmotivados, sem entusiasmo, apáticos diante da vida. De quem é a responsabilidade pela falta de esperança num mundo cada vez mais complicado? A cada dia investimos menos tempo em afeto... Violência, medo de enfrentar a vida, isolamento, dificuldades de expressão, delinqüência, crianças que se recusam a ir à escola, desamparo, drogadição, a sexualidade ganhando caminhos desconhecidos... Impotência e falta de novas propostas. Muitos adolescentes se apóiam em terapeutas para transpor esse sofrimento e diminuir assim a sobrecarga de energia na elaboração de uma realidade tão complexa. Energia que deveria estar sendo usada para seu desenvolvimento. A terapia na adolescência ajuda a organizar, diminui a angústia... Como os cuidados de um médico ao aplacar a dor do paciente ou de um mestre discutindo caminhos. Como uma mãe oferecendo o alimento, um pai generoso e protetor ou um irmão-amigo com quem se divide tudo.

A terapia psicodramática oferece uma técnica precisa de compreensão do outro e de si mesmo por meio da investigação permanente do vínculo e das forças que nele interatuam. Traz uma conexão com a ação, com o agir e com a intuição – a escuta do "deus interno" que não pode dizer por que não estamos ouvindo. O psicodrama transmite a cada ator a necessidade e a coragem de criar além do compromisso com as próprias respostas. Numa sessão de psicodrama, há uma luta entre os diferentes papéis dramáticos e uma negociação entre as visões de mundo e de arte do diretor de cena e do ator para que não haja imposição de pontos de vista sobre os motivos ou causas das experiências. Há muitas vozes – polifonia – que reagem e criam... Entrecruzam-se e dialogam consciências, submetem-se e subvertem-se metas... Vozes que tentam preservar autoridade, uma permanente interação "eu–você", vozes que representam instituições e se impõem independentemente de ser interiormente persuasivas ou não. A cena é um acontecimento social inédito, no qual tudo é atribuído ao encontro, nada pode ser atribuído exclusivamente a quem enunciou: cada gesto é produto da interação. Tomar consciência de mim é olhar para mim pelos olhos de outra pessoa, e emprestar à outra pessoa meus olhos para que ela me olhe. Dupla tarefa.

A cena nos obriga a nos situarmos novamente, obriga-nos a ser veículo daquilo que tenta emergir do fundo de nós e que lá está em função da nossa história.

As cartas criam a polifonia tão necessária ao psicodrama. Nesse diálogo, Herval e Irany expressam cada um a própria realidade. Um encontro engajado e espontâneo com a adolescência no qual existem apenas um pedaço da soma de todas as adolescências.

Estamos reassumindo a adolescência, a sintonia com ela: estamos no psicodrama, e aqui se pode fazer as coisas que na realidade não se pode fazer! Psicodrama é a arte do encontro de pessoas verdadeiras tentando representar o mistério de sua vida.

Estamos – com a permissão do modelo moreniano – concretizando os fantasmas: um jogo de **papel** (um corpo organizado, operativo, que interatua com outro corpo, dá o código...) e de **contrapapel** (o outro dentro das nossas possibilidades). O que caracteriza o psicodrama é encontrar o contrapapel. Na primeira parte, quem faz o papel é o Herval; na segunda, é o Irany. O papel comanda e responde. O contrapapel faz reconhecer os limites e as possibilidades de expansão.

Primeiro ato

> *Livros são cartas dirigidas a amigos,*
> *só que mais longas.*
> Sartre

Herval

> *As linguagens tradicionais do ser humano tornaram capaz*
> *de viver o êxtase do estar-no-mundo ao mostrar aos homens*
> *como esse estar-no-mundo pode ser ao mesmo tempo*
> *experimentado como estar-consigo-mesmo.*
> Peter Sloterdijk

A primeira carta ou ontogênese e filogênese

Irany, não há como chegar ao mundo sem chegar às linguagens, sempre fronteira entre a cultura e a história da natureza, sempre o traço entre o *eu-você* com o qual se representa a exterioridade e o encontro. É aí o lugar do psicodrama: no traço, nessa ponte que articula "significado–significante", "diretor–protagonista"... Podemos também chamá-lo de vínculo, relação, inter, zona fluida... Onde o traço pode ser OU, E, LOGO, PARA... Sem o traço não há trânsito, sem trânsito não há mudança. Não importa o eu ou o você, a natureza dos extremos. A interação e a integração de diferentes realidades é o que conta.

Há queixas da expressão confusa ou lacônica dos jovens. Independentemente da natureza, precisamos saber como o outro interage e integra as diferenças. Eu, adolescente, me vejo com muita vontade de falar, de expressar o que sinto, de dizer o que sei. Não somos indiferentes. Estamos cansados de não ser atendidos. Trazemos muitas defesas. Aprendi a não conversar com a defesa: essa é uma lição importante. Com isso conseguimos ver além das "armas". Procuramos o tempo todo a sua atenção e, se você escuta com verdadeiro interesse, dá início a um processo de cura inexorável.

Ainda crianças chegando ao mundo, construímos não só a casa em que vamos morar: entramos na casa de todos os seres para não nos isolarmos – as linguagens. Falantes, juntos em grupos mais organizados... Erguemos templos e palácios, adotamos hábitos sedentários, fixamos territórios, fomos domesticados por nossas habitações e dessa limitação vieram o apego, a posse, a memória, o eu, a mente, numa relação de adestramento e criação. E nos alojamos em papéis: filho, amigo, professor, pai, marido, esposa... Concedemos monopólios, desencadeando uma disputa inovadora entre os diferentes construtores e os diferentes projetos, forças que condicionam a escolha e determinam a primazia de um papel.

Ter clara uma posição é construir permanentemente a visão de mundo. Não para influenciar, mas para oferecer uma oposição que seja também uma referência, para poder ser afirmativo. O psicoterapeuta não é, como o professor, um agente da cultura; ele não tem as respostas. Mas tenta ser uma referência, dar suporte lógico àquilo que pensa, exprimir claramente o que sente e desenvolver controle sobre aquilo que faz. Ter uma posição é ajudar a pôr no controle, na perspectiva do criador.

Não podemos falar só da escola e da família, é preciso considerar a bestialização cotidiana das pessoas pelos entretenimentos desinibidores da mídia, o isolamento ativo de nossos vizinhos, numa confluência fascista de inibição e desinibição: preferimos a solidão a suportar a diferença. Tomamos parte de um movimento que nos traz ao mundo e nos abandona a ele! A ocupação e a integração difícil de um território próximo e desconhecido: nós mesmos. E nos co-defendemos como nos coabitamos, transmitindo uma herança baseada em pactos, mitos, genes... Já não nos apresentamos como modelos... Falta à minha adolescência com quem se identificar para crescer na direção da exterioridade, do estar-no-mundo.

Irany

Sobre a primeira carta ou ampliando a correspondência

O estar consigo mesmo no mundo é fundamental, básico e estrutural, de fato, uma primeira dimensão, mas é necessário acrescentar o se relacionar com o outro, o poder se vincular a vários "tus", e como esse vínculo, esse relacionamento, influenciará o consigo mesmo no continuar da evolução desse ser humano. Portanto, quem sou eu? Eu sou eu, na medida em que me relaciono comigo mesmo, mas sou eu quem me relaciono com tu, e o que acontecer nesse vínculo influenciará a forma como lido comigo mesmo. São as duas instâncias que temos: o intrapsíquico e o inter-relacional, ambos dinamicamente interligados.

E é também a partir daí que o processo psicoterápico se construirá e desenvolverá, pois um dos "tus" de seu relacionamento será o psicoterapeuta. Com base nesse vínculo começará a haver repercussões, movimentos e influências na interação entre o inter e o intra. Essa é uma parte da história do desenvolvimento da psicoterapia, pois há muitas outras questões envolvidas, e quero enfatizar que o vínculo psicoterápico é o vínculo entre dois seres humanos: de um lado, o cliente – que pode estar lá porque deseja se conhecer melhor, ou traz sofrimentos, tem angústias e ansiedades a serem resolvidas, apresenta dificuldades de aprendizagem, não se comunica, isola-se, está depressivo e pode até estar pensando em suicídio, usa drogas, está perdido e não sabe para onde ir – e, de outro, o terapeuta, desenvolvendo esse papel por meio de cursos de formação específica, acrescidos de terapia e supervisão. Da superfície às profundezas, e poder iluminar o que está na escuridão, e reconstruir o que caiu, reformar, revolucionar, assim é o processo psicoterápico.

Agora é a hora de o homem dramático aparecer cada vez mais e mais. Caindo em um lugar já discutido, o homem se robotizou, acomodou-se, isolou-se, olha cada vez mais para si mesmo, senta-se à frente de seu computador (que já é pessoal, não é mais sequer familiar) e se pluga à internet (claro que pela banda larga, pois não suportará a frustração de aguardar segundos para se conectar). Mandam as regras do mundo de hoje que tudo seja *fast*, super-*fast*, *fast connection*, *fast kiss*, respondem os adolescentes em contrapartida.

Uma das esperanças da sociedade atual pode ser o homem dramático, o que prega uma ação responsável, comprometida com os sentimentos e desejos que poderão um dia, quem sabe, libertar o homem robotizado.

Herval

Resposta ou a ética universal dos papéis

Irany, você enfoca a atenção nas necessidades que temos dos outros, sobretudo em relação aos "asseguramentos" que determinadas práticas trazem. Uma preocupação não reduzida à funcionalidade, mas concentrada na normalidade sadia e na cooperatividade tão necessárias à vida social. Fala de rigor e responsabilidade pelo outro. Isso tem uma "linha", uma bússola interior que leva à correta tomada de decisão. É um princípio terapêutico: difícil realizar qualquer coisa sem considerar seu fundamento. Mas você aponta também a contrapartida, que é a rigidez sustentada pela culpa sem responsabilidade, a morte do espaço "entre". É assim que a cultura tem sido aprendida: maniqueísmo, repressão e preconceitos. Robôs, alexitimia e antidepressivos. Que tipo de ação esperamos de pessoas assim? Eu sempre começo devagar: preciso me aquecer bem antes de propor movimentos ou deixar que eles venham espontaneamente. Vou construindo uma conversa dramática e gosto de falar da técnica a meus clientes, de contar histórias. Há um palco em minha mesa de trabalho, luzes na sala marcando os espaços, almofadas e cadeiras vazias.

Como é fácil para uma criança dizer "Não sei"! Elas têm rapidez, não gostam de monotonia, adoram a variedade e o novo de todas as coisas. Quando peço a uma criança que faça algo, ela executa em dois segundos. "Go to the score!" A mente está sempre no presente, não no passado ou no futuro. Como adulto, me adianto ou recuo, não me encontro no presente. A criança aprende depressa por meio dos olhos. Se você lhe der uma explicação muito longa, ela se entedia. Uma criança muito ativa pode tornar-se numa fração de segundo passiva, se você interagir com ela de maneira vagarosa ou mental. Se eu falar com as crianças com base em minha perspectiva, elas não se concentram no assunto. Procuro entender que linguagem elas assimilam e me expressar nela. Rapidamente ficam concentradas, porque foram atraídas em seu nível de compreensão.

Eu lhes apresento o assunto a partir do conhecido, só depois transmito o que pode ser novo ou desconhecido. Esse jogo entre consenso e especificidade liberta a compreensão da culpa e do julgamento rápido. Meus olhos precisam ser tão observadores quanto os delas para que me aceitem. As crianças interagem com olhos, não com palavras. Então, se eu me expressar com os olhos, colocar em palavras, vou construir um vínculo verdadeiro. Com elas, os espaços dramáticos ajudam a separar o real da fantasia.

Crianças misturam. Estão prontas para a cena. Outro dia, liguei para um garotinho de seis anos que tem muita dificuldade de se concentrar e de fazer amigos. Não queria me atender. Mandou a empregada dizer que não estava. "Diga a ele que é o Batman", arrisquei. E ele veio me atender. Outro garotinho de dez anos, deprimido e "bravo" (bravo aqui não significa a mesma coisa que deprimido), que se recusava a ir à escola, entra no papel de orientador educacional. Cria uma identificação com o papel de poder: era o que decidia tudo, ouvido por todos. Timidamente foi experimentando o complementar sem trazer um contexto ou uma cena definida, mas a representar um clima tenso, uma relação opressiva que passou para o corpo com poucos movimentos. Depois escondeu os olhos. Quando pedi que voltasse a ser quem era, o garoto não queria mais deixar o papel. Foi difícil fazê-lo deixar o espaço dramático. Para trazê-lo de volta ao grupal foi preciso negociar, passando por outros papéis de autoridade de difícil execução: pai, avô, tio, professor...

A adolescência virou a "obrigação de crescer", a urgência de transformar a criança que passa a negar o tempo do corpo, a comunicação com os olhos e ainda tem de aceitar um modelo verbal lógico. Essa é a exigência dos adultos que parecem não saber para o que estão olhando! O sentimento de onipotência vem reativamente como o atravessamento inconsciente dessa passagem: se o adolescente encontra e reconhece as próprias limitações, vai crescer com elas; se titubeia, pode se mover sem direção e permanecer na "velha morada". Há ressentimento e culpa. Se o jovem divisa perigos difíceis de transpor, se enxerga os riscos com muito medo, paralisa. Os sonhos dos adolescentes estão cheios desse tipo de significação e símbolos: estradas, abismos, corredores estreitos, escadas, portas... Há sempre uma essencialidade corporal nessas tarefas. Parece que o que sabíamos fazer não sabemos mais! O que era fácil ficou difícil! Uma continuidade foi interrompida e se procura um novo modo pessoal de ser outra vez.

Essa fixação no sentimento de ruptura, de descontinuidade, de interrupção, de não-reconhecimento, de desalojamento é o adoecimento que representa essa passagem que é a adolescência. Perde-se o sentido de que a vida é continuidade, integração permanente. O sentido de existência mecânica que a idade adulta traz é assustador!

Hoje, na consciência do psicoterapeuta, esse sentimento de ser inacabado, inconcluso, portador de limites liberta da precoce "obrigação de crescer" e consagra a necessidade de aprender a jogar os diferentes papéis. Crescer passa a ser experiência de desejo na cena do psicodrama: o traço "eu–você" fluindo para o outro do Encontro. E a vida humana passa a ser uma viagem do "nós" para o "eu".

Herval

Segunda carta ou o ser cósmico e as conexões com a criatividade e a espontaneidade

Irany: Moreno busca integrar o homem ao universo, integrando-o primeiramente ao presente. Isso cria uma concepção de tempo, de lógica, de inclusão, diferente da comum. Para Moreno, a medida de todo homem é Deus – um caso especial em que a espontaneidade (uma medida pulsional, instintiva, motilidade) e a criatividade (as necessidades...) são idênticas, por isso o universo é criatividade infinita. O inaceitável é a separação da espontaneidade da criatividade, é o homem não saber o que fazer com seus tesouros! Esse ajuste entre criatividade e espontaneidade fará surgir o presente, uma força humana transformadora, com seus riscos e seu poder materializador: "A criatividade sem espontaneidade não tem vida... A espontaneidade sem criatividade é vazia, abortiva".

A criatividade é a arqui-substância, a espontaneidade é o arquicatalisador. Moreno não só nos oferece um modelo, uma equação, uma metodologia, mas também uma proposta diferente, ousada, e desfoca para a exterioridade a medida do homem. Para Freud, o homem é produto de pulsão de vida e de morte, ele é o resultado do inaceitável do desejo. Para Melanie Klein, o inaceitável é o desdobramento do instinto de morte (a inveja). Winnicott vê na dependência profunda, que todos temos, o inaceitável, esse horror de perceber a dependência primordial, porque por ela eu tenho de me afastar da minha essência, tenho de moldar meu ser ao mundo; ainda o que interessa é como se constitui a realidade psíquica que precisa ser entendida para chegar à exterioridade. Parece que o tema central é o manejo da agressividade. Como é isso na adolescência?

> Um procedimento verdadeiramente terapêutico deve ter como objetivo toda espécie humana. Nenhuma terapia adequada, porém, pode ser indicada enquanto a espécie humana não for, de alguma forma, una, e enquanto sua organização permanecer desconhecida. [...] O Cristianismo pode ser considerado o maior e mais engenhoso procedimento psicoterapêutico já inventado pelo homem e, por comparação, a psicoterapia médica tem efeito praticamente desprezível, insignificante. Pode ser dito que o objetivo do Cristianismo foi, desde o início, o tratamento de toda a espécie humana e não desse ou daquele indivíduo ou desse ou daquele grupo de pessoas. Ataques às suas fundações têm sido tentados repetidas vezes durante sua existência, mas nenhum tão persuasivo e agressivo com os esforços concentrados contra ele durante os últimos cem anos. A linha de ataque liderada por Marx afirmava que o Cristianismo era instrumento nas mãos da classe capitalista, neurose do povo, de modo a mantê-lo sob supressão. Outra linha de ataque, liderada por Nietzche, afirmava que o Cristianismo trouxe ao mundo técnica sutil de sublimação, com a qual tentou manter submissos os impulsos instintivos dos homens. Tal processo de sublimação, porém, a seu ver, nunca passou de mudanças superficiais, e a besta humana liberta-se dessa corrente sempre que uma ocasião se lhe apre-

senta. Marx não tinha nenhuma psicoterapêutica em alta estima. Achava que a psique era questão particular e esperava solução da Ciência da Economia. Nietzche, porém, sugeriu e Freud mais tarde ampliou a forma de sublimação negativa, inversão da forma ativa de sublimação cristã, alcançada através da análise do desenvolvimento psicológico. Não perceberam que nada mais fizeram do que continuar, de modo paralelo, a própria doutrina do Cristianismo que pensaram ter superado!

Considerado isso começamos a especular sobre a possibilidade de haver desenvolvimento terapêutico não centrado, principalmente na idéia da sublimação, mas que deixa o homem em seu estado espontâneo, juntando-se a grupos também de forma espontânea, que não o atraia nem através da sugestão, nem através de análise confessional, mas que o encoraje a permanecer no nível para o qual tem tendência natural, que não transgrida, forçosamente, o desenvolvimento de indivíduos e grupos além de seus esforços espontâneos, como tem sido freqüentemente testado por agências de sublimação [...]. (Moreno, *Quem sobreviverá?*, vol. I, p. 117)

Moreno tenta libertar o homem do padrão mecânico, da conserva da cultura, do adestramento humanístico. Todos nós, na verdade, temos um começo. Nascer não é suficiente para ser um começo: eu tenho um começo se chego ao estado do "eu sou" (o psicodrama atende às necessidades da adolescência). Para o psicodrama, primeiro é o grupo: pessoas e vínculos em contato por meio de papéis. Não existimos isoladamente, mas em grupos, e todas as representações internas foram em algum momento transações interpessoais, parte tangível do intrapsiquismo se manifesta em um vínculo, o que se transforma no cenário no qual o interno se concretiza. O ser humano representa toda a possibilidade da dimensão relacional, uma equação de probabilidades e um repertório de papéis num interjogo, no qual os participantes se interinfluenciam.

Esse jogo de papéis numa negociação permanente (criatividade e espontaneidade) vai gerar um bom manejo da agressividade ou uma inibição, ansiedade, problemas sociais... No psicodrama vamos ver a agressividade em ação ou em sua negação, dinâmica entre pessoas são colocadas em foco, titubeio, descargas, *acting-out*, estrutura comunicacional de transferência, recriação de papéis... Muitas sobras até que uma pessoa seja vista pela outra. Quando conseguimos ver de verdade a outra pessoa e não as suas defesas, começa uma compreensão sutil que podemos chamar de *sharing*; paramos de ser puxados para vários lados e passamos a seguir um grande caminho. Então a meta está próxima. Já não precisamos de muitos nascimentos para chegar ao destino.

Irany

Sobre a segunda carta ou a soma das diferenças para ser o criador

A articulação dos conceitos de espontaneidade e criatividade é um dos pilares da teoria do psicodrama. Nela Moreno aborda a questão da plena saúde mental/emocional com seus contrapontos, ou seja, as conservas culturais, os bloqueios, extremas posições de rigidez, desorganizações, psicoses. De fato, a criatividade sem espontaneidade não tem vida... A espontaneidade sem criatividade é vazia, abortiva.

O sistema teletransferência, inversão de papéis, o uso da técnica do duplo, os solilóquios, enfim, a dramatização plena são os grandes pontos do psicodrama.

Aprendi nesses 24 anos de formado e na estrada das psicoterapias que uma vida é pouco para conhecer muito profundamente um referencial teórico. Porém, o psicodrama precisa evoluir no campo das psicopatologias e das psicodinâmicas, especialmente na clínica psicoterápica.

Hoje, especialmente no campo da adolescência, produz-se muito mais que na própria época de Moreno, pois ele atendeu poucos jovens, mas há aquele brilhante relato do caso William nos protocolos, e hoje procuramos ampliar esse conhecimento.

O PSICODRAMA - APLICAÇÕES DA TÉCNICA PSICODRAMÁTICA   283

Pelas próprias características da adolescência – por se tratar de um momento, de uma fase de movimento, da construção final e definitiva da personalidade, da necessária elaboração dos lutos e perdas que vêm das transformações diárias que vive o jovem, dos vínculos com os pais e com a sociedade, e com conseqüentes escapes ou *acting-outs* – o psicodrama complementa e facilita muito os atendimentos psicoterápicos.

A liberação e a conseqüente continência e elaboração da agressividade são um dos pontos fundamentais dos atendimentos aos adolescentes. A expressão da raiva não tem lugar em nossa cultura. Assim, o adolescente não sabe como lidar com ela. Repressão é o primeiro caminho. E, claro, a resposta mais simples: se é 8, então respondo com 88, se é branco, eu sou preto. São polaridades, e poder transitar entre o 8 e o 88 é o mais difícil, mais necessário e mais desgastante. Lidar com as diferenças gera muita tensão.

Palestras e atividades de capacitação têm seu objetivo e sua validade. No entanto, poder trabalhar com vivências é um grande passo que se soma a essas atividades. Técnicas de ação também podem mobilizar e amedrontar indivíduos que estejam tensos, enrijecidos ou na defensiva.

Portanto, é necessário diálogo e movimentos de ir e vir, de bater nas portas fechadas, dar telefonemas, mandar cartas para quem se fechou. Criar outras possibilidades e outros momentos.

O psicodrama tem seu lugar na realidade brasileira e está sendo cada vez mais ampliado. Poder trabalhar com grupos, principalmente com grupos em psicoterapia, facilita e complementa os atendimentos individuais com adolescentes.

Questiona-se hoje se as psicoterapias ainda são úteis num mundo em que medicamentos se tornaram a resposta para muitas situações que o ser humano vive. Um psiquiatra francês chamado Henry Ey afirmou certa vez que, por mais que a psiquiatria biológica se desenvolva, sempre haverá lugar para as psicoterapias. Yalom, psicoterapeuta americano contemporâneo, afirma no seu livro *Don de la terapia* que vivemos uma crise das psicoterapias e de sua credibilidade.

Nós estamos mudando, transformando-nos e evoluindo nossos conceitos. Resistir no papel de psicoterapeuta é o que recomenda Yalom: as psicoterapias processuais e de maior abertura voltarão a ter seu lugar. E, tal como os adolescentes, também buscamos encontrar no caminho as pontes que ligarão as margens (no caso dos adolescentes, as margens são, de um lado, a infância e, de outro, o mundo adulto; e para nós terapeutas as dificuldades, mudanças e diferenças de um lado e, de outro, o conhecimento e o saber para os novos tempos).

Herval

Resposta ou todo o interesse do sharing

A maioria dos adolescentes tem dificuldade de pedir ajuda, de modo que nunca chegam à clínica por si sós. Quem pede ajuda normalmente é a família ou a escola. Por isso devem ser consideradas e cuidadas também. A tendência do adolescente é responsabilizar os outros e o mundo – que, é claro, contribuem para a constituição do seu problema, mas não lhe tiram a responsabilidade pela direção de sua vida. Às vezes, demoram a aceitar o que podemos oferecer, demoram a começar a se escutar e escutar o interlocutor adulto. A primeira questão com a qual trabalhamos é se o adolescente está pronto para receber ajuda, se estamos abertos em nossa compreensão para ajudar.

Sentir-me incompreendido é outra questão sempre presente. Quando conseguimos dar forma, ajudá-los a expressar o que estão vivendo, organizar os problemas, reduzimos a tendência à repetição e o desencadeamento de sintomas, conduzindo a caminhos mais criativos para o investimento da energia psíquica.

Depois de passar por esses momentos de negociação das defesas, vamos discutir formas de tirar melhor proveito da vida, enfrentar melhor os infortúnios e por fim aprofundar, por meio da cena, o conhecimento que têm de si mesmos.

Tratar sintomas por si só ensina pouco sobre a pessoa. Se enxergo o sintoma como uma cisão, um corte na relação significante/significado, ele passa a ser o foco da investigação na busca pessoal. Ter algum conhecimento de psicopatologia ajuda no manejo da ação durante a construção da cena.

Todo diagnóstico é uma metáfora para algo que está cortado em nossa compreensão. Se há um corte entre o significado e o significante, ou convivemos com o fantasma ou criamos um atalho – a metáfora. O diagnóstico é um ponto de partida. Precisamos melhorar nesse aspecto. Desconsiderar é negar todo conhecimento estruturado pela inteligência classificatória colocada a serviço da escolha do encaminhamento mais aconselhável: psicoterapia, terapia de grupo, psicanálise, tratamento psiquiátrico, psicopedagogia, terapia corporal...

Hector Fiorini trabalha com psicopatologia e criatividade. Ele fala um pouco disso no seu livro *Psiquismo criador*. Para ele, a psicopatologia traduz um conflito que é uma forma de contradição, às vezes tão insolúvel que termina numa angústia. A psicopatologia pode ser enunciada como movimentos que não encontram sua forma (o sofrimento histérico, por exemplo, que vai de forma em forma sem se deter e aceitar o possível do desejo) ou forma sem movimento (nas patologias obsessivas, a forma pura, o formalismo...). O Maestro prefere trabalhar com a compreensão dinâmica que abre caminho na especificidade do problema, sem correr "o risco de observar o conhecido em vez de conhecer o que se observa": conhecemos nossa tendência de generalizar e usar o conhecimento generalizante como um tranqüilizante perante o temor do desconhecido. Pretender antecipar um sintoma a partir de um diagnóstico é tirar a alma do conhecimento. Cada pessoa é na realidade alguém único e irrepetível, não passível de generalizações. Se não o vejo assim, meu paciente se transformará num personagem de algum livro que li.

O Maestro conta que, num de seus primeiros encontros com o psicodrama, foi chamado ao palco por Moreno. Subiu tropeçando de medo, ficou desconcertado quando o genial criador do psicodrama, segurando sua mão, lhe perguntou: "Quem é você?". O psicodrama despatologiza a relação e o *sharing* é sua principal forma de intervenção. É encontro de almas, de criadores, de deuses, é causa e irradiação de causa, não é efeito. Fazer dele uma reflexão, comentário ou classificação é abandonar o protagonista. Fugir dele é uma defesa para não se incluir. *Sharing* é estar centralmente envolvido na relação "*eu–você*" compromissada e não no ele reflexivo e afastado; não é impessoal porque é co-criação, grupaliza o individual ao entrar no mesmo nível de compromisso. O *sharing* é muito difícil porque nos envolve na ação de modo muito forte. É a parte do psicodrama mais difícil de compreender porque é simetria e é muito reparatório para cobrir e reparar feridas tanto ou mais que a dramatização, já que tira a pessoa do isolamento auto-referente. Se eu não estiver em sintonia com a adolescência (o contrário é ser adulto, criança...), se eu não superar essa condição de existência (o jogo de papéis, a realidade historicamente condicionada...) ou transcender os limites da materialidade, como posso estar em *sharing*?

Herval

Terceira carta ou trazer de volta a adolescência à cultura

Irany, as práticas profissionais têm sido distanciadas ao compartimentar demais o conhecimento. Tive um professor na universidade que dizia que os cursos estão construindo a "besta especializada". Não dá para pensar em ações não qualificadas, mas integrar é pensar sempre a pluralidade do saber e a pluralidade das ações – sobretudo quando você lida com a adolescência. Ao lidar com a adolescência você se considera pequeno, porque há uma reviravolta naquilo que você sabe! Eu me lembro de um vídeo que fizemos na época em que trabalhávamos no grupo de adolescentes na Sociedade de Psicodrama em que a Vânia Cremlier fazia o último depoimento. Ela dizia que o terapeuta de adolescentes começa na capacidade de aceitar ser questionado e que aquele que não tiver abertura para tanto não pode ser terapeuta de adolescentes. É difícil se proteger daquilo que a adolescência traz: se permitir, questionar, dispor o que está posto... Mas hoje eu sinto a agressividade dela muito recolhida ou usada contra ela mesma, porque a cultura ficou intolerante. Eu sinto hoje o fracasso da adolescência: reprimida, adestrada, revoltosa e sem direção. Ser terapeuta da adolescência é trazer de volta para a cultura esse espírito... Compartimentar ajuda pouco! Devemos abrir o mais que pudermos, trazer os registros. Uma vez, numa sessão, um jovem filho de fazendeiro colocou os pés na mesa do consultório enquanto falava comigo. Eu fiz a mesma coisa. Não seguia uma regra de neurolingüística para construção de código. Não tinha a intenção de fazer espelho, nem me lembrava conscientemente do Neil em seu *Diário de um mestre-escola*, quando o professor, ao ver o aluno atirando pedras na vidraça, faz o mesmo, numa ação de muita violência. O jovem fazendeiro ficou extremamente incomodado e retirou os pés. Não estou certo de meus sentimentos ao fazer aquilo, mas com toda certeza não me senti respeitado pelo seu gesto. Inconscientemente, usei a técnica do espelho: um modo de mostrar à pessoa como ela age para que possa reparar; o espelho cria um distanciamento e ativa o ego observador. Também ele estava à vontade comigo, sentia-se familiarizado. Ficamos surpresos um com a reação do outro! Nossas ações, Irany, precisam ser qualificadas para servir de referência. Não modelar, mas modelar: é paradoxal ser você mesmo de um jeito que permita revisão dos dois lados. Emilia Ferreiro, psicogenetista, diz que nem tudo que o aluno aprende o professor ensina, nem tudo que o professor ensina o aluno aprende. O aluno aprende o gesto. O espelho vai desfazendo a mistura entre a fantasia e a realidade. Uma das grandes funções do psicodrama é qualificar a ação.

Irany

Sobre a terceira carta ou a difícil dialética entre conservação e mudança

Criamos o homem especializado, o profissional especializado. O médico olha para a sua área de trabalho, sua especialidade, para o órgão em que se superespecializou e nada mais, os sentimentos quase não existem nos atendimentos, não há espaço para serem apresentados – os vínculos menos ainda.

A cultura vem tentando controlar a adolescência, mas você sabe, Herval, é por estar havendo muito descontrole nos mecanismos normativos do evoluir normalmente uma adolescência. Hoje, por exemplo, já está sendo considerado normal, ou se quiser habitual, fumar maconha durante o processo de adolescer. Afirmo a você que não é normal: a maconha é uma droga que tem ação no funcionamento cerebral, portanto, no psiquismo, e modifica essa função, deixa os adolescentes "lesados", como eles mesmos dizem. Claro que a crise econômica, associada à emergência gigantesca das diferenças sociais e a um futuro no qual não se sabe mais o que será definido como uma excelente escolha profissional, já é motivo suficiente para, no mínimo, desorganizar a estrutura da sociedade. E como a sociedade responde? Repressão; compartimentar para organizar desorganizando o homem no seu todo.

Herval

Terceira resposta ou os níveis de manifestação

O sofrimento causado pela impossibilidade de ajudar o próprio filho é gerador de culpa e de perda de confiança. Traz instabilidade aos casais e necessidade de tranqüilização a fim de compensar todos esses sentimentos de frustração. Pensamos (os pais): "Eles têm tudo aquilo que nós não tivemos", questionando a facilidade com que os filhos recebem; "Precisamos privá-los para que sejam felizes", buscando uma forma alternativa de intervenção; "Quem fez isso por nós?"... Pais distanciados e esgotados pelo barulho, trabalho, pelas exigências cada dia maiores do mercado. Pouco contato e a obrigação de suportar a imposição à imobilidade...

Como reinserir no intercâmbio da comunicação e da criatividade esse outro (desordenado e angustiado que, muitas vezes, adquire uma aparência de debilidade e ativo isolamento) se o contato consigo mesmos, com o mundo que os rodeia, com os outros não lhes for restituído? A linguagem é esse lugar de cumplicidade entre interlocutores, é de onde emana a amizade e toda capacidade de simbolização que leva a conhecer a si mesmo e ao outro. É também presença e expressão plena da realidade humana. É o nível da afetividade que torna impossível a escolarização dessas crianças inteligentes, dotadas de função simbólica, mas com níveis de tal modo diferentes que não compreendem o que significa "falar" e, menos ainda, "desempenhar um papel". O prazer que temos de estar perto uns dos outros é o que motiva a aprendizagem, a construção simbólica. É difícil separar linguagem, afetividade e cognição.

Herval

Quarta carta ou intrapsiquismo e produção

A adolescência é um momento em que você retira toda a sua energia do mundo exterior para resolver conflitos internos. Na adolescência, há um sofrimento estranho, certo vínculo com a dor. É como se sua ética não lhe permitisse tirar prazer do mundo. Há uma crítica aberta em relação aos adultos. Fico sempre pensando em tudo o que nós fizemos de errado para merecer esse ressentimento.

Toda energia da adolescência está voltada para a resolução do "quem sou eu?". Como a energia está voltada para dentro, começam os problemas de atenção, de falta de concentração e atuação. Começam a aparecer rótulos como preguiça, falta de interesse, excentricidades... Eu sinto muita insensibilidade da escola para esse momento, para essa dinâmica! Como ajudá-la a entender, como sensibilizá-la? A família colabora ainda mais para esse quadro, uma vez que deseja legitimamente o bem-estar dos filhos mas acaba dando poderes à escola, mais preocupada com a produção do que comprometida com os problemas do adolescente e da criança. Assim funciona nosso modelo voltado para o mercado: é preciso produzir algo, como se produzir fosse exclusivamente para esse mercado e para a escola. Produzir não é exclusividade da escola! O fracasso maior está em produzir algo que não nos represente! Os pais valorizam demais a avaliação da escola. Um bom filho tem um bom boletim. Os pais dão a nota aos filhos conforme o rendimento escolar, confundindo os papéis de filho e aluno.

Lembre-se daquelas imagens que vêm do mundo, tanto do grupo quanto da mídia, e codificam um modo ideal de ser para pertencer, para se localizar, para se controlar... Como se dá essa passagem do ego ideal para o ideal do ego?...

Às vezes, o que cansa é que se acaba repetindo a escola e a família com seus esquemas de produção em vez de focar mais as inquietações, os questionamentos, a solidão, a dor de estar mudando sem direção.

Irany

Sobre a quarta carta ou interpsiquismo: o ego ideal versus o ideal do ego

Essa é uma das faces da adolescência. Há outras, como aquela em que o indivíduo definirá sua personalidade, quem ele é. É também a etapa em que o jovem fará aquisições intelectuais importantíssimas, como o advento do pensamento abstrato e suas conseqüências. Ele ampliará seu cabedal de conhecimento a respeito de si, do mundo social e cultural à sua volta, virá a ser um agente político, social e cultural. E esse processo é dolorido, principalmente porque o jovem se colocará em uma posição oposta à de seus pais, seus ex-heróis, e o fato de começar a perceber que os pais deixaram a posição anterior é dolorido, mas é a ponte para se aproximarem de seus pares, para formarem as turmas – que não só minimizarão a angústia e o sofrimento como facilitarão o encontro com o prazer dessa época: a primeira namorada real, de verdade, a primeira transa e, mais à frente, o prazer da escolha profissional.

Pode haver uma falta de atenção, uma diminuição da concentração e da produção intelectual, mas a forma como o adolescente, os pais e a escola lidam com esses pontos varia muito: esse trinômio é único.

De fato, a escola habitualmente só presta atenção nos melhores alunos, os que têm melhor desempenho, e nos piores alunos, piores no desempenho e na conduta; os outros não são vistos. É como diz Bernard Charlot: os melhores são os "alguém", os piores são os "alienados", do ponto de vista de estar no mundo dos adolescentes, e aqueles que ficam no meio são os "ninguém".

Porém, a sociedade de hoje está se transformando, os jovens estão mudando – tanto nas suas escolhas profissionais como em seus desejos. Há alternativas além das escolhas tradicionais, como medicina, engenharia, administração e direito. Esta sociedade é de produção, capitalista, mas vem se humanizando, aceitando e criando alternativas. Mas é uma sociedade que faz muito mais exigências do que propicia prazer. A continuar teremos uma revolução em um de seus níveis de funcionamento.

A família atual tem dificuldade de enxergar o filho sob uma ótica que não a profissional, e se esquece de como é importante e possível o encontro em outros contextos, em outros papéis.

Herval

Resposta ou construindo uma nova interface social

O monopólio de certos papéis e a dificuldade de alguns jovens de dar conta dos processos de transformação presentes na passagem da infância para a adolescência e desta para a idade adulta é o que agita a nossa cena. Atendemos a tendências anti-sociais, aprendizes que trazem uma falta essencial, que estão privados de valores emergentes de um ambiente seguro e estável. A segurança – quando perdemos alguém ou estamos mudando – é vivida como um luto que pode gerar isolamento ou sofrimento. O que se quer com o isolamento ou o sofrimento? Se quer o outro. Poder receber ajuda, ser atendido, tratado. E só. Aquele que sofre é o que pode mais facilmente ser ajudado. E quando não há sintonia com os cuidadores, com aquele que pode socorrer? E quando o sintoma é recebido com vergonha e temos de silenciar? Essa zona "entre", que é a possibilidade mais íntima de contato, fica em ruínas ou desaparece. A falta desse *locus* faz desaparecer a referência externa. A possibilidade de ter um lugar é também a possibilidade de ser hospedado no mundo subjetivo de alguém. A clínica é hospedagem, abrigo. Não é a casa, mas é um ponto de referência para que o adolescente passe a se ouvir, se perceber sem cair no desconforto, na dor da falta de acolhimento. "O legal deste lugar é que ele está sempre aqui!", disse um garoto que morava num *flat* e cuja mãe se mudara sem deixar o novo endereço. Só por meio desse contato cada um de nós pode criar a consciência do lugar de partida.

Todos nós estamos diretamente envolvidos na construção dessa tendência anti-social. Procuramos ser "alojados". Quando chegamos ao fim da linha, sem ter mais para onde ir, trazemos conosco um quadro de confusão ou de desintegração de vida institucional. A principal preocupação da clínica é manter o paciente de alguma forma no sistema e buscar permanente reinserção, reinclusão. A responsabilidade de cuidar é de todos. Esperar condições ideais é deixar de evitar muito sofrimento. Não há instruções precisas sobre o que fazer e todos devem assumir a responsabilidade por fazer o melhor que puderem. O ideal é estar numa situação de completa reciprocidade, em que dar e receber não se distinguem, em que os papéis e as responsabilidades são pontos pacíficos e jamais disputados, o que gera segurança e liberdade para a realização de um trabalho criativo e exitoso do qual todos os envolvidos participam. Mas não é assim que ocorre na realidade.

Herval

Quinta carta ou o fracasso institucional

O fracasso escolar não é mais o fracasso das instituições que cuidam com suas conservas, protocolos, falta de tempo... Essa desconsideração gera insegurança, baixa auto-estima, vergonha e... fracasso escolar. Se falássemos da escola fracassada, não sentiríamos nada disso! Não sei mais se ir mal na escola é um problema! Tenho visto muita gente abandonada depois da reprovação escolar, chamada de improdutiva, sobretudo por pais acadêmicos ou que ficaram com o desejo do desenvolvimento acadêmico e projetam no filho a realização. A família, a escola e alguns gabinetes de psicoterapia andam juntos.

Não sei se o que temos de fazer é preparar os adolescentes para enfrentar os pré-requisitos ou outros procedimentos preconceituosos, ineficientes, que rotulam: o olhar da professora, dos amigos, dos pais é algo pronto que se tem de digerir. Assim, a família e a escola não são sempre espaços sociais valorizados pelo adolescente. O quarto, a rua, o grupo são refúgios... Os sintomas dessas interações são tratados como patologias referendadas pelos pais: os erros de preconceito são mais graves do que os de competência técnica. Tratamos de problemas – que estão inexoravelmente prontos pelas relações de poder, pela vinculação estrelada do professor em sala de aula, pela falta de mutualidade na relação ensino–aprendizagem – como doenças! Colocar crianças como vítimas culpabilizadas é produzir cada vez mais mecanismos excludentes ou expulsivos que classificam o que não se entende como defeito. E o terapeuta ou a inclusão como as únicas soluções.

Irany

Sobre a quinta carta ou aberturas

A escola, por meio do desempenho da direção e da coordenação, tem suas propostas e filosofias, mas também apresenta falhas, conflitos e dificuldades. Escola e estudantes querem fazer gol, mas às vezes a bola bate na trave ou até é jogada para fora, fora do gol, fora da escola e fora dos caminhos convencionais, caminhando para estradas paralelas – os supletivos – e mais paralelas – o abandono do sistema de aprendizagem.

Herval, somos todos responsáveis pelo que acontece: o próprio adolescente, seus pais, professores e diretores, especialmente quando há fracasso escolar ou necessidade de refazer o ano.

Sou mais otimista. Acredito que daqui a certo tempo haverá cada vez menos vítimas dessas situações – desde que haja abertura de todos os lados, uma real abertura para diálogos e escolhas mais espontâneas e efetivas, quer por parte dos jovens, dos pais e das escolas.

Herval

Resposta ou supervisão e mudança: primum non nocere

Recebi certa vez um adolescente que tinha sido adotado por um casal sem filhos aos três anos. Nascera de mãe solteira que ao apresentar a gravidez fora expulsa da casa do pai. Veio ter o filho numa cidade do interior paulista, alojada por uma instituição espírita. Morou na casa dos fundos da instituição e arrumou trabalho para sobreviver. A criança cresceu dentro de um engradado de madeira, com a comida que a mãe deixava antes de sair pela manhã. Quando a assistente social propôs a adoção, a criança não comia com talheres, não tinha fluência verbal e trazia as mãos cheias de farpas de madeira. Cresceu em seu novo lar, mas já com atrasos e feridas difíceis de curar. Desde o primeiro ano de adoção a mãe procurou ajuda para a tarefa de cuidar. Quando o conheci, tinha 13 anos e uma longa história de pequenas transgressões e inadequações. Eu o imaginava como Kasper Hauss. Apresentava uma inteligência viva e selvagem, difícil de conter. Era gentil com os pais e professores, mas impossível de conter. Um dia lhe perguntei se sabia por que ia mal na escola. Ele centrou os olhos e me respondeu com toda objetividade de que dispunha: "Na escola ninguém me pergunta o que eu sei. Só me perguntam o que eu não sei. E ainda por cima querem que eu saiba o que eles sabem!".

Há um capítulo no livro *O código do ser*, de James Hillman, sobre os pesadelos gerados pela vida escolar. Thomas Mann considerava a escola "estagnante e insensível"; o poeta Tagore largou a escola aos 13 anos e diz que teve sorte de sair antes de ficar insensível. Richard Feynman, prêmio Nobel de física e um dos gênios da atualidade, faz críticas severas à escola dissociada da vida e para ele um "deserto intelectual". Grieg, o compositor, disse: "A escola só desenvolveu em mim o que não prestava e deixou o que era bom intacto". Woody Allen afirmou: "Eu prestava atenção em tudo, menos nos professores". O ensino serial é um desserviço para aqueles que têm inteligência gestáltica. Traz sofrimento e sentimento de incapacidade para a grande maioria.

Cuidar ainda é a mais importante de todas as tarefas. E abertura é respeito pelo outro, é consideração pela diferença. Ainda estamos longe. O caminho que fazemos é interessante. Psicoterapia é tanto uma arte quanto uma ciência, é uma forma de estar no mundo. Seu aprendizado é muito mais uma transmissão de mestre para discípulo do que uma escolha por esta ou aquela linha. Num *setting* de psicodrama, você aprende com os diferentes grupos. Devo muito a todos os que comigo dividiram sua experiência, seu conhecimento. Tantos contatos que enriqueceram minha prática e minha vida. Poder discutir com você e outros colegas "incompletos" nossas formas de intervenção. A supervisão é o lugar em que um fazer é questionado a partir do diálogo, da cena, da política que a clínica assume diante de sua comunidade. Tira sua autoridade da posição cômoda e ensina a lidar com momentos de "não saber".

Herval

Atendimento clínico

Aquecimento: sempre trabalhei muito. Mais do que precisava, mais do que queria. Uma clientela a princípio formada exclusivamente por crianças, adolescentes e seus familiares, orientadores educacionais, professores... Os primeiros problemas que enfrentei foram de ordem cognitiva: dificuldades de aprendizagem, alfabetização e letramento, adequação às normas e ao sistema familiar e escolar, dificuldades de comunicação... Fiquei conhecido como um terapeuta que lida com linguagem e aprendizagem, com questões ligadas à dor do processo de escolarização dos que não se adequam às normas, questões ligadas ao sofrimento e à imaturidade da família para lidar com as diferenças, hoje mais presentes do que nunca. Daí fui ampliando minha atuação por meio do psicodrama. Hoje, sou diretor de um grupo bastante heterogêneo; sinto neste momento de escolha do protagonista certa dificuldade. Escolhi R. por ser um garoto comum com problemas típicos da clínica psicopedagógica. Sinto que temos um trabalho de sucesso, mas ainda aberto. Nesses anos de separação ainda mantemos contato por meio de vínculos comuns. Sempre recebo alguém trazendo notícias dele, além de discretos depoimentos de carinho.

Dramatização: R., 17 anos, foi encaminhado pela orientadora escolar à clínica devido a problemas de comportamento. É o segundo de dois filhos. Pais divorciados há 16 anos, sempre morou com a mãe. O irmão morou ora com o pai, ora com a mãe. Foi uma criança sem medo de nada e que se arriscava; por isso freqüentemente atendida em pronto-socorro. Com dificuldades motoras, inclusive na fala (ceceio), quando criança era difícil para ele fazer coisas simples, como escovar os dentes e pentear os cabelos. Ainda se queixa de uma forte tensão nas mãos. Lateralidade ambidestra com definição pela esquerda depois de trabalho com psicomotricista. "Era interessado nas coisas" (mãe), mas ao se expor "se encolhia" (mãe). Produção escolar oscilante, receios de expressão, de pôr as coisas no papel, "medo de ser checado" (orientadora). Aprontava: se envolvia em brigas, não prestava atenção às aulas, repetiu a sétima série sem muita tristeza porque os amigos também foram reprovados, cabulava aulas, sentia-se um *outsider* – meio fora da escola, meio fora da família. A escola se queixava constantemente de sua falta de atenção e engajamento, o que fez com que a terapeuta (a mãe, empresária, envolvida com a vida profissional por estar e não contar com a participação mais atuante do pai, sempre manteve o filho com algum tipo de acompanhamento) o encaminhasse a um neuropsiquiatra: depressão temporária reativa medicada com antidepressivos e ritalina (uma combinação muito em uso para quadros de desatenção). Não saía de casa, via muita TV, passava o tempo todo trancado e conectado à internet. O irmão mais velho tinha ido morar com o pai (uma pessoa difícil de se relacionar, sempre arrumando encrencas, fumando muita maconha e se posicionando abertamente como vítima; ele e o pai eram cúmplices em ser do contra). O pai aparece como uma figura apagada, falência, negócios malsucedidos, dificuldade em assumir responsabilidades. Não esteve presente, embora fosse convidado a vir – já que por vontade própria não vinha. Parece achar exagero os cuidados da mãe. Sua participação se restringiu a poucos telefonemas ao filho para resolver assuntos de rotina. Os pais discordavam (hemiplegia simbólica: é assim que F. Dolto, em *Quando os pais se separam*, classifica esse mal-estar dos jovens de pais separados e que trazem ainda feridas abertas e assuntos mal encaminhados do relacionamento familiar). A cabeça de R. estava dividida: para estar com o pai tinha de negar a mãe; para estar com a mãe, precisava negar o pai. Com a assistência do neuropsiquiatra, melhorou a princípio, depois passou a achar que não adiantava. O médico desistiu.

R. tornou-se arrogante e radical na adolescência. "Peitava" as normas, mudava de escola atrás dos amigos, transferia a responsabilidade de seus atos para a mãe. Gostava de praticar esportes radicais. Rompeu os ligamentos e passou por cirurgia, tendo a perna imobilizada por gesso. O cirurgião permitiu que fosse à escola. Não foi, "perdeu provas de quarta e quinta-feira, na sexta veio" (orientadora) e a mãe foi chamada: R. estava sobre o telhado... Quando todos pensavam que ele ia pular, descobriram que na verdade estava com um cigarro de maconha.

"R. mente, tripudia, arruma encrencas, perde as coisas, deixa a porta aberta com a chave" (a mãe denuncia). "A vida está confusa, muitas coisas não vão bem: minha namorada – melhor aluna da escola – foi morar na Nova Zelândia" (lamenta R.). Mudou muito de escola por não conseguir estudar, se arrepende de ter provocado a saída da última escola.

Sobre os antepassados: avô paterno com depressão por perda, pai com reações depressivas e irmã paterna "elétrica"; avô e tio-avô com problemas cardíacos; irmão e primo paterno canhotos. Mãe é a filha caçula, certinha, perdeu irmão que tinha 26 anos, cobra muito, faz listinha de remédios para R., é formada em propaganda e marketing, família de publicitários, adora planejamento, mídia e leitura de dados. O pai é formado em economia, "pula de um negócio para outro porque não percebe que não vai à luta". "Os meninos vendem para o pai a imagem do 'eu faço, eu produzo, eu aconteço...'. Eu digo: 'Você não convive com eles!'" (mãe). Para eles é fácil levar o pai. A mãe é o conflito.

As avaliações mostram que R. tem recursos e muito.potencial. Mas sua força artesanal é reduzida. Cabe bem na metáfora diagnóstica de TDAH. A assimetria entre a competência e a *performance* é o conflito central. O que produz dificuldade de desajustamento e sentimento de "defeito".

Em minha clínica oponho área de projeto a área de conflito. Se alguém pode orientar a vida na direção de um projeto, o estar no mundo ganha sentido e as tarefas passam a dar satisfação. A maioria de meus clientes chega sem consciência do que quer: uns fantasiam muito; outros estão confusos ou paralisados... A área de projeto nem sempre é evidente, mas tomar consciência de sua existência é importante para uma ação progressiva com estabelecimento de tarefas e satisfação. Para R., a área de projeto que hoje está em campo iluminado, consciente, é ser aceito, entrar logo na faculdade de arquitetura ou desenho industrial. Na escola gosta da área de humanas, aprecia uma rotina informal de esportes (bicicleta, futebol).

Esteve muito tempo com a ex-terapeuta, que cumpriu de certa forma um papel de orientação da mãe: quando precisa decidir algo, diz que vai conversar com ela. Parece que a mãe – que preside uma empresa de médio porte – mantém o controle da situação criando uma rede de agregados, o que de certa forma justifica a queixa do pai, mas não desresponsabiliza sua ausência. Com o irmão acontece a mesma coisa. Ela parece ocupar um papel crítico e de provedora. Tenta ser afirmativa, mas se perde no papel e se desespera com muita facilidade. O pai parece um irmão mais velho, meio acomodado com a situação. Quadros como esse hoje são bastante representativos da clientela; há mudanças no corpo social sinalizadas por esse tipo de psicodinâmica: os papéis familiares estão em transformação, a ausência da figura paterna ou sua dificuldade de *grounding*, o acúmulo de funções na figura materna que emerge com sucesso na carreira profissional, o psicoterapeuta fazendo o papel de orientação na dinâmica familiar...

Nas poucas cenas que fizemos, R. trazia um pai vitimizado, fracassado nos negócios e com quem não podia brincar como era seu desejo. Um pai não compreendido pelo filho que deveria compreendê-lo, não compreendido em seu sofrimento por ninguém. Torna-se um "pai chato", o filho vai desistindo.

R. é prático, interessado por aquilo que lhe convém. Um compromisso autocentrado e sem transcendência. É rígido, usa sempre a negação como mecanismo de defesa (R. funciona por culpa e não se dá conta de suas verdadeiras motivações). Não conseguia lutar pelo que queria e depois ficava se desvalorizando. Avançamos bastante com psicodrama e terapia cognitiva. Ficou mais seguro, mas ainda distanciado. Não se entrega, não tem causas, odeia depender e faz delírios de autonomia: depender é sempre um sinal de inferioridade, vive um duelo de modelos... Tem pouca consciência de suas necessidades afetivas. O gene masculino é gene "banana": o modelo paterno – representante de direção, relação com a lei – é desqualificado, desvalorizado. R. traz um ataque às normas (*cluster* 2). Parece não existir a figura paterna na qual depositar valores. O resultado é um quadro de depressão social. Ir para onde? Falta sentido à vida! Um contexto onde o caos só é vencido pela ordem numa atitude aqui meio obsessiva. O distúrbio de atenção (TDAH) está ligado à focalização: é preciso gerar um estímulo organizador, definição de papéis, consígnias que funcionem como agentes de ação para não ficar só na compreensão paralisadora (depressão). Está ainda sem encontrar canais apropriados para se manifestar exteriormente e acaba se dirigindo a si mesmo (autopunição). O ideal do ego briga com o ego ideal. O ego ideal fala de autonomia, de auto-abastecimento e do fracasso do desejo. O ideal do ego como um arquétipo subjetivo existencial traz a culpa e a autopunição, a traição e o cinismo. R. ficou comigo um período e depois foi embora sem mostrar o menor apego. Simplesmente se afastou. Cumpriu conosco parte do projeto que havíamos assumido. Não gostava muito de se envolver. Decidiu viajar, estudar fora e parece não querer voltar para casa. Sua vida parece regular... Mas eu e ele sabemos que ainda é só uma fachada.

Sharing: R. continua em minha vida me encaminhando pessoas que precisam de atendimento psicoterápico. Talvez esta seja a forma de manter contato comigo. A mãe me disse certa vez, destacando a minha importância na vida de R. – o que também a surpreendia –, que ele, indo para o aeroporto, pedira a ela que trouxesse o irmão mais velho, que passava por dificuldades. Às vezes, meu filho me olha como R. Às vezes, o seu olhar lembra o de meu pai. Um misto de amor, vergonha e dificuldade de entrega.

Processamento: hoje esse é um modelo de conjugabilidade comum. Há muitas famílias com essa estrutura, gerando uma síndrome que conhecemos por DDA ou TDAH. Há uma falta de rigor presente no modelo paterno e uma rigidez do modelo materno como expressão de culpa. O espelho da escola pode confirmar ou desconfirmar o que se traz da família. Na maioria das vezes, a escola faz a mesma coisa que grande parte das terapias: trabalha os sintomas, tenta torná-los desnecessários. Precisamos buscar outros moldes de terapia, buscar o não-habitual. A criação de um *setting* mais motivacional, mais mobilizador de ação, faz do psicodrama uma forma atualizada de intervenção. Mas há os perigos da ação mecânica, que funciona apenas como descarga para a angústia da falta de memória e enrijece ainda mais. Mesmo que traga o prazer da motilidade pela motilidade. Nos próximos anos, as academias vão estar cheias. E o suporte não é mais apenas a atitude narcisista dos últimos anos, mas a necessidade inadiável de descarga, esse novo choque que a cultura traz com a construção de uma nova organização familiar. Ainda há uma relação entre auto-estima e rendimento escolar. Quem se importa com a vergonha de não aprender? Com certeza não é a escola. A escola não é lugar para singularidades, para diferenças, para questionamentos. Politicamente, ela não está articulada com a família, mas com o mercado. O que ela credencia é a eficiência de um fazer cego e bem ajustado àquilo que a máquina do sistema exige.

Segundo ato

Irany

A primeira carta ou é fundamental personalizar e humanizar os atendimentos psicoterápicos

Caro Herval: por onde começarei este relato? Apresentando os casos mais difíceis que acompanhei durante minha vida profissional? Já surge um primeiro ponto de reflexão: são casos ou são pessoas, ou são pessoas-casos ou casos-pessoas? São pessoas em primeiro lugar, e em segundo são pessoas que carregam um sofrimento. No começo eu chamava essas pessoas, esses jovens, esses adolescentes de pacientes; era onde me apoiava, no modelo médico, que foi meu primeiro modelo referencial. Depois, com o tempo, pude me aproximar, e passei a me defender menos. Eles me assustavam com toda aquela energia para viver, ou para se destruir, ou para morrer, e hoje, tendo 24 anos de formado como psiquiatra e 22 anos de exercício no papel de psicoterapeuta, olho para minha agenda semanal e vejo quem vou atender naquele dia chamando-os pelo nome. Eles não são meus amigos, não são meus filhos, são uma mistura de papéis, ora me vejo no papel de pai, ora no de um irmão, ora sou mãe, ora sou um diretor de psicodrama, ora sou psiquiatra, ora sou uma mistura de todos esses papéis.

E sabe, Herval, dou-me conta de que o caminho que trilhei levou-me a um lugar onde me percebo mais sintonizado com as emoções que o ser humano vivencia e exterioriza, mas especialmente com as emoções da adolescência, muitas vezes tão polarizadas entre o viver e o morrer – um exemplo disso é a questão do uso de drogas, especialmente a maconha, o *ecstasy*, o LSD e a cocaína; surpreendo-me até hoje com o fato de que em nome da libertação e da busca de mais prazer na vida os jovens se perdem, se abandonam e destroem nos becos escuros e marginais da vida, onde tudo de terrível pode acontecer.

Herval

Sobre a primeira carta ou sintonizando

Eu sou o filho mais velho de pais socioculturalmente diferentes que se casaram jovens: uma aliança entre um burguês burocrata e uma camponesa operária. Passei meus primeiros anos de vida na casa de meus avós paternos, casa grande e sempre cheia de gente. Mesa grande, com muitos assentos para visitas e amigos permanentes. Meus avós paternos tiveram onze filhos, os maternos tiveram oito. Era uma casa chinesa: como um partido político de hoje, um convívio de diferenças e articulações de corredor – quem a governasse bem poderia governar a cidade. Muitos dialetos, convívio permanente de diferenças.

Depois saímos do nuclear para o conjugal. A passagem para uma casa de marido, mulher e filhos, tudo muito bem arrumado, funções definidas, estratificações... Um alojamento seguro, uma espécie de retiro confortável e conservador. Um pouco de tédio e solidão. A rua foi o remédio: uma aventura maior para quem só se ocupava do quintal. A rua era a liberdade que ela proporcionava, as possibilidades de descobrir novos quarteirões, o medo de ir se distanciando e se perder, bem como a necessidade de construir mapas! O formal entrou cedo em minha vida: meu pai era um bom leitor!

Eu misturava a rua aos livros. Uma conjunção que ainda se atualiza numa configuração permanente de mapas e territórios: os livros ainda são meu maior apoio. Entre a piscina e o rio, a casa e a rua... Esse foi meu primeiro contato com a infância e a adolescência. Incomodava um pouco ser o irmão mais velho fora do quintal para cuidar na rua dos irmãos mais novos. Minha mãe dirigia comigo nesse papel. Eram papéis que conflitavam, porque a conserva familiar tem pouco valor na rua. Havia grupos em guerra, donos de regiões por onde caminhávamos ameaçados. Há uma lei que transcende o comportamento das casas, situações de perigo e dor, de solidão essencial por ser difícil de dividir, de fracasso, desconfiança e luta... Um acolhimento selvagem que se oferece amorosamente: esconderijos, construções, terrenos baldios, avenidas abertas, parques, bosques, campinhos, rios...

O humanismo doméstico me organizava, seriava a vida, trazia questões, fazia pensar, construía a memória e a história, era necessário para civilizar a rua; a rua gerava entropia e dava à vida um caráter de surpresa e simultaneidade, sem coordenadas de tempo e espaço, sem memória, sem o monopólio do papel de filho. Éramos moleques, mocinho e bandido, pai e mãe, éramos o grupo... A rua foi o meu primeiro grande palco! Campeonatos de futebol, torneios de xadrez, conjuntos musicais... O grupo foi uma necessidade que começou na casa de meus avós paternos. Fui adolescente nos anos 60 e início dos 70. Tínhamos sonhos, podíamos transformar o mundo. Vivemos a contracultura. Fui fazer teatro na periferia para salvar o mundo. Éramos contra o sistema, a ditadura militar, o imperialismo americano, éramos também (embora não soubéssemos) contra crescer e participar de um mundo adulto-centrado.

Esse caminho me direciona para os meus futuros papéis de psicopedagogo e psicoterapeuta de adolescentes. Minha clínica está centrada na aprendizagem e é um espaço de permanente criação.

Meu modelo sempre foi o humanístico. Ainda que o questione hoje mais que antes. Não me lembro de um só período em minha vida em que não estivesse estudando. Essa é a cultura que me ajuda a compreender melhor o homem e a vida.

Irany

Resposta ou a importância da história pessoal

Poder se lembrar da própria história é um dos caminhos mais importantes para o desenvolvimento do papel de psicoterapeuta de adolescentes. É um exercício necessário esse de relembrar – de si mesmo e das histórias vividas com os amigos e com as meninas, o primeiro beijo, a primeira namorada, a primeira relação sexual. Dar-se conta de que o tempo passou é outro ponto importantíssimo, pois o intervalo entre minha adolescência e hoje é de cerca de 35 anos. Atualizar-se, conversar sempre com adolescentes, ler publicações específicas e assistir a programas na TV, poder freqüentar os mesmos ambientes que os adolescentes, inclusive clubes, poder aproveitar festas de jovens. Estar atento à linguagem com as gírias que os jovens usam e todos os anos são renovadas, saber as músicas que eles estão ouvindo, quais ritmos, cantores e conjuntos estão nas paradas, lembrando que há canais próprios de apresentação de músicas com clipes que os jovens apreciam.

Outro ponto importante é o contato com profissionais que trabalham com adolescentes, como os hebiatras, professores, psicopedagogos, coordenadores e diretores de escolas, que também trarão muitas informações sobre os jovens, auxiliando-nos nessa compreensão e visualização de adolescentes que vivenciam uma adolescência normal e de outros que vão escapando desse grupo e caminhando para outro mundo, o dos adolescentes com conflito

Irany

Segunda carta ou as perdas; é fundamental criar um clima favorável para desenvolver os lutos

Caro Herval: lembro-me mais facilmente de situações mais difíceis, pois foram as que me deram mais trabalho, mobilizaram-me emocionalmente, intensamente, questionaram-me mais, discuti mais com meus colegas ou com meu supervisor. Mas agora sou chamado pelos jovens que atendo atualmente. Há um conceito sobre o desenvolvimento normal do adolescente que fala disso. Lembro-me do Maurício Knobel, lá da Unicamp, que nos seus textos afirmava que o adolescente elabora lutos, isto é, o seu crescer interno é um movimento contínuo de deixar o que passou. Por exemplo: os pais, como figuras idealizadas da infância, eram os heróis absolutos, mas se tornam seres humanos comuns, pessoas que têm ambições, defeitos, que erram, que decepcionam. Nós, os pais, temos de elaborar também a perda daquele filho que deixa de ser criança, que púnhamos para dormir, para quem cantávamos canções de ninar e se transformou no adolescente que é mais independente. Vou além: penso que temos, nós, os adultos, e especialmente os adolescentes, de elaborar o movimento de um dia após o outro.

Herval

Sobre a segunda carta ou a capacidade de se surpreender

Irany: no café ou em seminários, meus amigos psicanalistas aqui de Higienópolis comentam o luto: "O desamparo proveniente da perda de um objeto subjetivo é tão dolorido quanto a perda de um filho". Com a perda do objeto subjetivo vai também um pouco da onipotência, do isolamento, da ilusão de controle. Nós, psicodramatistas, falamos das configurações sociométricas. O psicodrama bipessoal tira o adolescente do isolamento e o ajuda a construir a relação de par de maneira crítica, criativa e consciente: um código, expectativas, medos, entrada de terceiros, insegurança, negociação, raiva. Um trabalho intenso no "traço".

A terapia individual é para quem precisa construir uma realidade de "par" para posterior "circularização" nos grupos. Se pudéssemos transmitir esse conceito simplesmente por meio de uma teoria, seria fácil. Mas a construção do par não pode ser expressa pela matéria da memória, não pode ser seriada, apresentada como informação. Há mobilização da experiência, do desejo, da fantasia, de um registro criativo e difícil de capturar.

Eu, adolescente, nunca me esqueço, nem consigo ter a disponibilidade para lembrar. A memória não dá conta do que se passa nessa relação. Vou construindo uma história sem tramas pessoais, com pequenas ressurreições e processos, sem ponto final. Não como uma estrutura psicótica ou uma relação sem alojamento... Com opositores suportáveis, que se tornam referências, com simultaneidade e surpresas nem sempre agradáveis.

A adolescência é sempre uma atualização com pequenas mortes, rumo à exterioridade no sentido mais amplo, já que as surpresas diminuem a distância entre expectativa e realidade. A adolescência é uma transição: da infância para a idade adulta, da casa para a vida social, da posição de submissão para a de autonomia... Depois, ou olhamos para trás e não queremos lembrar – porque temos vergonha do que sonhamos e de como estávamos mobilizados emocionalmente –, ou percebemos que apenas estávamos de passagem.

Moreno achava que os seres humanos são bastante despreparados e mal equipados para enfrentar momentos de surpresa, e isso porque a espontaneidade é bem menos respeitada do que a memória e a inteligência. [...] Há duas maneiras opostas de se deparar com surpresas: uma é a ansiedade, a outra é a alegria. [...] Lembre-se de que a espontaneidade e a ansiedade são funções uma da outra: quando a espontaneidade aumenta, a ansiedade fica rebaixada, e vice-versa. Esse é o primeiro aspecto. O outro é a alegria. A palavra "espontaneidade" vem do latim *sua sponte*, que quer dizer "de dentro de si, em concordância consigo próprio. [...] A espontaneidade [...] dá à pessoa a sensação de estar livre para agir de acordo com a situação. Ele/ela não se defrontam com uma nova situação com ansiedade, mas com o sentimento de ser capaz de controlá-la. O momento de surpresa pode levar a uma transição de um estado a outro. No entanto, com freqüência, a primeira resposta é o choque [...]. Nesse caso, a primeira resposta é: "Meu Deus, como isso foi acontecer, e agora o que é que eu faço?". Então, a espontaneidade pode emergir, e a transição pode seguir seu curso. [...] As pessoas gostam de estar no controle das coisas. [...] Assim, desejamos estabelecer uma análise racional porque isso nos possibilita certa moldura operativa. "É isso que tenho de fazer" ou "É assim que tenho de lidar com isso" [...], o fato de saber ou ter o *insight* por si só não cura. [...] Transformar o *insight* em mudança de comportamento significa, mais uma vez, estabelecer uma ligação com a espontaneidade e a criatividade. O que interessa a nós, psicodramatistas, é como você dá o salto do *insight* para uma nova ação (Zerka T. Moreno, *A realidade suplementar e a arte de curar*, p. 38).

Irany

Resposta ou pedir auxílio

Para que o adolescente seja capaz de resolver seus lutos, para que elabore progressivamente suas perdas, o grande mecanismo que utiliza é pedir auxílio diário aos amigos da turma, que o redefinem constantemente, e pasme, Herval, também à escola, pois o fato de ir aprendendo e desenvolvendo novos conhecimentos e habilidades mentais e físicas vai confirmando-o e estimulando no seu narcisismo saudável, levando-o a um poder se amar e se valorizar de forma mais adequada com aquilo que está vivendo no momento.

E se vinculando à turma de iguais (*peer group*) poderá se conectar à sua espontaneidade e criatividade, o que lhe permite construir e definir sua estrutura de personalidade, conquistando independência e autonomia progressivamente.

Irany

Terceira carta ou coloque todas as armas no chão

Caro Herval: baixar a guarda, sentir confiança em si e no outro, trabalhar serenamente para o fluir das emoções, para o estabelecimento do encontro... Para que uma psicoterapia tenha o melhor resultado possível é necessário ter consciência de que terapeuta e cliente são dois seres humanos, e de que muitas emoções surgirão, de ambos os lados.

Justifica-se aqui a necessidade da realização continuada da psicoterapia pessoal, do psicoterapeuta e de uma supervisão. A psicoterapia do terapeuta vai ajudá-lo constantemente a estar mais sintônico consigo mesmo, com as suas emoções, e, portanto, distinguindo com clareza o que é seu e o que é do cliente. E a supervisão dará o distanciamento necessário para uma melhor compreensão da dinâmica do cliente e do vínculo que se construiu.

Herval

Sobre a terceira carta ou a caminho do sharing

É essencial o encontro de dois seres humanos, e para isso temos de eliminar defesas.

Uma ausência quase absoluta de defesas e uma cumplicidade... Somos todos tão frágeis, vítimas dos mal-entendidos dos relacionamentos de amor, da dificuldade de expressão, do contraste entre o que se faz e o que se quer fazer... Queremos aprender a descobrir as possibilidades da vida, livrar-nos do desencontro entre as expectativas externas e as obrigações internalizadas, dos conflitos não resolvidos (ódios, vinganças, mortes prematuras, escolha de profissão, segredos...).

Há um filme de Bergman, *Sonata de outono*, que representa um acerto de contas cruel entre mãe e filha. Quando o assisti a primeira vez, achei a mãe horrorosa: foi há mais de 20 anos. Depois achei a filha intolerante. Hoje, penso nesse confronto, que parece fugir da vida corrente por ter suas próprias regras, como um intervalo da vida cotidiana, um psicodrama com seu faz-de-conta que se contrapõe à seriedade. O personagem Viktor (observando e descrevendo para o espectador sua esposa, Eva) pega na estante um livrinho escrito por ela e lê: "É preciso aprender a viver. Eu pratico todos os dias. Meu maior obstáculo é não saber quem sou. Eu tateio cegamente. Se alguém me ama como eu sou, posso finalmente ter a coragem de olhar para mim mesma. Essa possibilidade é pouco viável". Fecha o livrinho e continua ele mesmo: "Gostaria de dizer a ela pelo menos uma vez que é amada plenamente, mas não consigo dizer de uma maneira que ela acredite. Não encontro os gestos, as palavras certas...".

De minha parte, estou certo de que é difícil enxergar alguém. Quando estou mais próximo, sempre me distancio diante de novas surpresas. Quando penso que consegui um enquadre original, estou diante de um velho conhecido. Também não sei quem eu sou para o outro para me sentir aceito ou com alguma autoridade, além da disponibilidade e do compromisso comigo mesmo, com a necessidade de ser visto. Há muitas coisas em nós que "não se adaptam" e exigem um exame mais minucioso e uma abertura para abandonar idéias superficiais como preconceitos, hábitos, virtudes, vícios, costumes, ideais... O acesso à criação vem mais pelo exame de cenas do que do exame moral. Nosso cotidiano é pobre nesse tipo de estudo. Eu enquadro e separo ou fico surpreso por não ter sido capaz de enxergar. Vivo numa cultura cega às complexidades humanas que não vê porque não tem olho para isso.

Irany

Resposta ou tentativa de definir o encontro

Pichon-Riviere postulava que eu sou na medida em que me relaciono comigo mesmo, e me relacionando comigo mesmo vou me vincular ao outro – e o que acontece no vínculo com o outro influencia a maneira como me relaciono comigo mesmo.

O vínculo, naquele momento vivido, define e mostra quem são as pessoas que estão se relacionando. E, enquanto se dá uma progressiva e maior intimidade e confiança, a intimidade vai sendo criada para que o cliente possa falar de seus medos, suas angústias, seus receios, seus conflitos, suas tristezas, suas culpas, suas raivas, e também dos seus sonhos e desejos.

Aqui pode acontecer uma das máximas de Moreno, que define o *encontro* de maneira poética:

> Um encontro entre dois: olho no olho, cara a cara. E quando estiveres próximo, tomarei teus olhos e os colocarei no lugar dos meus, e tu tomarás meus olhos e os colocará no lugar dos teus, então te olharei com teus olhos e tu me olharás com os meus.
>
> Assim nosso silêncio se serve até das coisas mais comuns e nosso encontro é meta livre: "O lugar indeterminado, em um momento

O PSICODRAMA - APLICAÇÕES DA TÉCNICA PSICODRAMÁTICA   **311**

indefinido, a palavra ilimitada para o homem não cerceado" (*Lições de psicodrama*, 1988, p. 53).

Irany

Quarta carta ou como se constrói o Eu, você e nós

Quando começo a atender um cliente adolescente novo, faço questão de logo na primeira entrevista demonstrar uma posição ativa, que estou verdadeiramente interessado naquele relacionamento que está começando, e tomo alguns cuidados – como posicionar minha cadeira o mais próximo possível do jovem. Penso que essa distância entre as duas cadeiras, entre as duas pessoas, representará um ponto em que não há invasão e não caracteriza desinteresse e abandono.

Respeito sua iniciativa de relato autobiográfico. Quando há espaço no vínculo passo a falar da sua intimidade, que pouco a pouco vai surgindo, e no final pesquiso como foi estarmos juntos, falando especialmente dele. Na hora da despedida demonstro estar emocionalmente ativo.

Pode parecer estranho que eu esteja abordando pontos que talvez sejam óbvios – afinal, muito já foi escrito sobre como conduzir uma primeira entrevista e sobre a psicopatologia da adolescência –, mas as colocações sobre o lado humano da psicoterapia são fundamentais e também o é a maneira afetiva de constituir o vínculo terapêutico. São características fundamentais ser um excelente técnico, ter um amplo conhecimento teórico e especialmente ter a sabedoria do significado do que seja um vínculo psicoterapêutico.

Herval

Sobre a quarta carta ou mitologias da informalidade: a desconsideração pelo gesto e a cerimônia

Irany, Paulo Freire conta a seguinte história para ilustrar a força formadora de um gesto aparentemente insignificante:

O professor trouxera de casa os nossos trabalhos escolares; chamando-nos um a um, devolvia-os com o seu ajuizamento. Em certo momento me chama e, olhando ou re-olhando o meu texto, sem dizer palavra, balança a cabeça numa demonstração de respeito e consideração. O gesto do professor valeu mais do que a nota dez que atribuiu à minha redação. O gesto do professor trazia uma desconfiança ainda desconfiada de que era possível trabalhar e produzir. De que era possível confiar em mim, mas que seria tão errado confiar além dos limites quanto errado estava sendo não confiar. A melhor prova da importância daquele gesto é que dele falo agora como se tivesse sido testemunhado hoje. E faz na verdade muito tempo que ele ocorreu... (*Pedagogia da autonomia*, 2003).

A intimidade construída num simples gesto: eu posso, identificação positiva e segurança, leva a crer e sonhar com algo melhor, capacidade de gerar confiança dá apoio e afirmação, direciona como um pai. A intimidade do gesto é a paterna com seus denominadores coletivos e individuais. O Maestro chama isso de *cluster* 2. A palavra *cluster* pode ser traduzida como agrupamento, ramalhete, classes. Está ligada à idéia de que os papéis não funcionam isoladamente, mas possuem uma mesma fonte de energia, uma zona fluida comum por onde se dá a gestão de energia, de espontaneidade.

Há um intercâmbio de experiências entre os papéis que se agrupam de acordo com o complementar ou seu substituto: mãe (*holding*), pai (*grounding*) e irmão (*sharing*), que são os elementos catalisadores, aglutinadores de papéis. Assim, os papéis de professor, pai, mestre, médico estão no mesmo agrupamento, no mesmo *cluster*. Só a partir do "papel complementar" (contrapapel, pai–filho...) se pode entrar no intrapsíquico e construir uma verdadeira intimidade, a plena compreensão das estruturas de personalidade, das antecipações, das diferentes formas de aprender, da auto-estima, das experiências negativas, das emoções básicas, do manejo da agressividade, das ansiedades básicas e da escolha da forma de direção a ser utilizada para dar conta das necessidades do protagonista, atingindo seu centro de cura autônomo.

O vínculo psicoterapêutico implica sempre a construção de intimidade, a construção de um *nós* amoroso: "O homem deve eleger e estabelecer sua vida com quem também o elege" (Moreno). Somos terapeutas da relação. Mudar significa mudar relacionamentos.

Quando há mutualidade e critério claro de escolha (um ator e um diretor de cena), começamos a construção de um vínculo que trará mudança de percepção. Uma perspectiva diferente do modo habitual de ver as coisas. Alguns diretores conduzirão para as cenas necessárias, outros acompanharão, outros eliminarão obstáculos ou apenas criarão condições para que o processo siga seu curso, outros serão um canal aberto; entretanto, todas as formas de psicoterapia devem tocar o centro de cura autônomo do protagonista. Não se chega a ele interpretando, analisando ou dando conselhos: melhor falarmos de nós mesmos! "Vocês sabem quando uma pessoa é protagonista e desnuda-se diante de nós, isso quer dizer que ela está nos oferecendo um tipo de amor. A única forma de retribuir amor é com amor" (Moreno).

Irany

Resposta ou rematrização

Ressalto que somos terapeutas da relação. E o fortalecimento dessa relação nos permite usar as técnicas de tomar seu papel, fazer a inversão de papéis, possibilitar a ação dramática, a dramatização. O protagonista, o cliente, tem a oportunidade de aprofundar o que vivenciou, não só usa o plano verbal para relatar mas vai mostrando e revivendo todas as emoções da cena focada. Pode acontecer situação de rematrização, na qual se refaz o que foi muito machucado e ferido.

Irany

Quinta carta ou como o contrato é fundamental para o desenrolar da terapia, e a importância das sessões vinculares

Uma psicoterapia de adolescente tem três partes interligadas: o terapeuta, o adolescente e seus pais. Alguns terapeutas até afirmam que nós, terapeutas de adolescentes, somos terceirizados pelos pais para atendermos seus filhos. Fato é que quem se compromete com a formalidade do pagamento dos honorários são os pais, mas cuidado. O adolescente também é responsável por dar conta do que é dito, aberto, compartilhado e trabalhado em uma sessão de psicoterapia. Especialmente a partir dos 15 anos de idade, o adolescente cada vez mais assume a construção da estrutura de sua personalidade, e começa a se distanciar dos pais e a caminhar para uma posição de equilíbrio.

Herval

Sobre a quinta carta ou o que cabe a cada um

Pagar não é só dar conta dos meus honorários profissionais. Pagar é dar conta do que cabe a cada um. Nessa perspectiva todos pagam ou – tentando dizer de outra forma, – quanto custa para o adolescente (?) –, ou participam ativamente da construção dos vínculos de transformação. Só resta saber o que cabe a cada um... Quando a família traz o adolescente, ela também entra em terapia. Ainda que isso não aconteça de verdade, o terapeuta não deve esquecer-se dessa verdade. A família resiste, quer que o terapeuta dê um jeitinho no adolescente, mas o que tenta esconder é sua aliança silenciosa com o modelo familiar. A dor de perceber que as coisas não estão funcionando, mas que não se pode mexer em tudo... que é preciso preservar poderes.

O sistema considera anormal tudo que não se faça à sua imagem e semelhança. Portanto, normalidade é um padrão que emerge da ordem preestabelecida. A família é a matriz de desenvolvimento: ela recebe um indivíduo e vai devolvê-lo à sociedade do jeito que esta precisa. Quando pensamos na família, pensamos num modelo vincular e em suas relações de dependência: roteiros prévios, regras, normas, gestos, ritos, mitos, segredos, percepção de aspectos destrutivos, possibilidades de exclusão. Quando um adolescente entra em terapia, vamos mexer com tudo isso, com toda a nossa conserva, com nossa matriz de amor.

Irany

Resposta ou culpa/responsabilidades e sessões vinculares

Certamente surgirão questões do tipo: "Onde errei? O que e como fazer agora? Será que esse(a) adolescente vai mudar? Vai ter jeito?".

Nós, terapeutas de adolescentes, nos preparamos para trabalhar esses pontos. Penso nos momentos tensos e difíceis que aparecem no trabalho com adolescentes, e com certeza as sessões vinculares, que são os momentos em que os pais participam mais, trazem muito dessas tensões. No começo do meu trabalho eu só atendia os adolescentes e encaminhava os pais para uma orientação; o trabalho caminhava muito bem, mas os tempos socioeconômicos foram mudando e essa opção quase desapareceu.

Irany

Sexta carta ou luzes e escuridão no fim do túnel

Herval: o fato de o adolescente comparecer maciçamente às sessões é muito significativo. Se ele tem de 90% a 100% de presença, demonstra não só seu interesse em fazer a psicoterapia como de fato querer mergulhar o mais profundo que puder. Demonstra também seu desejo de mudar, de se transformar e de tratar o seu lado que não está bem, que está sofrendo, que está doente. E, por pior e mais angustiante que possam ser seus relatos sobre o que lhe sucede na vida, essa rotina comprometida é um sinal significativo de que poderá haver sucesso no final do trabalho terapêutico.

À medida que o vínculo se estrutura entre o terapeuta e o adolescente, o jovem passa a se abrir, a contar o que lhe acontece, o que ele apronta. Há um clima próprio para desabafos, choro e expressão de raiva. E assim, pouco a pouco, uma sessão após a outra, vai havendo uma limpeza interna, a escuridão dos medos e das fobias vai diminuindo e há uma reorganização do mundo interno.

O contrário também é verdadeiro: se o adolescente começa a faltar muito, não se interessa em repor os horários das faltas, não telefona avisando que faltará, ou se o pagamento dos honorários atrasa, significa que está surgindo elemento vincular negativo, que poderá fazer com que esse vínculo se rompa.

Herval

Sobre a sexta carta ou a presença do efeito cluster na construção de um vínculo de mutualidade positiva

Escolha com critérios: a força da eleição e o grau de percepção de cada um.

Um vínculo de mutualidade negativa ou de incongruências. Há sempre dois lados na questão, não é tarefa do paciente! O complementar interno patológico, as expectativas, os limites em questão, a desconfiança, o vazio e os estados de agonia que emergem na sessão... Mas é enganoso acreditar que ausência seja sinal de fracasso. Atendi com sucesso uma garotinha de 13 anos com um quadro de bulimia. Com a psicoterapia organizei sua vida escolar na clínica com o apoio pedagógico da escola, já que o quadro depressivo não lhe permitia freqüentar as aulas nem com o uso de fármacos. O mesmo se repetia na clínica. A mãe – o pai era figura ausente – não podia pagar acompanhantes terapêuticos, nem tínhamos em nossa equipe alguém disponível para buscá-la em casa (hoje já construímos esse papel).

Respeitamos o seu tempo e demos o suporte de que ela precisava para sair do problema. Não desistimos: nem nós dela nem ela de nós.

Vivia um quadro de confusão e precisava de *holding* (*cluster* 1), queria ser valorizada, fortalecer sua capacidade incorporadora. O olhar da mãe que trazia não era terno, nem receptivo, era severo e crítico. Trabalhamos a matriz de culpa (uma mãe que cuida muito e vulnerabiliza e também assume o papel de pai duro e crítico, construindo um canteiro de vergonha que vai gerar retração como defesa – estrutura muito comum em nossos dias) e depois fomos saindo da ação de continência para a necessidade de apoio e afirmação (*grounding*), atingindo seu centro de cura. Ela foi regularizando sua presença, justificamos a ausência para que não perdesse o ano escolar e hoje – sem exageros – é uma das melhores alunas de sua escola.

Quando o vínculo é de mutualidade positiva, há um processo de construção que nós temos de discutir, certo? O terapeuta e o adolescente formam uma unidade de trabalho difícil de destruir, ambos estão seguros numa relação de crescimento e confiança, os horários são sempre esperados, a agressividade flui e essa espontaneidade vai ocupar em breve o mundo.

Irany

Resposta ou do objetivo ao subjetivo, do periférico ao central...

Mutualidade lembra-me uma estrada de mão dupla, vai e vem o tempo todo. De fato, quando esse vínculo é positivo, o relacionamento se torna mais "encaixado", mais complementar. O adolescente pode, pouco a pouco, conhecer suas defesas e o que está subjacente a elas. E aí ele retira, põe de lado ou transforma essas defesas, e nós podemos mergulhar até chegarmos ao núcleo (ou núcleos) dos temas, das feridas e dos machucados.

Bustos sempre me norteia e convida ao trabalho quando diz: "Do superficial ao profundo, este é um dos caminhos".

Irany

Sétima carta ou longa jornada para o centro da Terra e dos furacões

Herval,

Para entender e definir o papel de psicoterapeuta uso freqüentemente a imagem de que somos próximos a um engenheiro que chega perto de um prédio que desmontou, caiu e está no chão, precisando ser levantado e reconstruído. Muitas vezes temos de fazer mais escavações, e é uma tarefa a quatro mãos: o terapeuta sozinho não consegue fazer nada, e nesse trabalho estamos sujeitos a situações absolutamente imprevisíveis, surpreendentes, chocantes, ansiogênicas, assustadoras, mas com certeza absolutamente humanas e com algum caminho possível de saída. Se, claro, houve um canal de entrada, haverá um canal de saída, um final melhor do que o início.

Herval

Sobre a sétima carta ou a experiência de sair do isolamento

Psicoterapia é autoconhecimento e tratamento, atendimento, investigação, ajuda. E isso dá muito trabalho.

Irany

Resposta ou cumplicidade e companhia

Penso que seja uma oportunidade única poder caminhar ao lado da pessoa com quem nos envolvemos no trabalho psicoterápico, participando ativamente da vida dela, sem controlá-la, mas – de maneira mais livre – ir tropeçando, escorregando, até caindo com ela.

Irany

Oitava carta ou indicações para psicoterapia

Herval,

Sobre as indicações de psicoterapia para adolescentes: é como se houvesse uma estrada principal na vida na qual está inclusa a maioria dos adolescentes. Essa estrada tem um eixo principal, e às suas margens, no limite, há rotas paralelas e alternativas.

Quem está trilhando essas estradas laterais e alternativas tem indicação absoluta de psicoterapia: são os adolescentes portadores, na maioria das vezes, de depressões, grandes desestruturações como quadros psicóticos, dependência de drogas, delinqüência, fobias, ansiedades intensas, tentativas de suicídio, transtornos obsessivo-compulsivos, abandono escolar, entre outras situações. Porém, temos uma indicação mais relativa para aqueles jovens que ainda estão na estrada principal, mas querendo pôr o pé nos caminhos laterais.

Herval

Sobre a oitava carta ou indicações para psicoterapia

Essa é uma bela imagem em termos de construção de conhecimento, de *insight* e de favorecimento de ação! Nela cabe muita coisa.

A primeira questão emergente é: o que é hoje via paralela e principal? Psicoterapia é também para aqueles que estão nos extremos: há jovens que sofrem pela falta absoluta de pais e outros que estão cheios de problemas por não precisarem tanto da ação destes, ação que os impede de confiar e de ter prazer no mundo. Os que perderam por algum motivo a noção do relativo e se encontram ou na dependência absoluta ou na independência absoluta. Aqueles que vivem o domínio, a hipertrofia de determinado papel, deixando outros de mesma importância sem atuação.

Psicoterapia psicodramática é para aqueles que querem treinar o manejo da ação e o desenvolvimento de um determinado papel.

Irany

Resposta ou ser terapeutas do mundo

Esse é um ponto que me angustia muito. Todos os dias identifico jovens que precisam de ajuda psicoterápica. Vejo-os em vários lugares, nas escolas, com os déficits de aprendizagem, com os transtornos de conduta, e nas ruas, quando usam drogas e/ou roubam e matam. Quantos se beneficiam de uma psicoterapia? A resposta é sempre uma estatística muito pequena. Isso precisa mudar. Psicoterapia não é resposta para tudo que vemos na nossa sociedade, mas certamente tem seu lugar, e esse lugar precisa ser ocupado, seja nas instituições, seja nos consultórios.

Irany

Nona carta ou a importância das primeiras sessões

Herval,

A primeira sessão ou as primeiras sessões: quando recebo um cliente novo, solicito sempre que os pais o acompanhem nessa primeira sessão que terá uma grande importância, pois aí se iniciará a formação do vínculo terapêutico. É um grande momento, carregado de muitas emoções, de muitas expectativas e curiosidades de ambas as partes, do terapeuta e do cliente. Meu preparo começa no tipo de roupa que vou usar – parece ridículo falar assim, mas a apresentação é fundamental, pois com base nela estabelecerei e emitirei algumas comunicações não-verbais: uma coisa é me apresentar trajando terno e gravata, outra é usar *jeans* e camiseta. Lembremos que a questão da identificação também passa pela via estética (até a maneira de cumprimentar é importante: primeiro sempre o adolescente, depois a mãe e o pai). Não é possível negar: há um momento tenso e delicado, que é a observação por parte do jovem e dos pais, e esta é intensa e detalhada.

Herval

Sobre a nona carta ou sem a cumplicidade dos pais não se faz nada!

Irany,

Esse é um dos movimentos que o terapeuta de adolescentes faz: obter a parceria dos pais. Aí começa a real dificuldade do atendimento: tratar o filho é fácil, mas tirá-lo de foco para enxergar a ferida sociométrica... é um desafio. O terapeuta de adolescentes precisa ser terapeuta do vínculo e, às vezes, do grupo familiar. Quando você chega à rede, está dentro do grupo matricial, participando das tensões, dos valores, da demanda do grupo. Moreno sempre disse que primeiro vem o grupo, portanto, não se trata de exagero. Nós somos terapeutas de grupos. Como evitar essa perspectiva!? O indivíduo isolado, sem a sociodinâmica, sem as feridas reais inscritas no vínculo, é mistério, redução. Nós, pais, muitas vezes estamos apenas preocupados em manter as aparências e acabamos realizando pouco, inclusive profissionalmente. Uma hora, cada um de nós vai ter de passar a ser o que é e estar nos vínculos com esse compromisso e risco. Então, o que construímos com todo nosso medo é coragem. Psicoterapia é: você não vai mexer só com o adolescente, mas com sua rede de afetos e de ação política. É preciso que nós, pais, estejamos juntos.

O papel do terapeuta é ajudar a reencontrar a própria história, descobrir a trama e o sentido.

Irany

Resposta ou o átomo sociofamiliar

Esse é um ponto sensível. Concordo que no trabalho com adolescentes precisamos ter uma parceria com os pais. São eles os pais do adolescente, não nós. O adolescente é menor de idade, são eles que respondem legalmente pelos filhos. O jovem mora com eles, física e dinamicamente, do ponto de vista psíquico. Fazer as sessões vinculares às quais estarão presentes o adolescente, que tem o foco principal, e os pais (juntos ou só um deles) esclarecerá, aliviará e mostrará as várias situações que eles vivem.

Se perceber que há uma tensão muito grande na família como um todo, indico sessões de terapia familiar, com um terapeuta familiar.

E a partir da segunda sessão sempre indico a realização do átomo sociofamiliar. No primeiro tempo faço graficamente com o adolescente, e na sessão seguinte proponho dramaticamente. É um trabalho muito rico, que ajuda a diminuir tensões e resistências, e é diagnóstico para o terapeuta e para o adolescente.

Irany

Décima carta ou o consultório como um espaço de acolhimento

Herval,

Sobre o *setting* psicoterápico: o espaço para o atendimento de adolescentes é específico, tem de ter e ser "a cara" dos adolescentes, e também deve lembrar como é o mundo dos adultos, um espaço de trabalho. Então cabe ter um sofá confortável, uma poltrona semelhante a uma cama, almofadas, uma grande bola, jogos da idade: tudo isso pode e deve estar presente. Penso que é como se fosse uma mistura de um espaço/quarto de adolescente, mais organizado, e um escritório/consultório.

Assinalo para o adolescente aquilo que ele já sabe, mas vai viver: ele primeiro viverá a adolescência e depois entrará no mundo dos adultos. Então será ótimo se o consultório puder, com seus equipamentos físicos, ajudar nesse trabalho.

Herval

Sobre a décima carta ou uma matriz, um locus nascendi, *uma fonte psicoativa*

O espaço para alojar o adolescente precisa ser psicoativo: isso quer dizer que ele deve comportar estímulos que mexam com categorias de tempo–espaço, de movimento, um pouco performático... E mais importante: em construção. Alguns vazios estratégicos capturam a atenção. Construí uma sala toda revestida de resina branca, com luzes coloridas, marcando os espaços cênicos. Lá dentro você perde um pouco a noção do tempo, passa a ficar mais atento às reações internas do seu corpo. Se reduzirmos os sinais sensoriais, nossa relação com o tempo muda. A sala branca também desautomatiza e você fica mais ligado para compreender o que está acontecendo, nossa atenção parece ser requisitada ao máximo! Parece que usamos mais nossa área de atenção e a mente, com suas conservas, passa a ser questionada. A conserva faz o tempo acelerar, se alimenta de nossos hábitos e de nossa memória.

Quando montamos uma cena, precisamos de ação para realizar novas experiências, novas respostas para velhos estímulos. E o tempo parece ficar mais longo. Uma sessão criativa é mais longa e produtiva. A maneira como organizamos a sala favorece determinadas ações e reações. Jovens hiperativos riem muito na sala branca, sincronizam melhor os movimentos e passam a ser mais conectados ao diálogo. Se estivermos numa sala pequena, ficam mais concentrados.

Em meu escritório, fiz uma escada que prendi ao teto, como um brinquedo de parque de diversões; chamo de cadeira de hiperativos. Assim consigo reunir a família e o jovem, que fica falando e se mexendo. O espaço é coisa séria e passa a ser um elemento fundamental na construção da cena. O objetivo é estar consciente da estimulação necessária para cada ator.

Irany

Respostas ou um objeto transicional

A sala de atendimento precisa ser um pouco mágica. Lá pode acontecer jogo de futebol (pelo menos chute a gol), disputas com carrinhos e Lego, guerras de almofadas, berros e gritos, momentos para descarregar a tensão e a agressividade. Essas situações são especialmente vividas com jovens de 15 anos ou menos. Nele a capacidade de construir diálogos é reduzida, e os jogos podem entrar como objetos intermediários para facilitar a construção do vínculo.

Irany

Décima primeira carta ou o sistema teletransferência

Herval,

Estamos conversando sobre vínculos, especialmente sobre o vínculo entre terapeuta e cliente. Nele tudo acontece – de situações mais visíveis até outras cheias de incógnitas, e só podemos compreendê-las se falarmos do sistema de teletransferência: tele é a capacidade de ver o outro como ele realmente é, e transferência é a patologia da tele, na qual elementos do intrapsíquico interferem no inter-relacional e, portanto, na percepção de como o outro é. Fonseca coloca a idéia de que a tele e a transferência são partes de um sistema que operam juntas.

Herval

Sobre a décima primeira carta ou criando e recriando sempre

A imagem do Maestro dizendo "Que bobagem! Você criou isto! Recrie!" me acompanha. Este tem sido meu único mandato, nas cenas da vida e de psicodrama. Os séculos XIX e XX estão definitivamente esgotados, acabados! Gostaria de circular melhor na região "entre", esta zona fluida de onde emanam os processos télicos, onde cada relação é única, singular. A percepção não é só o substrato biológico de nossas relações, ela é uma criação que só se atualiza na relação, nesse campo iluminado que criamos quando nos aproximamos verdadeiramente de alguém. O destino está em nossas mãos, está em nossas relações. O acaso, o destino, a sorte, o dom, os deuses – essas manifestações mágicas e onipotentes – estão enterrados no jardim de nossa infância. O que não quer dizer a morte do mistério ou da imaginação, mas uma integração dessas realidades no campo de nossas inter-relações. Tele é processo de transformação do campo relacional por meio de escutar sem logo rejeitar, de renunciar sem abandonar, o que implica refazer sempre, um sentimento suave que emerge do nada momento após momento...

Se os papéis estiverem ligados ao complementar interno patológico, não podem ser jogados livremente. O papel do complementar interno patológico e outros de igual dinâmica são parte de um *cluster* – conjunto de outros que têm dinâmica similar: projetam esses complementares internos patológicos, geralmente figuras arcaicas, nas pessoas com as quais se vinculam. Instala-se assim a transferência, ramo patológico, causando a distorção nos vínculos e os desencontros. Ainda quando se produza uma eleição mútua de forma objetiva "[...] a percepção do outro estará entorpecida, interpretando assim sinais de aceitação como se fossem de rejeição, sentir-se-á abandonado e hipertrofiará sinais neutros em função da dinâmica de figura projetada" (Bustos, *O teste sociométrico*, 1979).

Irany

Respostas ou o dom da terapia

Esse é um dos pontos centrais dos atendimentos psicoterápicos. Para o psicodrama esse não é um ponto tão central como para a psicanálise. Mas sempre recomendo que o terapeuta esteja atento para saber se o caminho principal da terapia não está centrado na relação mais direta do terapeuta com o cliente.

Explora-se o tema de maneira bem simples: perguntando diretamente ao cliente se com o terapeuta também acontece o fato que está sendo narrado naquele momento. E, se o caminho for esse, aí podemos fazer uma inversão de papel, usar a técnica do solilóquio, nova inversão de papel, um espelho etc.

Irany

Décima segunda carta ou o atendimento individual, grupal e vincular

Sobre os diferentes tipos de atendimento, são eles:

1. Atendimento individual, por onde sempre se começa o atendimento de um cliente novo, isto é, pelas sessões individuais. Nele o adolescente poderá se soltar e mostrar no seu ritmo. Pouco a pouco se revelará, pois estará acompanhado apenas do terapeuta. Intimidade se constrói e conquista, não é dada. Serão sessões verbais com interpretações e assinalamentos, e também poderão acontecer dramatizações. Muitas vezes uso a técnica do solilóquio e faço muitos duplos depois de algumas sessões, para que possa existir um vínculo suficiente que suporte essas intervenções.

2. Sessões vinculares, nas quais estão presentes o pai, a mãe, ou ambos, ou irmão, ou amigos e até namorados, mas sempre na presença do adolescente, e o foco do trabalho será o vínculo que estabelecem entre eles. São sessões muito úteis quando existem conflitos intensos entre eles e o adolescente, quando a comunicação está prejudicada, quando há situações de risco envolvendo o adolescente.

3. Atendimento grupal, que é o segundo tempo ou a segunda parte do trabalho com o adolescente. É nesse momento que ele encontrará seus pares, seus iguais, o que certamente o remeterá ao seu funcionamento quando está entre os amigos, em turma, nas baladas, fora do ambiente do consultório. Nesse momento serão trabalhadas questões de como o paciente se relaciona com outros adolescentes, e também pouco a pouco vai se criando um espaço para o uso de jogos dramáticos e dramatizações, que – meio de rematrizações – oferecem a possibilidade de trabalhar feridas narcísicas que tenham acontecido no passado.

Este é um ponto importante. Poder buscar cenas pregressas em determinado *locus nascendi* e *status nascendi* não é um caminho muito freqüente para o adolescente. Dependerá da maturidade mental e emocional que o jovem apresentar, e das situações que viveu, se foram muito intensas – violentas ou agressivas ou humilhantes ou cenas de abuso e estupro ou de um abandono ou perda grandes, pois nessas situações será como se destampássemos um barril de muitas coisas comprimidas e com uma pressão gigante; portanto, teremos o passado presentificado. A maioria das dramatizações trabalha temas do tempo presente do adolescente, do aqui-e-agora.

No entanto, o mais comum no trabalho com adolescentes em psicoterapia em grupo é que, além de já estarem aquecidos – pois o fato de ficarem juntos na sala de espera facilita esse movimento –, eles já fazem muitas inversões de papel, uso de solilóquios, e mais inversão de papéis, catarses, espelho e resolução possível da cena trabalhada.

Não trabalho com egos-auxiliares, profissionais contratados por mim, os adolescentes são escolhidos para ser egos-auxiliares na dramatização. Já trabalhei em co-terapia para atender grupos, e quando a dupla de terapeutas consegue dar conta de seus diferentes momentos e diferenças os trabalhos dramáticos que acontecem são muito interessantes.

Portanto, o sucesso da dramatização depende muito da direção e da experiência do diretor do trabalho, do psicoterapeuta.

Herval

Décima segunda carta ou a presença da rede

Normalmente, as sessões começam com a exploração do campo vincular do terapeuta (diretor de cena) e do paciente (ator). No meu imaginário como terapeuta trago o vínculo com o supervisor como instrumento necessário para operar da maneira mais adequada e eficiente possível. Objetivamente, tento viver o vínculo em transferência para o encaminhamento da sessão. Vou devagar trabalhando as distorções e a investigação do *locus nascendi*, bem como das figuras causadoras do conflito. No começo, tento ser o diretor de que o ator precisa, o terapeuta que ele quer, vou percebendo as respostas e sua qualidade dramática. Vou tentando dar forma ao que o ator traz, encenando mais do que dirigindo, para que haja disponibilidade simbólica. Seria difícil se não fosse assim. Depois passo a ser o que sou e toda transferência vai se transformando em tele. A maioria dos adolescentes transfere comigo no papel de pai antes do trabalho de desenredar-se das expectativas, das comparações:

> [...] a transferência não se dá em relação a uma pessoa qualquer nem para uma difusa configuração, mas sim para um papel que o terapeuta desempenha para o paciente: um papel de pai, mãe, de homem sábio e instruído, de amante ou amado, de cavalheiro, de pessoa perfeitamente adequada, de homem modelo etc. O terapeuta, por sua vez, pode cair na atitude de sentir o paciente a partir desses papéis. Esses papéis também podem ser complementados, total ou parcialmente, por outros membros do grupo. A transferência é então compreendida por Moreno em termos de papéis complementares em interação (Bustos, *O teste sociométrico*, 1979).

Irany

Respostas ou individual mais grupo

Um exemplo de técnica de atendimento individual com adolescentes mais jovens, de 12 a 15 anos, ou com adolescentes mais velhos mas com uma situação emocional mais grave, tipo *border line*, é começar com o aquecimento específico: muitas vezes o aquecimento inespecífico não é necessário, pois o adolescente se aquece rapidamente para o papel. Então peço que o adolescente construa uma história que, depois de imaginada, seja dramatizada e investigada usando espelho, interpolação de resistência e solilóquios.

Um rapaz de 15 anos produziu em uma sessão uma história de um jovem que morava em uma favela, era muito pobre, mas tinha grande habilidade para jogar futebol, foi se profissionalizando e, depois que se afirmou e foi reconhecido como um craque, pôde se estabilizar economicamente e construir uma casa nova para os pais. Pedi que depois da dramatização fizesse uma possível correlação com sua vida. Respondeu-me que não havia muitas coisas, exceto que, se descobrisse um talento nele, seria mais feliz. Naquele momento pedi que assumisse o papel do personagem e, com base neste, respondesse ao seu comentário. Ele assim o fez, dizendo que o destino dele era estudar, e não desistir nunca. Então manifestou-se sua dinâmica: ele se sentia empobrecido; chegou a vender objetos de pequeno valor a amigos da escola para obter dinheiro para ele e para os pais, pois acreditava que resolveria as dificuldades econômicas da família. Manteve-se estudando e entrou na faculdade.

Outra maneira de trabalhar de que gosto muito – porque o trabalho se desenvolve e evolui mais rapidamente – é fazer, na mesma semana, um atendimento individual e um de grupo com o mesmo jovem. E é fascinante, muito rico e típico observar como o adolescente se apresenta de um jeito na sessão individual e de outro na de grupo. E assim é na vida dele: ele se mostra de jeitos diferentes quando está sozinho, quando está na escola, quando está com seus amigos, e de outro quando está com pais e irmãos.

Acompanho uma garota que na sessão individual limitava-se, quando eu perguntava "O que me conta?", a responder com frases curtas, sintéticas e com pouca emoção, e logo em seguida passava a enrolar os cabelos e quase não falava comigo. Quando ela entrava em um grupo, no entanto, se transformava, virava supersocial, começava a contar situações que nunca comentara comigo nas sessões individuais que já duravam um ano; soltava-se e compartilhava sua intimidade. Penso que o tempo de individual foi necessário para que ela se vinculasse comigo, para que houvesse intimidade e parceria e eu a aceitasse do jeito que ela era, e a respeitasse assim.

Irany

Décima terceira carta ou o duplo

Sobre a técnica do duplo, posso dizer que é muito usada com adolescentes, principalmente quando estão muito encolhidos, muito depressivos, quando estão aprisionando sentimentos como a raiva, que é absolutamente necessário que ponham para fora. O aprendizado do manejo da raiva é fundamental não só para que evitem o aparecimento de quadros depressivos como para que aprendam a lidar com sua agressividade. Na minha clínica é essa minha principal clientela, são esses os adolescentes que atendo mais, os entristecidos, os que têm medos e fobias, os que têm muita raiva e os que querem se destruir das mais diferentes formas – drogas, delinqüência, abandono escolar.

Herval

Sobre a décima terceira carta ou duplos e espelhos

O duplo é uma técnica dramática que consiste em ser o outro, imitando-o até poder sentir o que ele sente, verbalizando o que não se atreve a sentir. Um ego-auxiliar se aproxima do protagonista e vai se transformando nele como se fosse outro eu. Ele o faz em primeira pessoa e sua aceitação ou rejeição depende do protagonista. É uma forma de estar sintônico. Se você não tem plena sintonia com o protagonista, melhor não arriscar. Esse pode ser um lugar de muita transferência e pouca tele.

Nós usamos o duplo para resolver as cenas, sobretudo o duplo corporal, usado para chegar perto e decidir, para criar consciência do vínculo e apresentar o sentimento defensivo. Há situações em que a mensagem verbal está suspensa mas a corporal dá evidências de um caminho – como se a relação significado/significante estivesse cortada, restando a saída pelo corpo tomado como metonímia (o corpo como parte) ou metáfora (o corpo como semelhança). Por meio do duplo buscamos refazer o percurso do sentido. O corpo torna-se significante e o duplo a consciência do significado. Esta é a especialidade do Maestro: fazer duplos. Ele não pode ver um gesto sem palavra, um pequeno sinal do corpo sem comunicação definida sem "amplificá-lo", dar a ele um código que possa ser discutido, visto e apreendido pelo protagonista.

Os adolescentes são muito defendidos e heróicos. Eu uso o duplo mais para entender o que está faltando e dirigir, muito mais como um observador do que como contraponto cênico. Se eu me torno o espelho do protagonista a partir do duplo, ele acaba tendo uma reação menos defendida. No espelho o que se quer conectar é o ego observador, criar campo de elaboração. Nós a utilizamos quando desejamos que o protagonista tenha uma visão totalizadora, que veja o bosque e não a árvore. Em momentos de grande angústia, possibilita um distanciamento, uma retomada do contato com o ego-observador, indispensável para a elaboração dramática.

Irany

Respostas ou o duplo e o contato consigo mesmo

Quero ressaltar que os adolescentes, hoje em dia, muitas vezes apresentam quadros clínicos de uso de drogas e estruturas *border line* (quadros clínicos caracterizados por uma imensa fragilidade e instabilidade interna, aproximando-se de um quadro de psicose). Portanto, são momentos de atendimentos muito delicados, tensos, carregados de muita angústia, e o uso do duplo permite ao paciente aumentar progressivamente suas possibilidades de contato consigo mesmo e libertar-se de seus medos e angústias.

Lembro-me de um rapaz de 18 anos que se mostrava simpático mas lembrava alguém fora da realidade, esvaziado de conteúdos, vivendo seus compromissos superficialmente, não se envolvendo, não participando, meio como se não fosse com ele, que não fosse atingi-lo. "Fez prova hoje?" "Sim." "Foi bem? Quanto tirou?" "Nove", e quando vinha a nota era 2,5. Era assim com 90% das suas matérias. Eu pegava algumas partes do que havia acontecido com ele e ia recontando-as a ele, colocando-me no seu lugar; tomava sua postura e falava. Depois de algum tempo ele passou a estabelecer diálogos com o duplo que eu fazia. É filho de pais separados, mora nas duas casas, tendo duas casas e nenhuma. Contava de uma infância e de uma adolescência esvaziada de figuras parentais, pois o pai trabalhava o tempo todo, até tarde da noite, e sua mãe dormia de dia e de noite ficava no computador, jogando paciência.

Irany

Décima quarta carta ou os limites do psicoterapeuta

Até onde eu, terapeuta, agüento? Essa é uma questão pertinente para qualquer psicoterapeuta – especialmente para aqueles que trabalham com adolescentes. São jovens, menores de 18 anos e, portanto, indivíduos em desenvolvimento, em processo de constituição de identidade. Esse tema foi trabalhado em parceria com colegas no congresso de psicodrama de Minas Gerais por meio de um sociodrama tematizado, e o grupo apresentou três situações que descrevo a seguir. A primeira foi com o tema de suicídio, e o terapeuta não conseguiu evitar. A segunda foi a questão do sigilo do terapeuta para com os adolescentes; nela se mostrou a dúvida e a desconfiança que os adolescentes têm do terapeuta quanto àquilo que é colocado nas sessões individuais e que não é para ser contado para os pais de jeito nenhum. A terceira é a falta de confiança no próprio terapeuta de adolescentes, numa linha de provocação e jogo, mostrando a dificuldade de conseguir se abrir durante a sessão.

Herval

Décima quarta carta ou os limites da intervenção psicoterápica

Às vezes fico um pouco pessimista em relação às nossas formas de intervenção. Quando a família colabora, quem sabota é o adolescente; quando o adolescente colabora, quem sabota é a família. Quantos riscos, quanta responsabilidade nós, pais e escola, delegamos ao psicoterapeuta. Nossas várias tentativas frustradas criam um quadro de dependência difícil. Como pais ausentes, queremos projetar a culpa em alguém; como escola, na incompetência! O ator, seus papéis, uma rede imaginária que aos poucos vai se tornando real... Como adolescente peço a intervenção na rede por me sentir abandonado... Como psicoterapeutas precisamos discutir: qual é a nossa capacidade real de intervenção? Até onde não estamos enlouquecendo ao tomar para nós responsabilidades que não são nossas? O psicoterapeuta pode ter uma ação política eficaz diante da solicitação dos envolvidos, ou seja, ele é um mediador da rede real?

O psicoterapeuta vai sendo preparado, ao longo de seus anos de trabalho, para ser uma instituição mediadora em permanente processo de formação. A cultura precisa proteger mais esse papel ligado tão fortemente à compreensão do homem e da vida. Por mais que ele próprio se defenda, está sempre vulnerável aos ataques do grupo nos quais intervém. Há uma política afetiva, uma política da ilusão que devemos, como terapeutas, dominar para ajudar a resolver o mal-estar da própria cultura. Hoje não acredito mais na ação que se limita à clínica. Somos agentes de transformação e nossas ações permanentemente esbarram em conservas, em grades que se traduzem em doenças difíceis de sanar se não houver esforço conjunto de mudança. A clínica se interessa pelos problemas de cognição e afetividade porque há muito a reformar e a transformar em nossas instituições; mas o papel da psicoterapia é o de fornecer fatos que o pedagogo, o psicólogo, a escola e a família possam utilizar, e não o de se colocar em seu lugar para lhes dar conselhos. Cabe a cada um ver como utilizar o que se lhe oferece. A clínica está a serviço da compreensão da vida e do homem, ela sabe que a sobrevivência – como ensina Moreno – depende de criadores (mesmo que não existam muitos), de inovadores, de não-conformistas...

Irany

Respostas ou apenas de passagem

Quando é possível discutir os limites do psicoterapeuta e da terapia, penso que chegamos a um lugar precioso e único, pois, voltando ao começo deste texto, invoco o lado humano do terapeuta, realçando que ele seguramente terá muitos sucessos e êxitos profissionais e pessoais, mas também viverá algumas situações de fracasso e de êxito parcial. Também precisamos nos preparar para essas situações. Não negá-las já é meio caminho andado. Mas trabalhar e conviver diariamente com jovens é um grande privilégio, pois eles nos convocam a ter uma energia de jovem, a viver nesse universo tão próprio e particular, tão emocionante e, finalmente, a ajudá-los a entrar no mundo dos adultos da forma mais saudável possível.

Irany

Caso clínico

O caso que vou apresentar é o de um jovem que tem por volta de 16 anos. Vou chamá-lo de José. José é a mistura de várias situações vividas por outros jovens que atendi. Aproveito para mostrar que algumas dinâmicas se repetem em várias pessoas.

José é um adolescente do sexo masculino, reside com os pais e tem um irmão mais velho, sendo, portanto, o segundo filho. Estuda, cursa o segundo ano do ensino médio em uma escola conceituada como boa na cidade de São Paulo, capital. Quando veio para a primeira consulta, estava acompanhado pela mãe.

O PSICODRAMA - APLICAÇÕES DA TÉCNICA PSICODRAMÁTICA 335

Convidei-o a subir sozinho para a primeira consulta, ele aceitou e, após se sentar, começamos a entrevista. Sua queixa inicial foi que tinha dificuldades de aprendizagem, não estava indo muito bem na escola, e também enfrentava problemas de disciplina, tendo sido posto para fora em algumas aulas, por conversar muito e desrespeitar os professores.

Informou-me que foi um bom aluno no primário, mas vem apresentando queda progressiva no rendimento escolar desde aquela época. No momento do relato comentou "que a coisa na escola estava pegando forte". Estava pensando inclusive em mudar de escola para uma mais fraca, menos exigente.

Devo comentar que o que estou escrevendo é uma síntese organizada da conversa, pois ele se mantinha numa posição de negação, indiferença, e mostrava certa hostilidade.

Tentei mostrar-me receptivo e simpático, não desisti de fazer as perguntas; porém, a sensação era a de que, se eu pudesse ficar quieto e desistir dele, seria muito bom. Mudei o foco e passei a perguntar o que fez no fim de semana, ao que ele respondeu que saiu com os amigos. Perguntei-lhe em seguida se tinha namorada, disse-me que não questiono se é BV (boca virgem), disse que não, que já tinha beijado. Que, portanto, já tinha ficado. Não tinha transado e já fazia tempo que não ficava.

Perguntei se tinha interesse por algum esporte, se torcia por algum time. Sim, era corintiano, mas não ia aos estádios.

Após essas questões iniciais, começou a se mostrar mais à vontade, mais solto e menos hostil. Passei a perguntar se gostava de música, respondeu-me que sim, de *rap* (brasileiro e americano). Perguntei se já havia feito grafite, disse que já pichara, mas não "curtia" mais. Contou-me que gosta quando vai para a casa de praia dos pais, pois lá o pai topa que ele já aprenda a dirigir – e diz que dirige muito bem por sinal –, mas na cidade o pai não permite que dirija.

Que na praia teve um quadriciclo, e adorava fazer manobras radicais na própria praia ou explorar pequenos morros em volta da praia, que adorava testar o limite de velocidade. No passado chegara a ter moto, mas naquele momento não mais.

Questionei-o sobre o pai. Disse seu nome mas não sabia ao certo a idade, pois não prestara atenção, mas acreditava que os pais tivessem mais ou menos a mesma idade – e acima dos 45 anos. O pai é executivo de uma multinacional e passa a maior parte do tempo viajando, fora do Brasil. A mãe fez faculdade, mas não exerce a profissão. Ajudou o pai na realização de eventos que ele promoveu em São Paulo e já fez trabalhos voluntários em ONGs, mas tinha se tornado mais caseira. Perguntei com quem se dava melhor, disse-me que com sua mãe, porque estava mais próxima, mas que não se abria muito, tampouco com ela.

Percebi que quando José falou que dirigia, corria na praia, ele se acendeu, acordou e tornou o vínculo menos tenso, podendo até ocorrer certa aproximação. Contou-me que já andara de *skate*, quando tinha um pouco menos de idade, e parou porque seus pais reclamavam muito da turma da rua com a qual andava. Acrescentou que nessa turma "tinha de tudo, tinha até meninos de rua, da favela, pois andar de *skate* é na rua, e na rua se encontra todo o mundo".

Perguntei-lhe sobre uso de drogas, e naquele momento fiz uso de questões que desenvolvi na minha prática clínica com adolescentes: "Você já fumou um beque?" (de baseado, de maconha). Ele respondeu que já tinha usado. Fumava sempre? Às vezes. Já comprara? Sim, mas mais nas férias. E *skunk* e *charas*, já provara? Sim, mas era muito mais caro. E doce (LSD)? Ele disse que sim. E álcool? Não, muito raramente tomava cerveja. Cigarro comum nunca, no máximo aquele de cravo.

Rouba? Não. Já fora pego pela polícia? Já, na rua, davam batida, mas era por causa do *skate*. Quebra coisas? Não mais, mais na época do *skate*.

Com qual turma saía no fim de semana? Com a da maconha. Fumar maconha era o principal programa no fim de semana. E as minas? Ah, estão lá.

Contratei com ele mais duas ou três sessões-entrevista e depois avaliaríamos o que faríamos.

Subiu a mãe e ficamos a três na sessão. Ela contou-me que o pai não tinha ido porque estava viajando. "Estou preocupada com meu filho, que não está indo bem na escola, está se perdendo, mostrou-se desmotivado, não fazendo lição de casa, não estudando mais. Era aluno brilhante, e estou desconfiada que você está fumando maconha, e me preocupam os amigos que ele tem, são pessoas estranhas, esquisitas. No condomínio ele escolhe sempre os garotos-problema, os desandados; já ouvi dizer que na praia chegaram a entrar em casa de outras pessoas, à noite, para quebrar e destruir" – foi, em resumo, o depoimento da mãe.

Elementos da psicodinâmica

Logo de cara o que me chamou a atenção foi eles não mencionarem o irmão, como se ele não existisse, como se tivesse morrido. José é o segundo filho, que recebeu menos atenção, menos investimento afetivo, e tem um pai que fica muito ausente de casa, só tem tempo para trabalhar, e do jeito que a mãe falava era como se o marido estivesse mais para namorado.

Esse jovem, o José, é colocado no lugar do menos valorizado, do que foi abandonado, e sem intimidade. Quanta raiva não estaria presente nos movimentos que ele realizava. Ele recebeu muitos bens materiais, e tinha uma liberdade que poucos amigos da idade dele teriam. Alimentou-se do conceito de velocidade, que lhe dava prazer, mas também correu tantas vezes e nada de mais aconteceu que passou a se ver como se fosse imortal.

Fez inicialmente sessões individuais e depois o coloquei em terapia de grupo. Nas sessões individuais comecei buscando fortalecer o vínculo entre nós, e usava nesse início de trabalho mais assinalamentos e algumas palavras-guia-chave, como "Como foi sua semana?" Ele me narrava, e se havia algum fato mais desagradável afirmava: "Que droga", começando a separar as drogas daquilo que conceitualmente significava a palavra droga:

uma situação ruim, péssima, frustrante. Um segundo ponto era só falar de maconha e outras drogas que pudesse usar se ele solicitasse; do contrário, eu não tocava no assunto, pois as resistências e possíveis argumentações a favor ele já tinha.

Um terceiro ponto nesse início de trabalho foi rever o que fazia nos fins de semana, e especialmente o que não fazia; era colocar as meninas no seu final de semana, possibilitar o deslocamento da zona de prazer da boca para o órgão genital, e aí fazer o que todos o jovens no mundo todo realizam aos sábados, que é ir atrás de meninas e ficar com elas (eu até brinco que sábado era o dia internacional do ficar, pois em todas as capitais do mundo isso acontece).

Um quarto ponto é ir percebendo seu autodescuido, quando usa as drogas sem verificar se se coloca em posições de exposição e de perigo, quando narra o que aconteceu com seus amigos traficantes presos e mortos.

Um quinto ponto mais à frente no processo psicoterápico seria o de arrumar uma namorada careta para ajudá-lo a se distanciar progressivamente das drogas.

Um sexto ponto era fazer intervenções muito na linha do "para quê?", estimulando o processo de fazer reflexões, pois estava bloqueado.

E, à medida que o nosso vínculo ia se tornando mais forte, eu fazia assinalamentos, usava a técnica do duplo, fazia espelho e solilóquios para ir aprofundando o seu autoconhecimento.

Era possível produzir dramatizações, pois pela sua idade já conseguia tomar papel, inverter, fazer solilóquios, espelho com resolução e *sharing*. Pouco a pouco foi surgindo a possibilidade de rematrizar.

Referências bibliográficas

BUSTOS, Dalmiro. *O teste sociométrico*. São Paulo: Ágora, 1979.

_____. *Psicoterapia psicodramática*. Buenos Aires: Paidós, 1975.

O PSICODRAMA - APLICAÇÕES DA TÉCNICA PSICODRAMÁTICA **339**

_____. *Actualizaciones en psicodrama*. Buenos Aires: Momento, 1997.

FREIRE, Paulo. *Pedagogia da autonomia*. Rio de Janeiro: Paz e Terra, 2004.

GONÇALVES, C. S.; WOLFF, J. R.; ALMEIDA, W. C. *Lições de psicodrama* São Paulo: Ágora, 1988.

MORENO, J. L. *Fundamentos do psicodrama*. São Paulo: Summus, 1983.

_____. *Psicoterapia de grupo e psicodrama*. São Paulo: Mestre Jou, 1974.

_____. *Quem sobreviverá? Fundamentos da sociometria, psicoterapia de grupos e sociodrama*. Goiânia: Dimensão, 1992.

MORENO, Zerka T.; BLOMKVIST, D.; RUTZEL, Thomas. *A realidade suplementar e a arte de curar*. São Paulo: Ágora, 2001.

SCHUTZENBERGER, Anne Ancelin. *Meus antepassados*. São Paulo: Paulus, 1997.

10

Psicodrama com adolescentes: reflexão sobre a prática clínica

MARIANA BERTUSSI

A especialidade Psicologia da Adolescência surgiu no período pós-guerra, entre os anos de 1950 e 1960, nos Estados Unidos. A despeito de uma existência de quase meio século, a literatura especializada nesse tema é ainda escassa, inclusive no que tange à abordagem psicodramática. Diante disso, faz-se necessária a reflexão sobre psicodrama com adolescentes, a fim de entender em profundidade a psicodinâmica da adolescência e, com isso, enriquecer essa temática tão atual.

Trabalhar com adolescentes, seres humanos em processo de profundas transformações, não é tarefa fácil. Além de exigir um alto grau de responsabilidade – que inclui ansiedade e uma autoconsciência questionadora, as quais servirão de guia para questões internas e a aprendizagem no papel –, é indispensável buscar o entendimento dos fundamentos teóricos para aplicá-los na prática terapêutica. Mas como diz Bustos: "É duro o caminho de integrar a teoria com a prática. Fazer o que se diz é tarefa complexa".

Esse tem sido, há anos, o desafio de meu trabalho com adolescentes. Observo que minha postura vem se modificando conforme a necessidade de atender e entender o jovem nessa faixa etária. Procuro, em minhas observações na clínica, compreender os aspectos psicodinâmicos por meio da relação do psicodrama/narcisismo, cujos conceitos conduzem-me ao entendimento da construção da subjetividade do adolescente, partindo da intersubjetividade ligada ao vínculo com os pais e com o mundo. Reporto-me, aqui, a Carlos Calvente, que em seu livro *O personagem na psicoterapia*, no Capítulo V, "Psicodrama-Narcisismo-Criatividade", aproxima o conceito de narcisismo da teoria psicodramática, na concepção evolutiva de Moreno de Matriz de Identidade.

O autor afirma que o narcisismo aparece como origem da subjetividade. Na construção do nosso ser, que sustenta nossa subjetividade, o narcisismo é parte de uma resposta à nossa desorientação na busca do amor. Sua reflexão estende-se a fim de explicar a construção do SER do sujeito, dentro da Matriz de Identidade Total, na qual se busca um modelo que se apresenta como o ideal que completa a pessoa e a faz SER. Moreno nos ensina que o ser humano não existe a menos que seja compreendido em sua inter-relação. É concebido tão somente por existir um vínculo que lhe dá uma matriz. Nada pode ser concebido a não ser dentro de um vínculo. Vínculo este que forma parte de uma rede sociométrica que dá origem ao átomo social, que será a matriz vincular do bebê. Essa matriz encontra-se impregnada pelos valores da sociedade que a circunda. Um olhar mais atento sobre o conceito de narcisismo mostra-nos que ele está embutido na teoria vincular de Moreno no que se refere ao primeiro universo no qual o bebê se sente como parte indivisível do mundo que o circunda. Nesse estágio da vida, é necessário construir uma identidade que é constituída com base em modelos que o fazem SER e basicamente produzida a partir do seu desejo. Assim, o mundo que se constrói dentro da Matriz de Identidade Total é imagem e semelhança de nossas necessidades.

Bustos desenvolve a Teoria de *Clusters*, que nos leva a refletir que a cada período o bebê vai incorporando experiências que tendem a influir de maneira expressiva em seu futuro desenvolvimento. Logo após o nascimento, a dinâmica da criança é essencialmente passiva-incorporativa: ela aprende a depender, a assumir sua essencial fragilidade; aprende a receber, e as primeiras experiências condicionam o nível de angústia ao prazer ligado ao ato incorporativo. Nessa dinâmica, o básico complementar é a relação com a mãe, de quem a criança receberá o alimento, o amor. O passo seguinte é aquele no qual a figura referencial é o pai, e o seu objetivo é a aprendizagem da autonomia. Caracteriza-se, portanto, pelo movimento de afirmação de aprender o juízo crítico, o limite.

Compreende-se que, no melhor dos casos, isso acontece quando pode ser confirmado pelo auxiliar da criança, que precisa acompanhar, a cada etapa de vida, como ela vai passando da relação de SER – essencial da dinâmica de "*cluster* 1" – para a relação de TER, que confirma o aprendizado, estabelecido na dinâmica de "*cluster* 2". Dessa maneira, essa identidade que nos faz SER, que alimenta nossa subjetividade, antes de começar com as identificações, ocupa um longo período de nossa vida.

Como diz Moreno, leva um bom tempo até que o sujeito possa inverter papéis com seu auxiliar. Esse longo período é o do narcisismo, quando o mundo é o que imaginamos e nós somos o ideal. Para Moreno, a Matriz de Identidade dissolve-se gradualmente à medida que a criança torna-se mais autônoma, ou seja, desenvolve certo grau de iniciativa em uma função, depois em outra, tais como a alimentação e a eliminação.

Acrescento que, mais tarde, durante o período de florescimento da adolescência, é que se acumula no mundo interno do sujeito tudo que há de bom e de ruim na relação com seu auxiliar. É preciso que o equilíbrio da relação seja respeitado: a interação que permite a aprendizagem, mas também a solidão que permite estruturar progressivamente a subjetividade. Essa longa fase de aprendizagem, de descoberta dos outros e do mundo exterior, é acompanhada por uma fase de descoberta do corpo e de tomada de consciência de si, que se caracteriza pela atividade narcísica. Trata-se de uma experiência pessoal que permite estruturar-se, aceitar seu corpo, servir-se dele. Dessa maneira, a matriz familiar participa ativamente da construção do narcisismo. Moreno ainda menciona: "A matriz de identidade é a placenta social da criança, o *locus* no qual se estabelece e que lhe dá segurança e guia". O jovem adolescente que se desenvolve numa matriz saudável vai naturalmente estruturar sua subjetividade e valorizar o aspecto criativo. Assim, o narcisismo é a representação do ego, a premência do papel subjetivo, que na infância é ajeitado com a construção do pensamento abstrato e começa a ter a consciência da subjetividade por meio da reflexão de si mesmo: "Existe um mundo dentro de mim". À medida que o sujeito evolui no processo de maturação, pode distanciar-se e assim atender às suas necessidades, deixando de SER o ideal para passar a TER ideal, e a subjetividade pode ser confirmada.

Por sua vez, a subjetividade alimenta-se da identidade e da experiência do universo unificado, que se faz ser sujeito ideal para, num permanente processo de criação, passar a ter ideais com os quais tentará voltar a fundir-se. Em cada etapa, "*cluster* 1" e "*cluster* 2", os pais têm de acompanhar a criança que vai passando da relação de SER para a relação de TER, com o objetivo de prepará-la rumo à construção da subjetividade que vai somente concluir-se com o final da etapa da adolescência, quando o sujeito terá condições plenas para a inversão de papéis. É a troca de papéis que lhe permitirá acessar uma subjetividade mais compreensiva – dinâmica de "*cluster* 3".

Quando, porém, não é desenvolvida uma matriz saudável, que dá sustentação para que o jovem adolescente construa sua subjetividade, o processo é vivido como um ataque ao SER e, para sustentar-se, precisa criar papéis imaginários. A permanência nesse lugar de SER o ideal e a incapacidade de passar para TER o ideal (criar papéis psicodramáticos) paralisa a construção saudável do narcisismo e pode levar o jovem a um caminho distante daquele a que gostaria de chegar.

Cabe, neste momento, ilustrar minhas afirmações com a história de Joana (nome fictício), que, com a orientação dos pais, buscou atendimento psicoterápico. A menina, como tantos outros adolescentes, apresentava conflitos comuns, marcados por essa etapa da vida em que as transformações são muito rápidas: o corpo, a sexualidade, o amor, os desafios intelectuais, a escolha da profissão.

Joana

> [...] Meu corpo ordena que eu saia
> em busca do que não quero,
> e me nega, ao se afirmar
> como senhor do meu EU
> convertido em cão servil.
>
> Carlos Drummond de Andrade

No dia em que Joana entrou em meu consultório, no momento em que a vi, sem nenhuma vaidade, vestida de preto, com uma camiseta larga, pele muito branca, olhos pintados de um preto muito carregado e cabelos amarrados em um rabo-de-cavalo, entendi que um segredo, que causava muito sofrimento, estava por debaixo daquela aparência desleixada. Vinha há dois anos sofrendo o efeito "gangorra": ora muito magra, com sintomas de anorexia/bulimia, ora obesa, demonstrando descuido – um verdadeiro abandono. Cursava o segundo ano do ensino médio quando abandonou os estudos. Não conseguia manter relacionamentos interpessoais e tinha o corpo como o responsável por esse isolamento. Era evidente a relação ambígua que estabelecia com a mãe. Tinha uma relação mais afetiva com o pai. Mostrava extrema dependência no cuidado de sua higiene pessoal, mediante o controle da mãe. Expressava uma raiva incomum, causada por tal dependência. A forma que encontrava para agredir a mãe era comer excessivamente ou deixar de comer. Além disso, apresentava alguns rituais obsessivos, comuns nesse tipo de quadro.

Apesar de tudo, não foi difícil construir o vínculo terapêutico, e logo pude saber o que lhe causava tanto sofrimento, o qual a levou à doença, sepultando seu corpo.

O corpo é muito importante na adolescência. Profundas modificações ocorrem nesse período; deixa-se de ter o corpo de criança para adquirir um de adulto, muito rapidamente. O mito de Narciso apresenta o conflito de forma bastante exagerada. Sabemos que é normal ter amor próprio, admirar-se, cultivar o corpo, olhar-se no espelho; entretanto, fixar-se apenas em si prejudica todas as outras relações. Isso restringe a vida psíquica, o que é uma forma de morte. Foi o que aconteceu com Joana. Incapacitada de cuidar do próprio corpo, isolou-se, e não conseguia estabelecer nenhuma relação significativa com outros adolescentes. Logo, porém, demonstrou disposição de abrir-se na terapia. Começamos a organizar a trajetória de seus dois anos de angústia e de isolamento. Descobrimos que a maneira mais fácil de trabalhar seus conflitos era de forma gráfica. Nós combinávamos tarefas de casa e ela animadamente fazia produções gráficas, as quais trazia para a sessão seguinte. Ao mostrar suas tarefas, ia falando a respeito da vida. O que apareceu de forma mais marcante foi sua primeira experiência sexual (tinha apenas 14 anos), com um rapaz de 22. Foi na própria casa, na ausência dos pais. Como estes retornaram mais cedo do que o combinado, os jovens foram pegos de surpresa. Esse fato a encheu de vergonha, tanto em relação aos pais como em relação ao namorado. Passaram-se dois anos do acontecido e, a não ser no momento do incidente, ocasião em que o pai ordenou que ela rompesse com o namorado, nunca mais haviam falado sobre o assunto. Em outra reprodução gráfica, Joana cobriu seu rosto com flores do campo secas. Era assim que sentia a vida pelos órgãos do sentido: seca e sem prazer. Na terapia, abrimos espaços para trabalhar intensamente esse acontecimento. Levamos um ano para conseguir remover as flores secas do rosto e exibir suas cicatrizes. Joana podia olhar o mundo, sentir o cheiro, o sabor, o som, ainda que marcada com os traços fortes dessas cicatrizes que cortavam todo o seu rosto. Mesmo sustentando esses sulcos, podia reiniciar a vida. Não estava mais arrependida e já não se envergonhava do ocorrido. Sinais de melhora começavam a se evidenciar. Já estava com o corpo mais cuidado e vestia *jeans* com camisetas cujos tons variavam de cinza a branco. Usava alguns adornos, como brincos, colares e anéis. Os olhos já não eram tão carregados de preto. Esboçava constantemente um sorriso bonito, com ares de inocência, exibindo os dentes brancos e bem tratados. Já tomava banho com freqüência. Os rituais obsessivos diminuíram sensivelmente. Com alívio e alegria, ela se preparava para voltar ao colégio e fazia projetos para ingressar na faculdade de psicologia.

Começaram nesse período as brigas constantes com os pais, sobretudo com a mãe, que me via como uma rival, pois sua filha estava muito ligada a mim e ao processo terapêutico. Em represália, Joana recomeçou o processo de anorexia e rapidamente perdeu peso.

Tentei algumas entrevistas vinculares para trabalhar esse momento da terapia, mas sabia que era inevitável o confronto com a mãe.

Sempre me indignei com os poderes abusivos que alguns pais tendem a exercer sobre seus filhos ainda indefesos e dependentes do ponto de vista emocional/financeiro. Nessas circunstâncias, tento abrir momentos delicados ao diálogo, pois os filhos ainda necessitam de orientação e de modelo. Nesse caso específico, todas as tentativas foram frustradas. A mãe, muito irritada, não conseguia ver melhoras na filha, e o pai, para não entrar em conflito com a esposa, optou por ficar ausente. Meses depois, romperam bruscamente com o processo terapêutico e levaram Joana para tratamento psiquiátrico, no qual ela recebeu o diagnóstico de paciente esquizofrênica.

Joana foi embora e eu fiquei questionando minha eficácia como terapeuta de adolescentes. Senti-me solitária e impotente. Muitas dúvidas, medos, confirmações e reflexões povoaram o meu pensamento. No vazio do vínculo com Joana, a tristeza e a dor. Senti-me como uma mãe quando sua filha é arrancada violentamente do seu colo. Meu questionamento primordial foi: até que ponto, nessa situação, prevaleceu a interferência da minha subjetividade? Até que ponto as minhas transferências influíram nesse desligamento, já que me sentia tão cúmplice e próxima dos sonhos, das ambições, dos projetos que Joana arquitetava para a sua vida? Nos momentos dos sonhos ela era livre e saudável, o que a tornava mais criativa e decidida.

Mesmo sabendo que o lugar do terapeuta de adolescentes é terceirizado pelos pais, fiquei inconformada com a atitude tomada por eles. Sofri muito, mas aprendi também, o que contribuiu para reforçar o lugar que ocupo como profissional. Hoje, com uma distância maior e tendo as questões mais elaboradas, dou-me conta de quanto é difícil e delicada a formação de vínculos no atendimento de adolescentes. Durante todo o tempo do processo, temos de estar ligados às dificuldades da terapia e levar sempre em consideração que os pais realmente controlam o tratamento por ocuparem o lugar de tutores do afetivo, do emocional e do financeiro. Essa história reforça em mim como é importante, como terapeuta de adolescentes – sem perder o vínculo com o paciente –, atender também às necessidades e às reivindicações dos pais, que também estão sofrendo processo de narcisação. É comum competirem com os próprios filhos ou com o terapeuta que os está atendendo. Se não estivermos atentos a todas essas intersubjetividades, a contratransferência é inevitável.

A história de Joana evidencia conflitos comuns, como os de tantos outros adolescentes. Marcada pelas profundas modificações dessa etapa de vida e carente de orientação por parte dos pais, muito cedo ela tem a primeira experiência sexual, sem antes completar a estruturação da subjetividade. Sem saber o que quer para si e sem condições de sustentar seu ato, fixa-se apenas em si. Mata todas as outras relações, desprovidas das condições de segurança necessárias para o estabelecimento da auto-estima e da constituição de vínculos saudáveis. As feridas decorrentes dificultam o fluxo da espontaneidade, necessária para dar respostas adequadas a esses estímulos. Conseqüentemente emerge a angústia, que, com seu caráter desintegrador, leva Joana ao culto exagerado do corpo como forma de defesa. Essa etapa natural do desenvolvimento de Joana, perturbada pela falta de compreensão e de valorização dos pais, é inibida, e ela não consegue TER seus ideais e, por meio da capacidade de aprender a reconhecê-los, nomeá-los e administrá-los. Ela procura rematrizar-se na terapia. No estabelecimento de um vínculo psicoterápico, no qual a ternura é a pré-condição, Joana começa a readquirir a capacidade de estabelecer vínculos íntimos. No momento em que passa a libertar sua espontaneidade, é novamente apunhalada pelos pais, que transferem à filha suas dificuldades vinculares. Como não há um acordo entre parceiros (pais–filha e terapeuta) para o projeto dramático que estão vivendo ou se propondo a viver, interrompe-se a reestruturação do narcisismo e restringe-se a vida psíquica de Joana a um diagnóstico de esquizofrenia.

Tive notícias de Joana após um ano do encerramento do nosso trabalho. Estava em terapia de orientação neurolingüística para tratamento de transtorno obsessivo-compulsivo (TOC), usando medicamentos psiquiátricos.

Essa história de adolescente é mais uma entre tantas que aparecem em nossos consultórios. Ao reportá-la, procurei integrar a prática à teoria, com a finalidade de contribuir, de alguma forma, para a compreensão da psicodinâmica do adolescente da atualidade.

Conclusão

Ressaltar os aspectos subjetivos e humanísticos que envolvem o vínculo terapeuta/paciente adolescente foi o principal objetivo deste artigo. O relato de um caso comum na clínica dos dias atuais nos faz refletir sobre as dificuldades dos jovens adolescentes no seu processo de transformação e enfrentamento dos desafios. Tendo sempre presentes os fundamentos teóricos e valorizando a inter-relação, o diálogo, podemos avançar com segurança na construção do vínculo que servirá de guia para ajudar o jovem a ser livre e criativo para percorrer seu caminho.

Referências bibliográficas

BERTUSSI, Mariana. *Adolescência: reflexão da prática com psicodrama*. Trabalho apresentado à Sociedade Paulista de Psicodrama como requisito para obtenção do título de Psicodramatista Didata – Foco Psicoterápico, 2003.

_____. *Nos bastidores do atendimento de adolescentes*. Trabalho apresentado à Sociedade Paulista de Psicodrama para título de Professor Supervisor Didata – Foco Psicoterápico, 2004

BUSTOS, Dalmiro. *Perigo... Amor à vista!* Edição ampliada. São Paulo: Aleph, 2001.

CALVENTE, Carlos. *O personagem na psicoterapia*. São Paulo: Ágora, 2002.

11

Psicodrama com casais: a formação do par amoroso e a terapia de casal

MARIA REGINA CASTANHO FRANÇA E VANDA DI IORIO BENEDITO

O amor é a intenção de coexistir.
Humberto Maturana

O casamento é um conceito intrigante. Já foi declarado morto e enterrado e, no entanto, continua cada vez mais vivo, com os jovens fazendo questão de celebrar sua união com toda pompa e formalidade, da forma mais tradicional possível, para arrepio – ou gáudio – de alguns pais da geração pós-*hippies*.

Vivemos numa sociedade em que o ideal do casamento monogâmico e eterno ainda perdura, embora a idéia contida no "até que a morte nos separe" pareça assustadora e cada vez mais impossível de ser concretizada.

Os parceiros que se casam jovens e apaixonados em geral acreditam no caráter único e especial de seu laço amoroso, e confiam que vão se entender e amar cada vez mais, apesar dos índices alarmantes de divórcio, sempre presentes na mídia. No entanto, à medida que ficam mais velhos e, em tese, mais "sábios", percebem quão difícil é manter uma relação amorosa satisfatória por um período de tempo mais prolongado. Cada um dos membros do casal evolui, amadurece – às vezes em direções opostas – e se torna quase uma missão impossível manter acesa a chama do afeto, do interesse sexual e da cumplicidade por muitos e muitos anos.

Apesar das enormes transformações pelas quais o casamento contemporâneo tem passado, o vínculo amoroso ainda contém diferentes componentes, tais como o amor romântico, o sexo, a amizade, os cuidados recíprocos ("na alegria e na tristeza...") e os projetos de longo prazo que um casal faz para o futuro em comum. Tudo isso torna essa relação tão complexa que muitas vezes nos questionamos se o casamento ainda comporta tantas demandas.

Por que alguns casais se unem e conseguem ultrapassar as fases mais difíceis do relacionamento, sobreviver às crises que naturalmente virão com o decorrer dos ciclos da vida? Por que alguns continuam se entendendo e se amando ao longo dos anos, aprofundando o relacionamento e a cumplicidade, sem perder a identidade individual?

O que determina que um vínculo conjugal siga evoluindo e propiciando crescimento para ambos os parceiros, ou que o relacionamento sucumba às adversidades, algumas vezes em curtíssimo prazo?

Há aproximadamente vinte anos assistimos a um curso dado por Betty Karrer, terapeuta familiar americana, no qual ela afirmava que, se perguntássemos a um casal o que mais os atraiu no início do relacionamento, e em seguida perguntássemos o que mais incomoda cada um atualmente, a resposta às duas questões seria a mesma: ou seja, os aspectos que atraem, que fazem que um se aproxime e se apaixone pelo outro, muito provavelmente serão fonte de desavenças e insatisfação no futuro daquele par. Ao longo desses 25 anos atendendo casais, pudemos comprovar inúmeras vezes esse princípio.

Como isso se dá? Por que os critérios que orientam a escolha do parceiro são tão importantes na construção da história da relação amorosa?

J. L. Moreno, criador do psicodrama e do sociodrama, um pioneiro no trabalho com casais e famílias (França, 2002), propõe em seus estudos sobre a sociometria que a escolha de alguém tem sempre por trás um critério definido. Quais seriam os critérios para a escolha de um parceiro amoroso?

Muitos autores já escreveram sobre esse tema. No presente trabalho ele será discutido do ponto de vista da Teoria dos *Clusters*, cujos fundamentos nos dão elementos para tratarmos tanto de questões ligadas à formação da identidade do indivíduo quanto de questões ligadas à conjugalidade.

Moreno, muito apropriadamente, cunhou o termo Matriz de Identidade para se referir à família, universo existencial responsável pela formação da identidade do bebê humano.

Virginia Satir (1976), pioneira terapeuta familiar americana, enfatiza essa idéia, referindo-se à família como uma "fábrica de gente"[1], ou o *locus* onde são "fabricados" os seres humanos (*People making* é o título de um de seus livros).

Outro precursor da terapia familiar, Murray Bowen (1978), iniciou seus estudos sobre a família impressionado com a fusão ou o grau de reatividade emocional existente entre seus membros. Seu foco de interesse era a conexão existente entre a fusão familiar e a diferenciação do *self*[2] individual. Para ele, a diferenciação de *self* é um fenômeno interno, ligado à capacidade da família de tolerar as diferenças individuais de seus membros, ou conseguido como um processo de libertação emocional do indivíduo em relação ao caos emocional de sua família de origem.

---

1. "Família como fábrica de gente" é um termo muito utilizado por Gilda Montoro em vários de seus trabalhos.

2. A diferenciação do *self* é um dos marcos centrais na teoria de Bowen, sendo ao mesmo tempo um conceito intrapsíquico e interpessoal. A diferenciação intrapsíquica é a capacidade de separar o sentimento do pensamento; a pessoa diferenciada é capaz de emoções fortes e de um comportamento espontâneo, mas também é capaz de contenção e objetividade, de resistir à pressão dos impulsos emocionais, ou seja, equilibra sentimento e pensamento. A ausência dessa diferenciação, segundo Bowen, a incapacidade de se comportar racionalmente diante das pressões emocionais, ocorre com a ausência de diferenciação entre si mesmo e os outros, que é o aspecto interpessoal desse conceito.

Família e *casal* são conceitos intrinsecamente ligados. A família se inicia pela formação de um casal, que, por sua vez, se constitui na estrutura e no eixo de funcionamento do futuro núcleo familiar. A terapia do casal, especialmente quando este se encontra nos primórdios do relacionamento, sem dúvida pode ser encarada como um trabalho profilático para essa futura família, uma maneira de prevenir a fusão entre o casal e os próprios filhos. No sentido inverso, também o casal está intrinsecamente conectado à idéia de família, pois cada um de seus membros está inexoravelmente ligado à sua família de origem, matriz de sua identidade.

Moreno nos fala da evolução do universo infantil, descrevendo etapas de desenvolvimento que a criança atravessa: de um primeiro momento de completa fusão com o mundo que a cerca (1º Universo), passa a decompor esse mundo entre realidade e fantasia, entre objetos reais e imaginários ou desejados (2º Universo). Nesse processo, se a família, como matriz de identidade positiva, "proporciona ao bebê humano segurança, orientação e guia" (Moreno, 1975, p. 114), a criança pode percorrer cada estágio do seu desenvolvimento, elaborando os desafios necessários à sua evolução.

Calvente corrobora essa idéia, afirmando: "É nessa magnífica proposta, que chama matriz de identidade, que Moreno está mais próximo dos conteúdos do psiquismo, conseguindo a síntese entre o intra e o interpsíquico, pela co-ação, co-existência e co-experiência" (Calvente, 2002, p. 50).

A transmissão da herança cultural, de tradições, mitos e legados familiares se faz por meio de papéis[3] que são oferecidos à criança. Desde os primeiros meses de vida um bebê já é intensamente moldado pelos parâmetros familiares, que mais tarde perceberá como sendo os códigos de vida da família, da sociedade, da cultura. Esses códigos favorecem e modelam o desenvolvimento dos papéis sociais.

---

3. Papel, para Moreno, é um conceito inter-relacional, funcionando sempre com um papel complementar. A concretização dessa inter-relação é chamada de vínculo.

A identidade, portanto, inicia sua estruturação a partir do desempenho desses papéis, com a internalização das normas e do clima emocional que envolve a criança, na sua interação com o outro (mãe e pai); este, por sua vez, desempenha um papel complementar primário.

Teoria dos Clusters e conjugalidade

Partindo da teoria das relações interpessoais de J. L. Moreno, Dalmiro Bustos (2001) desenvolveu a Teoria dos *Clusters*[4], objetivando uma forma de compreensão da dinâmica do ser humano. Para Moreno, a matriz de identidade é a base do aprendizado emocional da criança, na qual ela desempenha seus papéis; estes não são exercidos isoladamente, mas se agrupam em torno de padrões semelhantes, o que denomina efeito *cluster*. Bustos analisa como os *clusters* se configuram e propagam, procurando explicar a dinâmica interna desses papéis (instância intrapsíquica) com base em sua interação (instância interpsíquica).

Os modelos relacionais vivenciados ao longo da vida são incorporados e integrados em suas amplas dimensões familiares e sociais, envolvendo experiências de natureza materna, paterna e fraterna. Essas mesmas experiências se tornam o alicerce que moldará futuros vínculos, imprimindo a estes características de funcionamento dos vínculos primários, interferindo principalmente nos de natureza mais íntima.

Assim, esses princípios estruturantes estão sempre presentes, agindo e dando colorido à vida conjugal e familiar, tanto de forma criativa e espontânea como de forma conservada ou disfuncional.

---

4.   Moreno criou o conceito de *cluster*, traduzido no Brasil como "cacho de papéis". Dalmiro Bustos ampliou esse conceito na sua Teoria dos *Clusters*, dando a ele um significado mais abrangente do que inicialmente proposto por seu criador. Para uma compreensão mais ampla deste tópico, sugerimos a leitura do capítulo "As marcas da vida: a Teoria dos *Clusters*". In: BUSTOS, Dalmiro. *Perigo... Amor à vista!* São Paulo: Ágora, 2001.

Os primeiros papéis a aparecerem, segundo Moreno, são os papéis psicossomáticos[5], vivenciados no vínculo com a figura materna[6] e ligados às funções fisiológicas de um bebê. Comer, dormir, defecar etc., no primeiro estágio da vida, são vivências integrais, totalizadas e totalizadoras, uma vez que a criança vive em um universo indiferenciado e a qualidade emocional dessa vivência é impressa no indivíduo. As sensações corporais nos dão as primeiras noções do Eu; aqui se iniciam padrões de relacionamento humano e as primeiras hipóteses sobre o funcionamento do mundo.

Roberto viveu seu primeiro ano de vida com a mãe engessada do pescoço aos joelhos, em função de um grave problema de coluna. Não pôde ser amamentado nem cuidado por ela, que às vezes o "pegava no colo", pedindo à empregada que colocasse o bebê em seu peito, por cima do gesso. Que vivências impensáveis deste aconchego duro e frio terá tido?

Sheila nasceu durante a Segunda Guerra Mundial, de uma família judia que fugia da perseguição nazista. Recém-nascida, passou fome, frio, e muitas vezes teve seu choro "sufocado" pela mãe, pelo medo que denunciasse a família. Que horrores existenciais terão sido impressos em seu corpo?

Cluster 1 ou materno

O primeiro vínculo, vivido com a figura materna, é chamado por Bustos de *cluster* materno ou *cluster* 1; sua dinâmica é incorporativa, passiva e dependente (ser alimentado, cuidado, aconchegado...). Ao mesmo tempo que aprende a receber, aceitar e desfrutar de cuidados, a conviver com a dependência e a

---

5. A denominação *papel psicossomático* tem sido questionada por teóricos pós-morenianos há muitos anos, desde que Mehzer (1980) sugeriu o termo "zona corporal em interação".

6. Acreditamos que o papel de mãe, com sua função materna, pode ser desempenhada não apenas pela mãe biológica ou adotiva, mas pela pessoa que desempenha essa função. No dizer de Bustos (2001, p. 114) "chamo 'mãe' ao conjunto de estímulos e pessoas que executam a função nutritiva e 'pai' ao conjunto de estímulos e pessoas que configuram a função de sustento e autonomia".

vulnerabilidade, a criança vivencia e apreende também as ca-racterísticas desse papel complementar primário desempenha-do por sua mãe; capta, essencialmente, a qualidade emocional emprestada ao vínculo. A possibilidade de cuidar do outro, que aparecerá mais tarde, é apreendida basicamente por intermédio da vivência do "ser cuidado", assim como a capacidade de amar se desenvolve a partir do "sentir-se amado". Algumas crianças ainda muito pequenas cuidam de seus irmãos menores carinhosa e apropriadamente, reproduzindo algo vivenciado muito mais do que observado ou aprendido cognitivamente.

Essa relação primária com o bebê não pode ser concebida a partir de um ou outro participante, sendo resultante de uma co-criação. Esta, na vivência do *cluster* materno, coloca a criança numa posição mais passiva e seus cuidadores na posição mais ati-va em relação às demandas próprias desse *cluster*. Mãe e pai, em sua função materna, e o bebê formam um triângulo no qual con-teúdos co-conscientes e co-inconscientes[7] são transmitidos por in-tensas sensações corporais, internas e externas, agradáveis e desa-gradáveis, prazerosas e desprazerosas. É um verdadeiro mergulho no mundo do materno, em que o ponto de referência são as ne-cessidades do bebê, do seu choro, do seu sono, das mamadas. O tempo vivido quando a relação familiar é regida pelo *cluster* 1 não é o tempo cronológico, objetivo, mas o tempo das urgências; dia pode ser noite e noite pode ser dia. Esse nível de disponibilidade para com o bebê revela uma sintonia dos pais com a vivência do materno, construída e desenvolvida com base em suas próprias experiências como bebês, em suas famílias de origem. Essa co-construção familiar não se esgota nunca: está sempre sendo reatualizada em diferentes contextos e em outros vínculos, quando o indivíduo é chamado a cuidar, proteger, acalentar, amar.

O *cluster* materno envolve e propicia ao indivíduo a vivên-cia do prazer. É responsável não apenas pela forma como ele se

---

7. Os conceitos de co-consciente e co-inconsciente, criados por Moreno, definem instâncias em que os estados conscientes e inconscientes de dois ou mais indivíduos estão interligados, só podendo ser reproduzidos ou experimentados pelo conjunto.

vincula afetivamente, mas também por criar as bases da resposta sexual futura, uma vez que o corpo é intensa e continuamente estimulado nessa fase do desenvolvimento. Essa idéia é introduzida por Moreno, ao afirmar: "A dedicação corporal do bebê à mãe é precursora do comportamento ulterior do papel sexual" (Moreno, 1975, p. 28).

Cluster 2 ou paterno

A vivência do *cluster* materno perde sua dominância gradualmente, à medida que novos organizadores emergem. Com o desenvolvimento, a criança passa a perceber a figura paterna não mais como um pano de fundo desse contexto familiar, mas como o grande representante, cada vez mais significativo, de uma nova função dentro do triângulo pai–mãe–bebê. O pai simboliza a autoridade e estimula a criança em direção a uma maior autonomia. Um relacionamento afetivo e seguro com a figura paterna gera um aprendizado positivo de aspectos ativos como coragem, ousadia e independência, assim como respeito à autoridade, à lei e à ordem. Essas são características fundamentais para o desenvolvimento de um adulto maduro e responsável, desenvolvidas a partir do *cluster* paterno ou *cluster* 2.

Os padrões de conduta desenvolvidos no *cluster* paterno são indispensáveis para referenciar todo o começo de socialização da criança, sendo importantes até o início da puberdade; não devem reprimir e sim cultivar as experiências próprias do *cluster* materno, ainda presente, embora cada vez com menor intensidade. O relacionamento humano, dentro da referência do *cluster* paterno, tende a estabelecer delimitação e assimetria entre as pessoas, estruturando o comportamento da criança e futuramente do adulto em relação à autoridade. O *cluster* 2 molda comportamentos ligados a padrões rigidamente polarizados: certo e errado, bom e mau, feio e bonito etc., levando a criança a desenvolver condutas cada vez mais organizadas e adaptadas aos códigos sociais, provendo-a com modelos confiáveis e previsíveis, para operar com mais segurança no mundo à sua volta.

O PSICODRAMA - APLICAÇÕES DA TÉCNICA PSICODRAMÁTICA **359**

A limitação, o dever, a disciplina, o exemplo, a coerência, a coragem, a organização e a justiça estruturante do *cluster* paterno, bem como a vivência cuidadosa e carinhosa experimentada no *cluster* materno, prepararão a criança para o futuro desabrochar do *cluster* 3.

"[...] Ficam assim configuradas duas dinâmicas, que serão as primordiais; uma, matriz de atos passivos, incorporativos, dependentes, e outra geradora da capacidade ativa, penetrante, autônoma. Do bom equilíbrio entre ambas as possibilidades depende a capacidade de amar; não se pode amar sem uma aceitação de dependência madura, nem se pode amar sem auto-afirmação" (Bustos, 1990).

Caso 1: a mulher-avião e o homem-coração

Pedro é caçula de uma família italiana, único homem no meio de quatro irmãs. Perdeu o pai aos cinco anos e foi educado por todas essas mulheres com muito afeto e, talvez, com excesso de mimos e carinhos: faziam suas lições, ajudavam-no nos relacionamentos sociais, enfim, assumiam responsabilidades por ele e realizavam seus mínimos desejos. Pedro conhece Ana na praia, durante umas férias, e se apaixona por sua beleza radiante, sua alegria e vivacidade; é muito inteligente e conhece todos os assuntos... Ela se encanta com aquele rapaz alto e bonito, sempre atencioso e gentil, que demonstra tanto interesse e atração por ela.

O relacionamento se fortalece com Ana descobrindo em Pedro sua enorme capacidade afetiva; é carinhoso e sempre disponível, oferecendo apoio em qualquer necessidade. Sentir-se muito amada e desejada reforça sua auto-estima e alimenta seu desejo por ele. Ela passa também a dedicar-se muito ao relacionamento, estando sempre pronta a ajudá-lo em suas dificuldades, relacionadas aos estudos e ao trabalho.

Ambos sentem que haviam encontrado o par perfeito!

De fato, o potencial afetivo que Ana pressente em Pedro é uma de suas maiores riquezas, pois sua vivência no cluster 1 ou materno foi plenamente satisfatória. Pedro, no entanto, foi muito pouco exigido quanto a aspectos ligados ao cluster 2 ou paterno: recebeu pouco estímulo no sentido da masculinidade mais agressiva e tem dificuldades em papéis que exijam maior autonomia e ousadia. É professor em uma escola de ensino médio, sem grandes desafios, mas sente-se bem com a estabilidade profissional.

Não é difícil deduzir que a história de Ana é o oposto dessa: filha única de um casamento desestruturado, viveu toda sua vida num clima de muita agressividade entre pai e mãe, sendo objeto de disputa entre os dois. Sua mãe usava a filha como moeda de troca para obter mais recursos financeiros de seu pai, que por sua vez explodia em cada um desses episódios. Ana desde cedo aprende a ser independente e a não demonstrar necessidades afetivas ou qualquer vulnerabilidade que pudesse servir de estopim para mais brigas.

Ana e Pedro buscam terapia de casal inicialmente em função de dificuldades sexuais. Ela apresenta baixo nível de desejo sexual, e ele, episódios de disfunção erétil. Ana também se queixa da passividade de seu marido, de sua falta de iniciativa na vida conjugal e profissional. Pedro, por sua vez, reclama que Ana se dedica demais ao trabalho, sendo pouco atenciosa e carinhosa com ele. Além disso, ele se incomoda muito com as explosões dela, que ocorrem sempre que ela está insatisfeita com alguma coisa.

Ele quer "estar" com ela e ela quer "fazer" com ele!

Ao iniciar a terapia de casal, ao se defrontarem com suas queixas, se perguntam, espantados, o que havia acontecido com aquele amor de conto de fadas.

Numa dramatização sobre a escolha do casal, ao fazer uma imagem sobre o início do relacionamento, Ana posiciona os dois um de frente para o outro, de mãos dadas, olhos nos olhos, e enfatiza a importância do olhar de Pedro sobre ela; sente o imenso desejo dele por ela, que é interpretado como uma demonstração do reconhecimento do seu valor, um sinal inequívoco de que finalmente alguém a ama e a aceita na sua essência. A esse olhar amoroso Ana se entrega: "Eu vou amá-lo sempre, cuidar muito de você; vamos crescer muito juntos...".

Ao realizar sua dramatização sobre o início da relação, Pedro utiliza-se da mesma imagem criada por Ana (os dois frente a frente, de mãos dadas), e se mostra muito orgulhoso de sua conquista. Enche o peito e diz: "Ser amado por uma 'mulher-avião' como esta é o máximo! Eu também vou amá-la para sempre, mimá-la muito, satisfazer todos os seus desejos!".

Ana e Pedro encontraram um no outro o complementar ideal: ele, muito bem desenvolvido nas vivências ligadas ao cluster materno, podendo preenchê-la em suas necessidades de afeto e proteção; ela, mais integrada na vivência do paterno, decidida e organizada, podendo ajudá-lo objetivamente em suas questões práticas. No entanto, na vivência da conjugalidade, os mesmos critérios de escolha que os aproximaram passam a ser motivo de discórdia.

Teorias psicodinâmicas enfatizam que indivíduos que não elaboraram questões importantes com sua família de origem tendem a ter dificuldades na escolha do parceiro, fazendo um "contrato conjugal inconsciente" com o cônjuge (Sager, 1976); projetam suas necessidades a respeito de áreas nas quais se sentem incompletos ou inseguros, e sentem-se atraídos por alguém que pareça ter essas mesmas características fortemente desenvolvidas.

Assim, as necessidades de afeto e aceitação (*cluster* 1) reprimidas em uma mulher como Ana a levarão a buscar um homem como Pedro, com grande capacidade afetiva. Da mesma forma, um homem como Pedro, que cresceu acreditando que não era competente para resolver questões práticas e tomar decisões (*cluster* 2), provavelmente se encantará por uma parceira que pareça ser forte e decidida, como Ana. Esse "encontro" complementar favorece, em princípio, um enorme potencial de desenvolvimento individual, se cada um puder aprender com as forças do outro e desenvolver em si as competências que lhe faltam. Traz no seu bojo, no entanto, o risco de cada um se fixar num pólo da relação em que já se encontrava, desenvolvendo raiva e frustração por cristalizar-se num papel já conhecido, exatamente o que ocorria com Ana e Pedro quando buscaram terapia.

Cluster 3 ou fraterno

Voltando ao processo de formação da identidade, as vivências inicialmente predominantes nos vínculos materno e paterno dão lugar ao surgimento do terceiro papel central, experienciado no vínculo fraterno[8]. A vivência no *cluster* fraterno ou *cluster* 3, ligado à fraternidade, à igualdade, propicia ao indivíduo, de forma crescente, o aprendizado de relações com dinâmica mais simétrica: cooperação, competição, rivalidade..., enfim, a essencial capacidade de compartilhar, tão importante na dinâmica de casal.

Se um relacionamento conjugal pede, em diferentes momentos, condutas que refletem uma boa harmonia entre os *clusters* materno e paterno, muito mais freqüentemente o casal vê-se compelido a posicionar-se e tomar atitudes que são regidas pelos princípios do *cluster* fraterno. A troca afetiva, sexual e intelectual, o respeito pelo outro como um igual, a percepção da rivalidade e competitividade que devem ser transformadas em objetivos que satisfaçam a ambos revelam que um bom vínculo conjugal alicerça também suas bases no *cluster* fraterno.

O desenvolvimento e a interação harmoniosa desses princípios, tanto na personalidade de cada um como nos vínculos, possibilitam novas formas de relações que, ao incluir diferentes referências, reatualizam os *clusters* em padrões de conduta mais maduros, nos novos vínculos constituídos. De forma contrária, esses novos vínculos podem repetir padrões antigos, não atualizados, revelando uma fixação na experiência original, dando pouca margem para relacionamentos capazes de responder às demandas nas diferentes fases do ciclo de vida, como requer o relacionamento conjugal.

Os vínculos são dinâmicos e se transformam no decorrer da relação. Concordamos com Aguiar (1990) quando afirma que é preciso que cada um desenvolva a capacidade de atualizar constantemente a percepção que tem da relação, para que esta possa

---

8. O vínculo fraterno pode ser vivenciado não apenas com os irmãos, mas também com amigos e colegas, especialmente nestes tempos em que as famílias com filhos únicos proliferam.

ser reformulada sempre que necessário, transformando-se também a percepção que cada um tem de si próprio.

Retomando o conceito moreniano de cacho de papéis, Bustos explicita a idéia de que esses três vínculos primários são a base para o desempenho de qualquer papel futuro. Assim como o vínculo primário com a figura materna alicerça a vivência de todos os vínculos futuros com dinâmicas semelhantes de dependência, ternura e intimidade (*cluster* 1), o mesmo aprendizado se dá com o vínculo primário com a figura paterna (*cluster* 2), quando mais tarde um relacionamento envolve condutas que chamam à ordem, organização e objetividade. Da mesma forma isso ocorre com a figura fraterna (*cluster* 3), quando a aliança em torno de objetivos comuns leva duas ou mais pessoas a estabelecer compromissos mútuos. Falhas nesse processo podem gerar ambivalência ou distanciamento afetivo, falta de autonomia nas relações amorosas, sociais ou profissionais, padrões freqüentes de rivalidade, competição e desconfiança, em contextos em que compartilhar e dividir deveriam ser sinônimos de adicionar e multiplicar.

Se a vivência da criança nessas relações primárias se der em condições de afeto e segurança, ela poderá seguir em frente em seu processo de desenvolvimento, com espontaneidade nas relações que se apresentam. No entanto, em condições adversas, a criança poderá ficar fixada em uma das dinâmicas acima referidas, ligadas aos diferentes *clusters*, "transferindo" essa vivência internalizada e conservada para relações posteriores de funcionamento semelhante. A isso Bustos (1979) chama papel complementar interno patológico, e Perazzo (2000), papel complementar interno conservado, fenômenos que descrevem a dinâmica subjacente à transferência.

Transferência e conjugalidade

O estudo sobre transferência é essencial para o trabalho com casais: o que se transfere e como se transfere nos dá o caminho para entender a lógica afetiva de conduta[9], presente nos vínculos conjugais e nos seus conflitos recorrentes.

Critérios de escolha incongruentes[10] no início do relacionamento podem ser o *locus nascendi* dos conflitos de um casal, embora o *locus nascendi* da transferência, com sua natureza intrapsíquica, possa estar ligado às experiências falhas nos *clusters* materno, paterno e/ou fraterno. O indivíduo é levado a buscar uma nova oportunidade para encontrar, por intermédio de seu cônjuge, um complementar que resgate uma conexão afetiva perdida ou mal construída. A fantasia da certeza de encontrar esse complementar perfeito coloca os indivíduos num campo propício a certo magnetismo: a busca de um parece ser exatamente oposta e complementar à busca do outro, na qual os sinais a respeito do que se procura sofrem muitas distorções devido ao caráter de urgência e à dor psicológica que envolve esse processo. Não há possibilidade de isenção; ao contrário, parece que os radares que serviriam para detectar do que se necessita funcionam com potência reduzida para ler claramente os sinais presentes. Essa é uma das possibilidades favoráveis à ocorrência da transferência: quando a escolha do parceiro foi baseada em critérios incongruentes, não encontra mutualidade e traduz projetos dramáticos[11] incompatíveis entre duas pessoas em um vínculo amoroso.

Esclarecer os critérios de escolha utilizados por um e outro cônjuge na formação de um casal é fundamental durante o processo terapêutico; quando enfocados pela ótica da teoria dos *clusters*, podemos identificar a complexidade da transferência presente no vínculo. O método psicodramático é um

---

9. Lógica afetiva de conduta é um conceito desenvolvido por Nery (2003), ligado ao núcleo do conteúdo transferencial; trata-se de uma resposta defensiva, transferida para diversos papéis sociais pelo efeito *cluster*.

10. Critérios de escolha incongruentes significa critérios diferentes e incompatíveis, usados por um e outro cônjuge ao escolherem seu parceiro amoroso.

11. O projeto dramático, termo desenvolvido por Aguiar (1990), é definido como o critério de escolha envolvido no teste sociométrico; aplicado à escolha amorosa, se refere aos critérios, compartilhados ou não, congruentes ou incongruentes, que estruturarão o vínculo em questão.

O PSICODRAMA - APLICAÇÕES DA TÉCNICA PSICODRAMÁTICA 365

caminho pelo qual chegamos a essa compreensão, ajudando o casal a construir um novo *status nascendi* relacional. Para que isso ocorra, papéis imaginários devem emergir na cena dramática para que, ao serem jogados como papéis psicodramáticos, tenham suas características incorporadas em seus papéis sociais de marido e mulher.

Não devemos perder a oportunidade de manejar as transferências quando estas aparecem. Ajudar a pessoa a transformar sua maneira de se vincular com o parceiro, quando este está identificado com seu complementar primário patológico, ou encarnando um papel interno conservado, por meio do mecanismo da transferência, é um dos grandes objetivos da terapia de casal. Um gesto, uma fantasia, um desejo frustrado podem deflagrar uma dramatização: "Esse é o meio pelo qual se rastreia, em sentido inverso, o *status nascendi* da transferência, através da complementaridade de papéis sociais encarnados pelos papéis psicodramáticos no cenário do psicodrama" (Perazzo, 2000, p. 10).

Também no cenário psicodramático reconstruímos um novo *status* relacional, utilizando a realidade suplementar[12] ao permitir ao casal vivenciar papéis psicodramáticos numa co-criação. A transferência positiva, no caso de Ana e Pedro, pode ser depreendida pelo potencial da escolha feita por eles: ele, podendo responder a ela plenamente no campo do *cluster* materno, e ela podendo ajudá-lo com suas referências fortemente estabelecidas no campo do *cluster* paterno.

> Logo, quando, através da cena psicodramática, se volta ao *status nascendi* da transferência, através da vivência de uma realidade suplementar em sua explosão espontânea e criativa, o *locus* podendo até ser modificado pela reconstrução psicodramática das circunstâncias (reconstrução metafórica), só é possível modificar a resposta. Ou seja, criar um novo modo relacional livre das ló-

---

12. Moreno chamou de realidade suplementar a dramatização do "não acontecido", que tem por objetivo "enriquecer o paciente com uma experiência nova e alargada da realidade, uma 'realidade suplementar' pluridimensional" (Moreno, 1974, p. 104).

gicas afetivas de conduta para os papéis sociais do presente (Perazzo, 2000, p. 21).

A resolução dos conflitos primários, portanto, é simbólica, enquanto a resolução dos conflitos conjugais se faz por um caminho de esforço mútuo, identificando as forças paralisantes ligadas aos *clusters* materno e paterno e atualizando o *cluster* fraterno em busca de um objetivo e de um bem comum.

Caso 2: o piloto de fórmula 1 e a escritora de dramas

Maura e João chegam à terapia por insistência dela. Ele se mostra o tempo todo resistente ao processo, argumentando que eles não têm problemas e que sua mulher é que complica tudo, pois a vida deles é perfeita: têm filhos saudáveis, sucesso profissional, saúde e boa condição econômica.

Ela, entretanto, diz que quer poder namorar, se queixando da falta de companhia dele e do excesso de tempo que ele passa fora de casa em função de sua ambição profissional.

Após três sessões João quer interromper a terapia, dizendo que nada acontece, pois Maura continua mal-humorada, reclamando de sua ausência, e que tudo é problema para ela; ao mesmo tempo, afirma que ela é perfeita, que a ama, que é com ela que ele quer viver etc.

Observando o casal, apreende-se uma ambigüidade: ele quer que tudo fique bem, mesmo com sua ausência, ao passo que ela quer viver uma relação romântica, de namorados, mas se mostra insatisfeita e reclama de tudo; o caminho que cada um toma leva-os para uma direção completamente oposta àquela que desejam. Existe uma clara incongruência nos seus projetos inconscientes ligados à conjugalidade, o que os coloca em campos opostos e conflitivos.

A terapeuta propõe um jogo para explicitação dos critérios presentes no momento da escolha de cada um. Pede que se posicionem de costas um para o outro, que se situem em um momento anterior ao surgimento do outro em sua vida, quando ainda não se conheciam, e façam um solilóquio sobre como estão vivendo aquele período, do ponto de vista pessoal e profissional.

Maura diz que está muito bem: mora com uma amiga, cresce profissionalmente e usufrui de uma liberdade que nunca teve antes. João está prestes a se formar na faculdade e espera desenvolver-se bastante na profissão; tem muitos planos. É nesse momento da vida que eles se encontram e voltam um para o outro, com as respectivas expectativas: ele a abraça e fala do seu desejo de viver com ela uma relação de amor e união familiar. Ela se dirige a ele, segura sua mão e fala de seu desejo de caminhar juntos, num projeto de construção familiar.

A exploração dessas duas cenas mostra projetos de vida com um denominador comum, a formação de uma família, mas com critérios de natureza diferente: ela sonhava com um caminho de vida tranqüilo, com alguém que lhe desse segurança; ele desejava um relacionamento para se sentir amado incondicionalmente, sem críticas, e autoridade inquestionável na forma de cuidar dela e da família.

No confronto da imagem dos dois percebem que as reclamações dela não eram congruentes com seu próprio critério de escolha, uma vez que este era baseado em expectativas de que o parceiro deveria providenciar sustento e segurança (o que ele cumpre muito bem), mas o que lhe faz falta hoje é carinho, amorosidade e atenção (justamente o que ele queria viver com ela). João, ao realizar os anseios contidos no projeto consciente e manifesto de Maura (ser um bom provedor), não conseguiu atender ao projeto inconsciente dela – que conferia com seu próprio desejo. Ele, por seu lado, também contrariando seu projeto inicial (buscar alguém com quem compartilhar afeto e cumplicidade amorosa), dirigiu sua atenção ao longo dos anos de casamento quase exclusivamente para o trabalho, realizando a expectativa inicial dela mas negligenciando o próprio desejo; o projeto consciente de João correspondia ao projeto inconsciente de Maura. A incongruência entre os projetos manifestos e latentes na personalidade de cada um impediu que eles, como casal, co-criassem uma realidade satisfatória para ambos, uma vez que o comportamento de cada um rivalizava com o desejo inconsciente do outro.

A partir da percepção da falta de mutualidade entre os projetos latentes e manifestos dos parceiros e da incongruência na construção do vínculo, ambos se conscientizam de que dão abrigo a dois personagens internos: ele, um corredor de fórmula 1, sempre buscando a vitória a qualquer custo; ela, uma escritora de dramas, sempre tratando os conflitos de forma passional.

Estimulando o cluster fraterno nesse vínculo, a terapeuta pede que esses personagens conversem e construam um projeto comum. Lidam primeiramente com a dinâmica de tempo e espaço entre eles: ele sempre correndo e ela sempre meditando; ele sempre viajando e ela sempre sentada escrevendo. Encontram-se diante de um desafio: quando e onde se encontrariam? Com base nesses personagens, cada um pôde avaliar como contribuía para a não-realização dos próprios desejos. Para João, deixar de ser corredor de fórmula 1 seria uma perda muito grande, mas continuar o distanciaria de seu projeto inicial: ter com a esposa um relacionamento próximo e amoroso. Maura, como escritora de dramas, percebe que está mergulhada há muito tempo em tristezas e tragédias; precisa desafiar seu talento, "quem sabe escrevendo pequenos contos ou crônicas humorísticas". Juntos criam um novo cenário (realidade suplementar), no qual ela escreveria contos com passagens pitorescas, baseada em relatos de eventos ocorridos no ambiente da fórmula 1 rememorados por ele.

O trabalho com a realidade suplementar mostra-se eficaz na co-construção de um novo *status nascendi* relacional, quando é estimulada, por meio de ações relacionadas ao *cluster* 3, uma troca madura entre o casal.

Quando os papéis imaginários tomam vida no cenário psicodramático, criando uma realidade suplementar, podem revelar novas possibilidades de vinculação, ainda não atualizadas; diante de estímulos e estratégias adequadas, podem favorecer uma co-criação, propiciando a concordância entre o projeto dramático de cada parceiro e o projeto dramático conjugal, mostrando que nem sempre os conflitos originados em feridas do *cluster* materno e paterno possuem a força transferencial para moldar, como um todo, o vínculo conjugal. No entanto, quando os parceiros buscam realizar um projeto dramático manifesto, mas vivem outro, latente, oposto ao desejado, torna-se necessário um trabalho artesanal, por meio de um entendimento amplo e profundo da família de origem de cada parceiro.

Família de origem e conjugalidade

Uma análise da família de origem dos cônjuges esclarece o compromisso familiar, não transformado, que ambos trouxeram para o vínculo. Quando o casal se forma, precisa de alguma maneira quebrar a lealdade que desenvolveu com sua família de origem, como um caminho de adaptação e pertencimento ao novo núcleo que se inicia. Esse é um dos grandes desafios para a formação de uma conjugalidade satisfatória, pois ambos, conscientemente ou não, desafiam os códigos familiares e reafirmam suas escolhas, reforçando a confiança na sua capacidade de criar as próprias leis e acreditando que o novo parceiro fará o mesmo. A conjugalidade deveria ser um exercício permanente de vivência e transformação do vínculo e dos padrões desenvolvidos nos *clusters* materno, paterno e fraterno; uma verdadeira e intensa alquimia de amor, sensualidade, cuidados, novas referências, assim como de companheirismo e planejamento de uma história futura.

A dinâmica vivenciada na família de origem pode ser compreendida por diversos métodos, todos eles possibilitando o compartilhamento de vivências muito íntimas com o cônjuge, o que estimula o aprofundamento do vínculo amoroso.

O átomo familiar, como forma derivada do átomo social[13], é uma das técnicas bastante utilizadas pelos psicodramatistas para esse fim. Concretizar a própria família, no cenário psicodramático, e representar o papel de cada membro familiar na relação com o protagonista, pode revelar aspectos essenciais de como essas relações foram percebidas, internalizadas, e de que forma e em que intensidade exercem influência no indivíduo.

13. Átomo social é uma concretização da rede relacional do indivíduo, incluindo todas as pessoas com as quais ele está envolvido emocionalmente (parentes, amigos, colegas etc.).

O genograma[14] familiar é outro instrumento muito usado por terapeutas de casal e família, de grande utilidade na avaliação dos problemas do casal. A confecção e a análise do genograma de cada um permite compreender o casal sob a ótica da transmissão dos valores da vida familiar; ajuda os parceiros a visualizar, de forma ampla, a estrutura e certas dinâmicas de sua família de origem, apontando padrões repetitivos de relacionamento ou vinculações complementares.

Caso 3: Indiana Jones e mamãe sabe-tudo

Marcos e Sílvia estão casados há quatro anos e têm um casal de gêmeos. Estão praticamente se separando quando buscam terapia como um último recurso.

Sílvia se queixa de que o marido, desde o início da gravidez, foi indiferente ao seu estado de gestante, pensando que ela continuaria com a mesma vida que tinham antes do nascimento dos filhos, passeando de barco nos finais de semana ou, no mínimo, aceitando ficar em casa enquanto ele continuava com os mesmos programas; reclama que Marcos não considerou nenhuma necessidade sua durante a gravidez, classificando-as como "frescuras"; resistia a acompanhá-la a consultas médicas ou a exames pré-natais, argumentando que "isso não era necessário e que sua presença não faria a menor diferença". Após o nascimento dos gêmeos, ela esperava que ele participasse mais do trabalho com as crianças, compreendesse suas angústias e falta de confiança nas babás, e seu maior apego à figura dos pais, que passaram a freqüentar mais a residência do casal.

Marcos retruca que a esposa queria "se sentir uma princesa e ser paparicada só por estar grávida", e diz não aceitar que uma mulher use a gravidez para ter certos privilégios. Acha que a vida não pode parar só porque os filhos nascem, e que "é só colocá-los debaixo das asas e carregá-los conosco para onde temos de ir". Re-

---

14. O genograma consiste num diagrama das relações familiares, um verdadeiro mapa com a genealogia familiar de pelo menos três gerações da linhagem paterna e materna; fornece, além de dados como nomes, idades e acontecimentos importantes, informações sobre a dinâmica entre os vínculos e a transmissão intergeracional.

clama que Sílvia "dá sempre o contra em tudo" para não acompanhá-lo nem deixar que os filhos o acompanhem. Para ele a vida é mais simples: "Para que trocar a fralda e dar banho nos filhos se a babá pode fazê-lo melhor do que eu e está sendo paga para isso?". "Cuidar e participar da educação dos filhos não passa por mexer no cocô deles." Diz ainda que a esposa quer ficar o tempo todo nessas atividades de mãe e ainda por ·cima exige que ele também o faça, o que ele não aceita, como, "aliás, não aceita nenhum tipo de imposição!".

A maternidade, momento especial na vida de um casal, marca uma importante etapa de transição, principalmente em relação ao primeiro filho; reativa intensamente o cluster materno, tanto na mãe quanto no pai. O casal que não se harmoniza na interação desse dinamismo tende a polarizar suas ações, instalando-se em campos opostos. Assim não poderão funcionar bem na maioria das situações.

Marcos não cede aos apelos de cuidados e proteção, intensificados com o nascimento dos filhos, gerando em Sílvia mágoas e ressentimentos associados à falta total de empatia e amor. Ela, por seu lado, resiste a qualquer aliança com ele, mesmo em assuntos relacionados com a condução da educação das crianças, também demonstrando total falta de sintonia com as necessidades do marido.

A intensidade emocional eliciada nos dois durante a discussão de qualquer situação, sempre percebida como conflitos, sugere clara-. mente a existência de transferências em cada um; são sinais inequívocos de que tanto Marcos quanto Sílvia encontram-se presos a vivências internas primárias, ou a vínculos residuais[15] transferidos para o vínculo atual.

Esse nível de competição, mantido pela cristalização dos conflitos infantis não resolvidos, impede um casal de funcionar como organizadores das funções de mãe e pai, e também compromete o

---

15. Moysés Aguiar, explicitando a sociometria dos vínculos, afirma que vínculo residual é aquele que no passado foi um vínculo atual e que se encontra desativado no presente (Aguiar, 1990).

funcionamento do cluster fraterno, no qual a igualdade e o respeito pelo outro possibilitariam a estruturação de um vínculo simétrico, como deveria ser uma relação amorosa e de compromisso conjugal e parental.

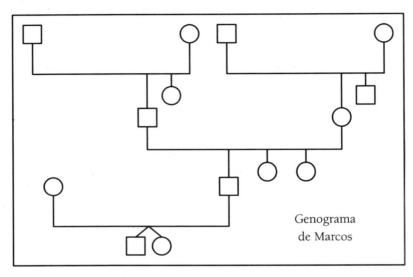

Genograma de Marcos

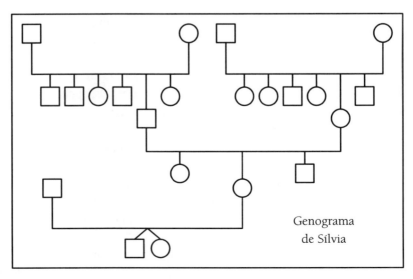

Genograma de Sílvia

O PSICODRAMA - APLICAÇÕES DA TÉCNICA PSICODRAMÁTICA **373**

Analisando o genograma de Sílvia e Marcos percebemos que:

1. Estruturalmente, ambos descendem de configurações muito diferentes. A família de Marcos é composta de poucos membros, enquanto a família de Sílvia é bem numerosa.
2. Os padrões de relacionamento da família de Marcos são mais distantes, com presença de hostilidade que levou a vários rompimentos. Já na família de Sílvia só há registro de uma relação de hostilidade, entre ela e uma prima. Não há nenhuma situação de rompimento. A única relação de hostilidade atual é em relação ao marido.
3. Na família de Marcos, o maior valor está nos feitos sociais, culturais e econômicos das pessoas, principalmente dos homens. Na família de Sílvia, o grande valor está nos relacionamentos de parentesco, fortes sentimentos de afetividade e ajuda mútua. Por exemplo, seus pais criaram como filha uma sobrinha que ficou órfã, a quem Sílvia considera como irmã.
4. A vida afetivo-emocional da família de Marcos é tangencial; segundo ele, ninguém se "metia" na vida de ninguém, ninguém ficava "lambendo" ninguém. Não tinha "essa coisa melada, de paparicação". Cada um cuidava da sua vida e assim todo mundo vivia bem. Já na família de Sílvia, a vida afetivo-emocional sempre foi intensa, com muita convivência entre os primos, almoços de domingo na casa dos avós, férias em conjunto, festa de Natal etc. Esse padrão é seguido por Sílvia e seus irmãos, que freqüentam a casa dos pais e o sítio deles nos fins de semana, para desespero de Marcos; ele não entende como a esposa prefere ir ao sítio a viajar para lugares diferentes. Ele não se prende a pessoas, mas a situações que possam trazer novas experiências; valoriza o imprevisto.
5. Cada um trouxe para o casamento o seguinte legado familiar: para Marcos tudo de bom está fora de casa: pas-

seios, aventura, desbravar coisas novas para se enriquecer e, basicamente, ser muito independente (não pedir e também não dar). Para Sílvia, o legado é justamente o oposto: o gostoso é ficar em casa, todo o mundo junto, numa vida sem muito desgaste, fazendo coisas que, segundo ela, são mais apropriadas para crianças pequenas. Valoriza a ordem, a prevenção, a tranqüilidade e a proteção que a convivência com a família lhe dá.

O genograma tem um enorme potencial psicodramático, podendo ser muito enriquecido a partir de sua dramatização, técnica proposta por Vitale (2004) – a qual denomina genodrama – e realizada com o casal.

Sílvia concretizou seu átomo familiar sentada com os dois filhos no colo, sua mãe ao seu lado tentando pegar no colo ora um, ora outro, e logo à sua frente seu pai, irmãos e sobrinhos, todos juntos dela. Ao incluir o marido, o coloca de pé, ao longe, na soleira da porta, com uma das mãos chamando ela e os filhos para saírem e, com a outra, fazendo um gesto de acusação, condenando-a por estar ali.

Sílvia precisou de muita ajuda, por meio do uso intenso de duplos, para reconhecer sinais mínimos de autonomia dos filhos. No papel dos filhos dizia que o papai era "chato", que brigava com a mamãe, que queria sair toda hora etc. Nos outros papéis, falava como o marido de Sílvia era intolerante, não respeitava a vontade dela, era agressivo etc. E, ao tomar o papel de Marcos, atacava Sílvia abertamente.

No genodrama de Marcos, ele se colocou com os filhos debaixo dos braços, pronto para sair de casa, e fazendo um gesto impaciente com a cabeça para que a esposa os acompanhasse. Ninguém mais da família de origem estava presente. Assim como Sílvia, Marcos está plenamente convicto de que o que ele faz e propõe é o melhor para todos, principalmente para os filhos. Ao tomar o papel destes e da babá, aprova totalmente a posição e as decisões do chefe da família, só encontrando dificuldade ao tomar o papel de Sílvia; neste, aproveita

O PSICODRAMA - APLICAÇÕES DA TÉCNICA PSICODRAMÁTICA   375

para condená-la por impedir muitas das iniciativas do marido, mostrando grande dificuldade de inversão de papéis, assim como a esposa. Os dois aproveitaram a técnica de inversão de papéis para mais uma vez tentar provar que estavam certos e o outro, errado.

Apesar de apenas pequenas discriminações terem sido alcançadas com esse trabalho, estas se mostraram de grande valor; cada um pôde perceber que estava desafiando legados familiares até então intocáveis. Marcos, para seu espanto, estava vivendo com os filhos o que era menosprezado na sua família de origem: "lamber" alguém como demonstração de carinho e amor. Em todo seu genograma, a única relação de muita proximidade e intensidade afetiva era a que ele vivia com os filhos; foi obrigado a admitir, embora a contragosto, que era muito bom ficar "lambendo" aquelas "criaturinhas", e que esse é um jeito de mostrar amor e também de receber. Os postulados que sustentavam o legado familiar perderam a força, deixando uma brecha para questioná-lo em outras situações.

Sílvia, no papel dos filhos, estimulada a falar como uma criança de dois anos, admite que deseja ir passear com o pai e que a briga entre os pais não lhe permite saber o que é bom e gostoso; percebeu que o relacionamento hostil com o marido está impedindo os filhos de viver livremente, sem culpa ou angústia, aquilo que ela mais preza na própria história de vida: o amor e a proteção do pai.

A dramatização dos genogramas de Marcos e Sílvia trouxe alívio imediato das tensões entre eles. Embora a dificuldade de inversão de papéis tenha sido grande, sua realização permitiu algum grau de conexão com necessidades individuais antes negadas, o que indiretamente levou ao reconhecimento e à validação da queixa do outro. Isso promoveu um campo menos tenso para pequenas negociações do cotidiano, além de proteger os filhos dessa guerra conjugal sem tréguas.

Em relacionamentos com maior potencial de transformação, o genograma e sua dramatização possibilitam a cada um ser testemunha do percurso familiar vivido pelo cônjuge, favorecendo a empatia com a lógica afetiva de conduta deste. Entender como a resposta do outro foi a possível para sua sobrevivência naquele contexto familiar, o que no momento está sendo transferido para o vínculo conjugal, amplia a consciência sobre os conflitos e pode, portanto, melhorar o vínculo conjugal.

> O desafio terapêutico é sensibilizar cada um dos cônjuges a se religar numa parte de sua ferida por meio da ferida do outro, ressignificando o conflito [...] abrindo o caminho da empatia em relação à própria dor e à dor do outro, compreendendo-as a partir de um denominador comum, ou seja, no ponto em que ambas se conectam (Benedito, 2004, p. 94).

A inversão de papéis e a conjugalidade

A capacidade de inverter papéis na vida real pode ser vista como um dos objetivos centrais do processo terapêutico de um casal. A inversão de papéis, como técnica terapêutica, desempenha múltiplas funções e traz inúmeras possibilidades, como nos chama a atenção Gomes (1996).

Ao representar o papel do outro, o protagonista tem uma excelente oportunidade para confrontar suas percepções e suas vivências internas com as do parceiro real, uma vez que o papel complementar do outro não é representado por um ego-auxiliar, mas pelo próprio cônjuge, que está "ao vivo" no cenário dramático.

Numa sessão conjugal podemos propor a inversão de papéis não apenas em uma dramatização, mas também durante uma dramatização interna; nesta, os dois podem investigar fantasias e emoções no próprio papel e tomar o papel do outro na imaginação, sem que a "verdade" de um influencie o curso da "verdade" do outro, isto é, antes que elas sejam explicitadas. Posteriormente, os dois compartilham suas "realidades" sobre si e sobre o outro, comentando as percepções e emoções percebidas no decorrer do trabalho.

Retornando ao caso 1: a mulher-avião e o homem-coração

Ao trabalhar as dificuldades sexuais do casal citado, explorando como cada um se via, como homem ou mulher, a terapeuta pede que troquem de papel um com o outro. Pedro, no papel de Ana, a "mulher-avião", se vê como uma mulher muito sensual e segura de si. Diz: "Se eu quisesse, não seria difícil arrumar um amante; muitos homens olham-me e desejam-me...". Ao comentar essa percepção de Pedro, Ana diz que, de fato, já havia pensado se um amante seria a solução para seus problemas, mas que, ao contrário do que imagina Pedro, ela não se sente um mulherão sensual nem segura de si. As dificuldades de ereção dele significam, para ela, que ele não a deseja mais; diz que não vê mais nele o brilho no olhar e a atração que percebia antes, e que isso a deixa muito insegura quanto a seu papel como mulher, o que afeta o seu estado de humor e seu desejo sexual.

Ana, no papel de Pedro, o "homem-coração", diz que não tem ereção porque perdeu o desejo sexual por ela, e que não é uma máquina de fazer sexo; titubeante, afirma que talvez também tenha perdido o amor por ela, sempre tão mandona e exigente... Ao comentar a percepção de Ana sobre si, Pedro reage fortemente, dizendo não ter dúvidas quanto ao amor que sente por ela; diz que, na verdade, ficou muito abalado com a reação exagerada dela na primeira vez que "falhou" sexualmente, e que a falta de desejo sexual de Ana o deixa muito inseguro, temendo sempre falhar novamente.

Nas dramatizações, a presença dos dois protagonistas no cenário dramático, como ocorre na terapia de casal, permite a inversão de papéis simultânea e completa, o que possibilita aos parceiros conferir, em tempo real, se suas percepções, idéias e emoções a respeito do outro ou do vínculo podem ser confirmadas e reforçadas ou se devem ser reestruturadas ou transformadas. Possibilita ainda ampliar o conhecimento e a aceitação mútuos, aprofundando a intimidade, a confiança e a entrega do casal.

O desenvolvimento de um vínculo conjugal que permita a cada um situar-se no papel do companheiro deve ser visto como um dos eixos do processo terapêutico, por promover a oportunidade para um encontro entre os cônjuges.

Objetivos da terapia e papel do terapeuta

Terapeuta e cônjuges são co-criadores do processo terapêutico.

No decorrer do processo com casais, o terapeuta desempenha múltiplas funções, às vezes simultaneamente; atravessa diferentes etapas, variando consideravelmente de atitude, dependendo da fase da terapia, das necessidades do casal e do conflito abordado.

Quando falamos nas forças organizadoras da identidade referentes aos três *clusters*, devemos também pensar que o mesmo princípio é válido para o terapeuta; independentemente da sua vivência pessoal e do *cluster* que predomina em sua personalidade, ele deve ser capaz de funcionar nesses três níveis, desempenhando o papel complementar à necessidade dos clientes, quando a situação assim pedir.

No início do processo, de forma geral, o terapeuta oferece compreensão, apoio emocional e empatia, características mais próprias do *cluster* materno, fundamentais para a construção de um bom vínculo terapêutico; ao mesmo tempo, pode também se mostrar mais ativo, operando a partir do *cluster* paterno: faz perguntas, sinaliza, orienta, dá informações, faz intervenções quando as julga necessárias.

À medida que o casal progride no processo, o terapeuta pode gradualmente diminuir suas intervenções dentro das funções materna e paterna, reconhecendo e apoiando o desenvolvimento das competências de cada um. Ao funcionar de forma mais igualitária e simétrica, estimula a capacidade do casal de utilizar os próprios recursos na melhora do relacionamento,

O PSICODRAMA - APLICAÇÕES DA TÉCNICA PSICODRAMÁTICA 379

mostrando sua crença e reforçando a confiança de que os parceiros continuarão seu progresso após o término da terapia. Nessa fase, o casal precisa menos de compreensão, apoio ou orientação e mais de um "igual" com quem compartilhar dificuldades e sucessos.

Caso 4: a santinha e o carrasco

O casal Lia e Rodrigo, buscando uma conciliação após uma separação de um ano, tentava estabelecer um novo contrato para o recasamento. Uma das condições impostas por Rodrigo era a de que deveriam se afastar do convívio de suas famílias de origem. Em uma sessão, Lia revela que, durante o período de separação, teve outro relacionamento. Rodrigo, muito indignado, exige que ela conte esse fato aos pais dela, pois só assim ela sairia do papel de "santinha" e ele do de "carrasco". A terapeuta, que até o momento vinha acolhendo e cuidando das feridas mútuas ligadas a abandono, rejeição e traição (num ritmo e posicionamento mais próprio ao cluster materno), passa a intervir de forma mais objetiva e direta (numa estratégia mais própria ao cluster paterno). Mostra a incoerência desse pedido de Rodrigo, em vista da condição imposta por ele de se afastarem de suas famílias de origem; enfatiza que um casal, independentemente dos seus sentimentos, não pode expor suas intimidades a terceiros dessa forma, principalmente estando as bases do relacionamento tão abaladas. Essa intervenção mais firme ajudou os dois a iniciar um trabalho de reflexão a respeito de sua autonomia como casal e como indivíduos, e impulsionou-os no desenvolvimento de uma maior independência. Algumas vezes a voz de autoridade do terapeuta pode atropelar a autonomia do casal, mas, em outras ocasiões, ajuda-o a reorganizar-se, absorvendo novas referências.

O terapeuta precisa compreender, aceitar e validar sentimentos e pensamentos dos clientes; ao mesmo tempo, no entanto, deve ter habilidade para desafiar suas crenças, quando necessário. Também é importante a capacidade de entender e, simultaneamente, validar visões aparentemente contraditórias, trazidas pelos parceiros. Na terapia de casal lidamos com dois indivíduos, com problemas no relacionamento entre eles, muitas vezes com visões opostas a respeito de uma mesma situação: aos olhos de cada um, o comportamento do outro é visto como a causa do problema, e a própria resposta é percebida apenas como uma reação.

É fundamental que o terapeuta consiga enxergar a dupla como parte de um todo, um sistema no qual as partes se complementam, num processo de retroalimentação constante.

> Numa neurose verdadeiramente interpessoal, a neurose só existe na medida em que entre duas pessoas há um fluxo de emoções antagônicas. No nosso caso, eu não estava tratando uma pessoa, ou a outra, mas uma relação interpessoal, ou o que pode ser chamado de neurose interpessoal. [...] Neste caso, o Sr. e a Sra. A podem ser ou não indivíduos neuróticos. A sua neurose interpessoal coexiste. [...] (Moreno, 1975, p. 293).

Durante o processo terapêutico, algumas vezes deparamos com casais que vivem em um nível de estresse muito alto, que demonstram dificuldades de controlar suas emoções, expressando-as de forma agressiva mesmo durante as sessões. É importante nesses momentos que o terapeuta assuma a função de controlar o bom andamento do processo, desencorajando a escalada da violência, contendo manifestações de negatividade e agressividade. Substituir ações destrutivas por comportamentos mais adequados e construtivos é um aprendizado essencial para parceiros que desejam melhorar seu relacionamento. Em geral, os clientes entendem e respondem positivamente a intervenções mais diretivas dessa natureza.

Um recurso às vezes utilizado na terapia de casal são as "lições de casa", tarefas propostas pelo terapeuta para serem realizadas durante a semana, com funções específicas relacionadas com o momento terapêutico que o casal atravessa. As tarefas têm objetivos variados, funcionando como uma extensão da sessão terapêutica; ajudam os parceiros como uma oportuni-

O PSICODRAMA - APLICAÇÕES DA TÉCNICA PSICODRAMÁTICA   381

dade de observação, desafio ou treinamento de habilidades necessárias à melhoria da relação.

Estudos de Gottman (1994) indicam com clareza que relações amorosas satisfatórias e estáveis funcionam como uma conta corrente bancária, na qual as contribuições afetivas e construtivas compensam os sentimentos negativos vivenciados durante os conflitos, deixando um saldo positivo para o relacionamento. Por exemplo, pode-se pedir ao casal, como "lição de casa", que observe e/ou anote as interações positivas que ocorrem entre eles durante a semana e que cada um gostaria que continuassem a acontecer ou que ocorressem com maior freqüência. A habilidade do terapeuta de iluminar os aspectos positivos do relacionamento, de explorar as pequenas transformações, de valorizar o esforço individual na direção das mudanças desejadas, pode ser essencial nesse sentido.

A aprendizagem de novas habilidades no relacionamento interpessoal pode e deve ocorrer durante a própria sessão. Da mesma forma que o terapeuta ajuda os clientes a dizerem "o indizível", é igualmente importante estimulá-los a conversar diretamente um com o outro, de forma aberta e construtiva. Simplesmente colocar um de frente para o outro, propiciando uma conversa direta, sobre determinado tema, pode trazer mudanças intensas de percepção. Nessas conversas frente a frente o terapeuta aprofunda a comunicação, traduzindo para os dois parceiros, por intermédio da técnica do "duplo", o que existe por trás das queixas de cada um: pedidos não explicitados, carências não percebidas e, portanto, não abertas, desejos de maior proximidade escondidos em reclamações e críticas.

As mudanças no relacionamento, assim como o desenvolvimento da intimidade, devem ser estimuladas no decorrer da sessão. Quanto mais o casal conversa diretamente entre si, e menos por meio da figura do terapeuta, mais desenvolve as habilidades necessárias para a convivência diária.

Embora o foco central do trabalho terapêutico com casais seja o vínculo, o terapeuta também se relaciona diretamente com cada indivíduo. Durante o processo é fundamental a habilidade de equilibrar e harmonizar a aliança terapêutica com cada um dos parceiros, de forma que ambos se sintam igualmente compreendidos, aceitos e atendidos em suas necessidades.

As questões individuais podem e devem ser tratadas em momentos específicos do processo, desde que não forneçam armas para disputas e hostilidades. Acreditamos que o desenvolvimento de um vínculo conjugal pressupõe um aprofundamento nos níveis de intimidade. Participar de sessões terapêuticas de casal, nas quais são tratadas dificuldades emocionais e questões ligadas à história pessoal de cada um, quando o casal tem um vínculo amoroso genuíno, pode aprofundar a relação à medida que cada um partilha aspectos importantes da vida e possivelmente das dores do parceiro.

A compreensão da história individual, assim como da conjugal, torna-se importante no processo de aprendizado dos próprios conflitos e no desenvolvimento de um novo projeto dramático compartilhável. A dramatização e o conseqüente *insight* psicodramático dos problemas trazidos pelo casal, assim como das questões individuais, podem ser essenciais no processo de mudança. A terapia de casal deve enfocar a maneira como antigos conflitos não resolvidos nas respectivas famílias de origem matizam não apenas a auto-imagem de cada um, mas também as dificuldades atuais do relacionamento.

O terapeuta, no entanto, não deve apenas auxiliá-los em seus conflitos atuais, mas também se preocupar em aumentar a resiliência[16] do casal, isto é, sua capacidade de superar condições adversas futuras e desenvolver estratégias de sobrevivência. É muito importante ajudá-los a ampliar suas habilidades de prever e, se possível, evitar conflitos futuros.

---

16. Resiliência é um termo adotado na psicologia, emprestado da física mecânica. Segundo o *Aurélio*, significa a propriedade pela qual a energia armazenada em um corpo deformado é devolvida quando cessa a tensão causadora de uma deformação elástica.

Reflexões finais

Uma análise mais abrangente do contexto conjugal deveria percorrer, além das questões referentes à família de origem dos cônjuges, aspectos sociais, religiosos e culturais, incluindo aspectos individuais, biológicos e psicológicos que existem numa influência recíproca, dentro de uma configuração macrossistêmica. Ao enfocarmos o casal apenas pela vertente do psicológico, estamos conscientes da limitação do presente trabalho.

Dentro dessa vertente e do modelo psicodramático, abordamos a constituição do casal por meio da teoria dos *clusters*, teoria essa de desenvolvimento aplicada à dinâmica conjugal.

Por que é tão importante pensarmos no desenvolvimento da identidade do indivíduo? Embora alguns autores não reconheçam essa necessidade, acreditamos que uma teoria psicodramática de desenvolvimento infantil consistente nos ajuda a compreender o ser humano, suas escolhas, suas ações, suas necessidades mais profundas não reveladas e seus papéis imaginários. Analisar o indivíduo do ponto de vista da construção da sua identidade permite ao terapeuta criar empatia com sua dor psicológica, seu significado dentro do sistema em que esta se formou e os sintomas daí decorrentes.

Existem várias teorias de desenvolvimento, todas válidas e fenomenologicamente importantes e úteis. A Teoria dos *Clusters*, como teoria desenvolvimentista, articula a prática com estratégias terapêuticas, o que tem se mostrado bastante eficaz na terapia de casal.

Os elementos constitutivos da matriz de um casal são os projetos dramáticos de cada um, conscientes e inconscientes, manifestos e latentes, que induzem à escolha. Tais projetos criam expectativas a respeito do relacionamento, realistas ou fantasiosas, alimentam o ideal romântico, embora criem obstáculos, algumas vezes insuperáveis, dentro de um vínculo amoroso. Essas expectativas estão a serviço da busca de realização pessoal e, para alcançá-la, parte-se do pressuposto idealizado e imaturo de que aquele por quem nos encantamos será nosso aliado eterno contra as dores da alma e da vida.

A escolha amorosa, quando baseada no sentimento de paixão, é "irreal e unilateral, porque transferencial" (Perazzo, 1986, p. 71). Mesmo havendo uma escolha recíproca, não há mutualidade nos critérios de escolha, uma vez que estes são sempre embasados por motivos transferenciais.

Em alguns casos, os critérios de escolha de um casal podem ser compatíveis e congruentes em referência a alguns papéis, mas incompatíveis e incongruentes em relação a outros, apontando uma divergência nos projetos dramáticos dos cônjuges. Um vínculo que assim se forma está contaminado pela dinâmica da transferência, responsável por escolhas amorosas de alto potencial conflitivo. O par conjugal se relaciona por meio de papéis complementares internos patológicos ou conservados, e ambos ficam presos a ressentimentos gerados pela incongruência da escolha e pela falta de mutualidade entre seus critérios; isso alimenta diálogos repetitivos e acusações recíprocas. Esse fenômeno leva os casais a se sentir enganados, traídos, trazendo para a relação vivências de decepção e desesperança, o que justifica constantes ataques e contra-ataques na guerra conjugal.

A terapia de casal é uma oportunidade ímpar, em que cada parceiro pode se confrontar com seu par complementar atual e com a divergência de seus projetos dramáticos, sob a ótica dos critérios incongruentes que constituíram o casal. Essa confrontação possibilita a cada um percorrer os elos transferenciais, chegando ao *locus nascendi* do conflito atual, podendo identificar os vazios que não foram preenchidos ao longo da relação conjugal e conectá-los a outros vazios anteriores cuja responsabilidade de preenchimento não caberia ao cônjuge.

A Teoria dos *Clusters*, com sua compreensão dos dinamismos primários materno, paterno e fraterno, nos ajuda a compreender a qualidade psíquica e emocional dos vazios internos, e como o casamento, por meio do parceiro, foi vislumbrado como a possibilidade de completude.

É a partir do sentimento de falta que a capacidade de fantasiar, desejar e simbolizar se desenvolve. O ser humano é incompleto e a dor provocada pela vivência de sua incompletude o impulsiona a buscar uma saída. A dor inconsciente pode então ser projetada no casamento e o cônjuge ser percebido como aquele que vai "curar" as feridas e preencher os vazios. Na terapia de casal ajudamos os parceiros a identificar e vivenciar a incompletude como uma dor essencialmente humana e aceitar que solidão e impotência – e tudo o que delas decorre – são individuais e intransferíveis, podendo ser compartilhadas mas não divididas.

* * *

Este capítulo teve como objetivo apresentar o psicodrama como um caminho que oferece vários recursos técnicos que, aliados ao entendimento da dinâmica conjugal, explicita os conflitos de um casal e também favorece o desenvolvimento de novas formas de relacionamento, dentro de uma mesma relação.

Assim, o psicodrama com casais nós dá o diagnóstico de um vínculo, seu prognóstico, e cria a possibilidade de um novo *status nascendi* relacional.

No *setting* psicodramático, cada parceiro tem a oportunidade de desempenhar diferentes papéis ligados aos três *clusters*, o que os leva a experienciar sua individualidade de forma mais completa. Essa condição, quando se harmoniza numa dinâmica a dois, por meio da coexistência, co-experiência e co-ação, faz emergir projetos dramáticos compatíveis com a realidade individual e conjugal co-construída.

Referências bibliográficas

AGUIAR, M. *O teatro terapêutico – Escritos psicodramáticos*. Campinas: Papirus, 1990.

386   DALMIRO M. BUSTOS E COLABORADORES

BENEDITO, V. D. Y. "Abordagem simbólica do conflito conjugal: o corpo em cena". *In:* VITALE, M. A. F. (org.). *Laços amorosos – Terapia de casal e psicodrama.* São Paulo: Ágora, 2004.

BOWEN, M. *Family therapy in clinical practice.* Nova York: Jason Aronson, 1978.

BUSTOS, D. M. *Psicoterapia psicodramática.* São Paulo: Brasiliense, 1979.

_____. *O teste sociométrico: fundamentos, técnicas e aplicações.* São Paulo: Brasiliense, 1979.

_____. "Asas e raízes: locus, matriz, *status nascendi* e o conceito de clusters". São Paulo, *Revista Leituras,* 2, 1994.

_____. *Perigo... Amor à vista! Drama e psicodrama de casais.* São Paulo: Aleph, 1990 (1. ed.); 2001 (2. ed. ampliada).

CALVENTE, C. *O personagem na psicoterapia: articulações psicodramáticas.* São Paulo: Ágora, 2002.

FRANÇA, M. R. C. "J. L. Moreno: criativo pioneiro na história da terapia familiar". *In:* VITALE, M. A. F. (org.). *Laços amorosos – Terapia de casal e psicodrama.* São Paulo: Ágora, 2004.

GOMES, E. A. *A inversão de papéis na terapia conjugal: a técnica fundamental, a fundamentação da técnica.* Trabalho apresentado para a conclusão do curso de Psicodramatista, São Paulo, 1996.

GOTTMAN, J. M. *What predicts divorce?* Hillsdale: Erbaum,1994.

MEZHER, A. "Um questionamento acerca da validade do conceito de papel psicossomático". *Revista da Febrap,* ano 3, n. 1, 1980.

MORENO, J. L. *Psicodrama.* São Paulo: Cultrix, 1975.

_____. *Psicoterapia de grupo e psicodrama.* São Paulo: Mestre Jou, 1974.

NERY, M. P. *Vínculo e afetividade.* São Paulo: Ágora, 2003.

PERAZZO, S. *Descansem em paz nossos mortos dentro de mim.* 4. ed. São Paulo: Ágora, 1995.

_____. *Provérbios de Salomão: o processo psicodramático.* Trabalho apresentado na VII Jornada de Psicodrama de São Paulo, outubro de 2000.

SAGER, C. J. *Marriage contracts and couple therapy.* Nova York: Brunner/Mazel, 1976.

SATIR, V. *People making.* Califórnia: Eleventh Printing, 1976.

VITALE, M. A. F. "Genodrama: trabalho psicodramático com genograma". *In:* VITALE, M. A. F. (org.). *Laços amorosos – Terapia de casal e psicodrama.* São Paulo: Ágora, 2004.

12

Aprender vivendo, criar sendo

SUZANA MODESTO DUCLÓS

O convite que, ao aceitar, me faz estar presente nesta edição de *O psicodrama*, é o de refletir e partilhar minha experiência no Instituto J.L. Moreno e nos grupos autodirigidos, expor minha trajetória e meu entendimento do que é se formar psicoterapeuta nesse método.

O psicodrama que aí se desenvolve é um saber e criar, um criar e fazer, um fazer e recriar, um novo saber e um genuíno integrar. É mais que um método e um conjunto de técnicas. É uma arte de tratar com arte (inclusive o conhecimento), na busca de elucidar, transformar e curar. O Instituto recebe psicoterapeutas que procuram desenvolver, elaborar e refinar seu papel profissional, seja no campo do conhecimento teórico e técnico, seja no do conhecimento de si próprios. O Mestre está lá a cada 15 dias, dirigindo e acompanhando os terapeutas em formação e seus diversos grupos. É um lugar que, além do espaço físico, tem uma atmosfera acolhedora à qual, mesmo a distância e no "como se", é possível voltar, em caso de necessidade, de ancoragem organizadora. Aí se criam vínculos sempre possíveis de ser atualizados e transformados em presença real.

Do homem e da mestria de Dalmiro Manuel Bustos, que é, afinal, o eixo desse Instituto, o criador dos grupos autodirigidos e o autor deste livro, afirmo, de imediato, que estará sempre presente nas entrelinhas de tudo que exponho aqui — mesmo quando não claramente citado. E para ir adiante neste movimento de reflexão e compartilhamento dessa experiência atualizada de vida, necessito falar do que não se vê e nos move.

O pano de fundo

Vários são os caminhos pelos quais nós todos tentamos, ao longo da vida, encontrar felicidade. E o que buscamos como felicidade está além das ilusões, das anestesias do viver, das tréguas passageiras, das atordoantes diversões, das "causas" maquiadas e das mil e uma faces do ter e reter. Afora isso, nossas fugazes e pequenas felicidades são, sem dúvida, imperdíveis e preciosas. Necessitamos muito delas, e não cabe a severidade de dispensá-las.

Mas há outra felicidade! A que nos dá coragem. A que é um face a face com a verdade. A que advém do vivido-conhecido-sentido-pensado. Acontece, quando há esse encontro íntimo, uma lucidez que desvenda. Nem sempre é uma lucidez feliz... mas certamente é uma feliz lucidez, portadora de nitidez e de claridade! Nesse estado, no qual quase não há espaço para mentir a si próprio, o que aparece como verdadeiro nos tinge de luz (tons de sabedoria?) e move nas escolhas de caminhos e atos, em busca de conhecimento.

Conseguindo abrir esses caminhos e encontrando neles um jeito próprio de caminhar seremos, no mínimo, roçados pela felicidade, evitando elaborar discursos ilusórios sobre nós mesmos, sobre a vida e sobre a nossa temida finitude. Como diz Montaigne, estar na vida "como ela é" implica também acolher com naturalidade nossos altos e baixos, encontrar maneiras de lidar com eles como parte e sem se perder de si, mesmo na perplexidade e na desesperança. Para isso é preciso encontrar fontes que nos auxiliem, sustentem, confortem e alegrem. Simplesmente é preciso porque – falando despojadamente – não somos tão felizes quanto gostaríamos de ser nem quanto os outros imaginam que somos, e também pela nossa condição de frágeis e fortes no tempo que nos cabe viver.

A sabedoria, essa possibilidade que os filósofos nos apontam há muitos séculos, contém essa rota: a de trazer a lucidez, de poder olhar e qualificar nossos limites e vislumbrar saídas que contemplam nossa humana condição. O conhecimento pode nos oferecer felicidade... Certamente com menos encantamento, porém com a orientação de uma preciosa bússola, chamada lucidez. Ela que amplia, com a sensibilidade, nossos passos de cada dia. Ela que com seu sentido de direção nos liberta para amar melhor nas pequenas-grandes andanças pela vida.

E agora, repassando o tempo da memória, vejo que foi com esse pano de fundo que incluí o psicodrama em minha vida. Ou seja, eu o incluí com o canto-encanto-desencanto de quem buscava o caminho da sabedoria. Então essas reflexões começaram e foram se delineando. Com a sutileza dos começos, vislumbrei um modo diferente de olhar, de pensar, de agir e de estar.

A transgressão criativa

A primeira vez que ouvi a palavra *psicodrama* foi num congresso latino-americano de psicoterapia de grupo. Eu tinha 17 anos e o que ficou para mim foi um conjunto de idéias e movimentos vitais e inovadores, pensamentos excêntricos e curiosos. Eu estava imersa numa atmosfera de estudo e conhecimento de Freud, e a grande referência aos novos estudos eram os livros de Melanie Klein.

Da segunda vez que me aproximei de algo relacionado com o psicodrama, na verdade, foi por impasse e questionamento. Intuí uma possibilidade pelo que um dia havia visto! Circulava entre os pacientes internos no manicômio judiciário onde trabalhava e olhava aqueles corpos tão expressivos, cheios de conteúdo e tão abandonados e ignorados... Não tínhamos repertório nem ouvidos da alma para aquelas cenas, penso eu agora.

Tempos depois, no final do curso, feliz porque ia ter um filho e com sonhos e projetos novos, dei mais um passo em direção à "intuição psicodramática". Foi quando encontrei Beatriz. Ela era solteira, jovem e bonita, malcuidada, estava grávida e havia sido internada em "estado agudo". Eu trabalhava na ala feminina de um hospital psiquiátrico e coube-me acompanhá-la. Todas as tentativas feitas pela equipe de estabelecer algum nível de contato com ela se transformaram em fracasso. Mas seu desamparo, sua juventude desmazelada e o nosso estado comum de gestação me estimularam a ir em busca de alguma ação criativa, nem que fosse transgressora (e responsável), para tentar auxiliá-la. E foi no refeitório do hospital que criamos nosso palco psicodramático. Sentadas num banco, iniciamos em silêncio, apoiando nossas mãos, como todas as grávidas, na barriga. Aos poucos vieram olhares, sorrisos, um ar de graça, expressão de ternura compartilhada por sorriso, enquanto cada uma fazia afagos em seu bebê guardado...

Ao fim daquele período, tudo que aprendi sobre parto psicoprofilático transmiti a ela, que foi "aluna" compromissada e realizadora. Ela me ensinou a importância de buscar uma maneira diferente de abordar a dor emocional e a procurar novos grupos de troca e aprendizado.

O sentido de pertencer

Quando se nasce numa pequena ilha, cedo aparece a percepção silenciosa de que ou se fica ilhado e com o mundo reduzido, ou é preciso fazer travessias e ampliar o universo. Foi assim, motivada pela escolha da segunda alternativa, que aprendi a navegar. Quando cheguei ao Instituto J.L. Moreno, já tinha desenvolvido, em parte, meu papel de terapeuta de psicodrama. Fui na verdade ao encontro do dr. Dalmiro Manuel

O PSICODRAMA - APLICAÇÕES DA TÉCNICA PSICODRAMÁTICA

Bustos por trabalhos realizados com psicoterapeutas dirigidos por ele em São Paulo. Tinha lido este livro na edição de 1974 e feito com seu organizador um *workshop* num congresso de psiquiatria.

Aí começou uma história preciosa de minha vida, pelo vivido, aprendido, desenvolvido e criado... O dr. Bustos, que aqui passo a chamar respeitosamente de Bustos (para não entrar num ar de formalidade e eloqüência que nem cabe no vínculo estabelecido), foi, desde o primeiro momento, um Mestre-Amigo-Mestre.

Sua amabilidade, continência, solidez de conhecimento, confiança no fazer e ensinar, eficácia na ação de diretor de psicodrama e sua grande disposição para partilhar o conhecimento psicodramático foram decisivas para que eu inaugurasse mais um ritual de travessias mensais, que durou muitos anos.

Falar da atmosfera de relação aí existente e desse lugar é acionar o registro do sentimento de pertencer! Pertencer é diferente de estar. Quase todo mundo sabe disso, mas não necessariamente tem consciência dessa diferença. Sem dúvida, podemos "estar" em muitos e diferentes lugares e grupos, com diversos graus de compromisso interno e desempenho corporal. Mas pertencer é mais que isso. É fazer parte, sentir-se parte. Há nesse evento um modo diferente de inclusão. E assim foram para mim os tempos vividos em grupos autodirigidos por Bustos, no Instituto J.L. Moreno. Das pessoas com quem me encontrei anos a fio, mês a mês, pude acompanhar o processo de ampliação de conhecimentos, de alquimia das almas e burilamento de seus papéis de diretores de psicodrama. Eles hoje fazem parte da minha memória de amor fraterno mais genuíno, de treino de ousadia e tolerância, paciência e cumplicidade, senso de humor e liberdade.

Os "grupos do Bustos" tinham como chão e raiz a liberdade, o respeito, a espontaneidade e a solidariedade. E junto um passaporte subliminar que dizia que, de fato, ali era possível "não saber", "pedir ajuda", mostrar o medo, a indecisão ou qualquer outro sentimento que emergisse, "parar o andamento da cena" e tudo mais que nos acontece como terapeutas e guardamos, adiamos e silenciamos tantas e solitárias vezes. Tenho claro que nada do que acontece nesse processo grupal e individual, dentro do Instituto J.L. Moreno, é fortuito. Seu diretor é incansável na transmissão do conhecimento teórico e técnico do psicodrama. É espontâneo na lucidez reflexiva com que descortina para os terapeutas as possibilidades da ação psicodramática e seu subseqüente processamento. Por isso, o grupo autodirigido é um lugar singular. Tem a obra sendo decantada pelo tempo, tem o exercício dos encontros marcados e, inevitavelmente, a sabedoria presentificada de seu criador.

Hoje a metodologia dos grupos autodirigidos está aberta e sendo utilizada em muitos lugares por profissionais que se formaram por meio dela. Isso, além de ser uma contribuição a mais à proposta de Moreno quanto a seus continuadores espontâneos e criativos, é um ganho e um desafio. O que se vê é uma presença, a do Instituto, como uma referência que já está e por intermédio dessa formação acompanha psicoterapeutas. Abre e oferece um raro espaço de humanidade compartilhada nesta nossa era de vínculos efêmeros, voláteis e aguados.

Os autores

Alfredo Naffah Neto
Psicanalista, mestre em Filosofia pela Universidade de São Paulo (USP), doutor em Psicologia Clínica pela Pontifícia Universidade Católica de São Paulo (PUC-SP) e professor titular da mesma universidade no Programa de Estudos Pós-Graduados em Psicologia Clínica.

Beatriz Bustos de Chuburu
Professora formada em Letras pela Universidade Nacional de La Plata em 1963 e psicodramatista pelo Instituto J.L. Moreno de Buenos Aires.

Dalmiro M. Bustos
Doutor em Medicina pela Universidad Nacional de La Plata em 1956, especialista em clínica psiquiátrica e higiene mental. Diretor de psicodrama pelo Moreno Institute, de Nova York, em 1974. Professor supervisor pela Federação Brasileira de Psicodrama (Febrap) e diretor do Instituto J.L. Moreno de São Paulo e Buenos Aires. Professor de psicodrama no Brasil, na Argentina, no México, no Chile, na Suécia, na Inglaterra, na Espanha, no Equador e autor de vários livros da área.

Dinah Rimoli
Professora formada em Letras pela Universidade Nacional de La Plata e psicodramatista.

Elena Noseda de Bustos
Professora formada em Letras, especialista em psicodrama educativo e diretora do Instituto J.L. Moreno. Membro da So-

ciedade Argentina de Psicodrama e da Associação Argentina de Medicina e Tratamentos Paliativos, é docente nos níveis de graduação e pós-graduação em universidades na Argentina. E-mail: psicodrama@sion.com.

Graciela Bustos de Espinosa

Professora de História e Geografia formada pela Universidad Nacional de La Plata em 1956 e psicodramatista pelo Instituto J.L. Moreno de Buenos Aires.

Herval Gonçalves Flores

Psicopedagogo, professor e lingüista formado pela USP, psicoterapeuta e diretor de psicodrama pelo Instituto J.L. Moreno, membro da International Association of Group Psychotherapy.

Irany B. Ferreira

Psiquiatra especializado em adolescentes pela Divisão de Psiquiatria da Infância e da Adolescência do Hospital das Clínicas da Faculdade de Medicina da USP. Psicoterapeuta e psicodramatista pela Sociedade Paulista de Psicodrama e diretor de psicodrama pelo Instituto J.L. Moreno.

Marco Antonio Amato

Psicólogo e psicoterapeuta, diretor em psicodrama pelo Instituto J.L. Moreno de São Paulo, professor supervisor pela Febrap, diretor do Instituto de Psicodrama e Máscaras de Fortaleza e autor do livro *A poética do psicodrama* (Aleph, 2002).

Maria Regina Castanho França

Psicóloga, psicodramatista, terapeuta de aluno e professora supervisora de psicodrama. Coordenadora do curso de formação em Terapia de Casal do Instituto J.L. Moreno, trabalha como terapeuta familiar, sendo sócia fundadora e vice-presidente da Associação Paulista de Terapia Familiar (APTF). É co-autora do livro *Laços amorosos – Terapia de casal e psicodrama* (Ágora, 2004).

Mariana Bertussi

Psicóloga, diretora de psicodrama pelo Instituto J.L. Moreno em São Paulo e em Buenos Aires, é professora supervisora pela Federação Brasileira de Psicodrama.

Raquel Brocchi de Sangiácomo

Professora formada em Filosofia pela Universidad Nacional de La Plata e psicodramatista pelo Instituto J.L. Moreno.

Rosalba Filipini

Psicóloga, psicodramatista e diretora de psicodrama pelo Instituto J.L. Moreno, é professora supervisora pela Febrap e mestre em Psicologia Clínica pela PUC-SP.

Suzana Modesto Duclós

Psicoterapeuta, diretora e supervisora de psicodrama pela Febrap. Professora fundadora do curso de Psicologia da Universidade Federal de Santa Catarina, em Florianópolis, é coordenadora e professora em grupos de formação de psicodrama clínico e pedagógico. Suzana é autora de *Quando o terapeuta é o protagonista* (Ágora, 1992) e co-autora, com Dalmiro Bustos, de *Conversaciones con Dalmiro Bustos* (Buenos Aires: Hormé, 1995).

Vanda Lucia Di Iorio Benedito

Psicóloga, psicodramatista e terapeuta de aluno de psicodrama, atua como coordenadora do curso de formação em Terapia de Casal do Instituto J.L. Moreno. É também terapeuta familiar, analista junguiana, coordenadora do Núcleo de Casal e Família da Sociedade Brasileira de Psicologia Analítica (SBPA) e sócia fundadora da APTF. Autora do livro *Amor conjugal e terapia de casal – Uma abordagem arquetípica* (Summus, 1996) e co-autora do livro *Laços amorosos – Terapia de casal e psicodrama* (Ágora, 2004).

leia também

CODEPENDÊNCIA: O TRANSTORNO E A INTERVENÇÃO EM REDE
Maria Aparecida Junqueira Zampieri

Este é o resultado de um trabalho de sistematização. Ele aprofunda conceitos de psicopatologia, desenvolvimento humano e prática metodológica de trabalhos científicos. Estuda formas de intervenção que possam favorecer o sujeito para que atue efetivamente com seu grupo, priorizando o indivíduo em seu contexto familiar e social. É um profundo estudo sobre a questão da codependência.
REF. 20877   ISBN 85-7183-877-1

O FIM DO SILÊNCIO NA VIOLÊNCIA FAMILIAR
TEORIA E PRÁTICA
Dalka C. A. Ferrari e Tereza C. C. Vecina (orgs.)

Os artigos aqui reunidos foram escritos por profissionais do Centro de Referência às Vítimas de Violência – CNRVV. O livro aborda temas como a retrospectiva da questão da violência, o modo de funcionamento de uma sociedade e as intervenções possíveis. É uma obra de grande importância para todos os que lidam com esse tema devastador, mostrando que há, sim, saídas possíveis.
REF. 20807   ISBN 85-7183-807-0

O IMAGINÁRIO GRUPAL
MITOS, VIOLÊNCIA E SABER NO TEATRO DE CRIAÇÃO
Albor Vives Reñones

Inspirado em Gaston Bachelard, Walter Benjamin e Michael Foucault, e no psicodrama e no teatro de criação, o autor mostra como é possível realizar trabalhos em empresas, hospitais, escolas etc. que permitam aos participantes explicar o imaginário que permeia a cada um e ampliá-lo.
REF. 20878   ISBN 85-7183-878-X